컬처 매니지먼트

CULTURE MANAGEMENT

컬처 매니지먼트

베르너 하인리히스 지음 ㅣ 김화임 옮김

인디북

■ 지은이 **베르너 하인리히스**

소도시 발트스후트에서 문화담당관직을 거쳐 루트비히스부르크 문화관리국장으로 활동하였다.
1990년부터 하인리히스는 루트비히스부르크 대학 문화경영학과의 교수이자 그곳에 소재한 문화
경영 연구소의 소장을 역임하고 있다 그는 아민 클라인(Armin Klein)과 함께 문화경영에 관한
사전(Kulturmanagement von A-Z)을 편찬하였고, 『문화정책과 문화재원』등 문화예술경영과
관련한 독일의 대표적인 이론가로 꼽힌다.

■ 옮긴이 **김화임**

성균관 대학교 독문과, 동 대학원 박사과정 수료.
독일 베를린 자유대학 독문학 (연극) 박사.
성균관대 출강.
논문 「에르빈 피스카토르의 연출작업에 나타난 서사화와 집단주의」, 「프란츠 크사버 크뢰츠의
연극작업에 나타난 극작술의 변모」, 「베를린 민중극장에서의 예술적, 세계관적 논쟁」 등.
저서『독일문학과 예술』상권(공저).

컬처 매니지먼트

초판 1쇄 인쇄 | 2003. 9. 3
초판 1쇄 발행 | 2003. 9. 9

지은이 | 베르너 하인리히스
옮긴이 | 김화임
펴낸이 | 손상목
편집 | 김연순 신선균 김재희
디자인 | 디자인캠프
펴낸곳 | 도서출판 인디북
공급처 | 도서출판 아가돼지

등록일자 | 2000. 6. 22
등록번호 | 제 10-1993호
주소 | 서울시 마포구 현석동 105-56 3층
전화번호 | 02)3273-6895~6 팩시밀리 02)3273-6897
e-mail | book@indebook.com
ISBN 89-89258-44-8 13320

• 잘못 만들어진 책은 구입처나 본사에서 교환해 드립니다.

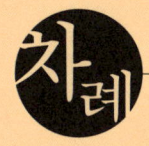

차례

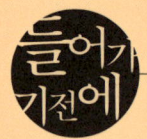
들어가
기전에

우리에게는 문화경영보다 예술경영이라는 단어가 더 낯익다. 영
어의 Arts Management라는 단어를 그대로 차용한 결과이다. 그
런데 이 단어만으로는 그 범위가 광대한 문화사업 전반을 포괄하
기 어려운 탓인지, 우리의 경우 '문화예술경영'이라는 단어가 공
공연히 사용되고 있다. 독일에서는 '예술경영' 대신에 '문화경영
(Kulturmanagement)'이라는 단어가 일반적으로 통용된다. 현재
(2002) 독일어권에는 15개 대학에 문화경영 학과가 개설되어 있
는데 이 학과는 인기 학과 중의 하나로 꼽힌다. 문화경영 학과에서
다루는 내용을 간략히 살펴보면 다음과 같다.

- 문화정책, 매체정책, 문화관리
- 프로젝트 경영
- 문화 분야와 매체 분야 기관의 조직화, 관리, 조정
- 경제와 재정 분야, 즉 문화후원, 문화재원, 경제의 요인으로서
  문화, 예산, 기업문화
- 문화 분야와 매체 분야의 의사소통, 마케팅, 테크놀로지

- 문화이론과 매체이론, 문화사와 매체사
- 문화와 매체 과정과 관련한 법
- 경제와 법, 특히 경영학과 국민경제, 재정경제, 조정, 마케팅, PR, 법적 토대
- 의사소통과 기업간의 제휴, 특히 종업원 관리와 의사소통, 조직 발전, 문화 상호간의 경영, 경험적 사회이론
- 공공(문화)관리, 문화 기관의 관리와 조직화, 민간경제, 특히 마케팅, 기업 이미지 통합 전략, 스폰서, 기업문화, 종업원들을 위한 문화적 공급, 기업에서의 문화작업

이렇듯 독일어권의 문화경영 학과는 '예술'을 포함한 문화사업 전반을 문제 삼을 뿐만 아니라 기업 운영과 관련한 기업문화, 종업원 관리 분야까지 다루고 있다. 본서는 우선 문화경영학과에서 다루는 전반적인 내용을 총괄하고 있다. 따라서 문화예술경영인으로 활동하려는 사람들이나, 문화예술경영을 공부하려는 사람들에게 꼭 필요한 필독서에 해당한다. 물론 독일의 문화예술 분야와 우리의 그

것은 여러 면에서 차이가 있다. 그러나 본서는 문화예술경영이 무엇이고, 문화예술경영인의 역할이 무엇인지를 이론적으로 논증해 준다는 점에서 문화예술경영에 관심 있는 모든 사람들에게 유용한 학습서가 될 것이다.

현재 문화경영학과 교수로 재직하고 있는 저자 베르너 하인리히스는 독일 문화사업에서 직접 풍부한 경험을 쌓았고, 그것을 토대로 문화경영의 이론적 토대를 구축하는 데 큰 몫을 담당하고 있다. 저자는 '문화'와 '경영'이 결합 가능한가 하는 기본적인 물음에서 출발하여 일반경영학과 구별되는 문화경영의 특수성을 밝히는 데 역점을 둔다. 이런 점에서 본서는 '문화예술경영 이론'에 목말라 하던 사람들의 갈증을 크게 해소시켜 줄 것이다.

또한 저자는 문화경영이란 "문화를 가능케 한다"는 데 있음을 수미일관되게 강조한다. 이러한 맥락에서 정치·경제·법적 한정조건에 대한 인식과 경영학적 기능에 대한 습득이 필요하다고 보는 것이다. '경영'을 마치 '창조적 무질서' 혹은 '예술적 자유'와 대립되는 것으로 이해하는 사람들에게도 저자의 설득력 있는 논증은 기존의 선입견을 무색하게 만든다. 몇몇 경제적으로 성공한 예술가들을 제외하고, 대부분의 예술가들은 아마도 보다 안정된 환경 속에서의 작업을 바랄 것임에 분명하다. 그런데 이 저자는 예술가들의 그러한 바람이 문화경영으로 성취될 수 있으리라 낙관한다. 이러한 면에서 문화경영은 문화예술을 풍족하게 할 미래를 향해 열려 있는 학문이라고 할 만하다.

이 자리를 빌려 본서의 출판에 도움을 주신 김영룡 박사님과 인디북 손상목 사장님께 깊은 감사의 말씀을 전한다. 더불어 이 책에서도 말하고 있지만 한 권의 책이 나오기까지 여러 사람들의 수고가 함께한다는 점 잊지 않겠다. 끝으로 밝고 건강하게 어린이집에 다녀 준 둘째 딸 서연에서 고마운 마음이 전해지길 바라며.

옮긴이 김화임

문화예술도
경영을 필요로 하는가?

Braucht Kultur Management?

최근 문화사업에서 '문화예술경영'이라는 말만큼 호경기를 누리고 있는 개념도 많지 않다. 이 용어가 반복해서 사용되지 않는 해당 출판물이 거의 없을 정도이며, 부지중에 '문화예술경영자'라는 직업 명칭을 차용하지 않는 전시회 기획자나 콘서트 주선자, 문화담당자 또한 보기 힘들 정도이다.

그런데 이것이 유행적 표현에 지나지 않는지, 아니면 문화와 경영이 개념적으로 통일되면서 무언가 새로운 것을 뜻하는지는 거의 의문시되지 않고 있다. 즉 경영학은 문화에 무엇을 제공할 수 있는가, 혹은 그 반대로 경영학의 방법과 기법을 사용하면 문화에 어떤 장점이 있을까?

문화와 경영이 많은 점에서 서로 배타적이라는 사실을 염두에 둔다면 이러한 의문은 당연해 보인다. 우리는 창조적 자유, 개성, 창의적 무질서를 문화와 결부시키는 반면, 경영이라는 단어에서는 효과, 생산성, 경제적 성공을 생각하기 때문이다. 기획, 수치, 목표 제어의 사고와 행위는 언뜻 보아 예술적 발전과 관련된 자유 기본권 영역과 대립되는 듯 여겨진다.

첫눈에 이러한 경계 구분은 그럴듯해 보이지만 적절치 못한 단견에 지나지 않는다. 여기에는 일단 대립이 구축되어 있고, 이 대립은 각기 다른 방향에서 상당 정도 선입견으로 규정되어 있다. 경영이 정신이 깃들지 않은 이익 추구에만 있는 것도 아니고, 예술가의 활동 역시 이해와는 무관한 목가적 입장에서만 진행되는 것도 아니다. 따라서 문화예술경영에 관해 언급하려는 경우 몇 가지 선입견으로부터 벗어날 준비가 되어 있어야 한다. 여기에서는 그것이 개념의 논의를 거쳐 문화와 경영의 공통된 내용에 접근할 수 있는 길을 찾는 방식으로 진행될 것이다.

문화와 경영

'문화'와 '경영'은 둘 다 두 가지가 결합하여 함축하는 것 그 이상을 뜻하는, 상당히 포괄적인 개념이다. '경영'이라는 단어는 현대적인 것과 서류에 모양을 부여하려는 조직과 관리의 모든 형태와 결부된 거의 "모든 것에 사용 가능한 개념"(Steinmann/Schreyögg 1991 : 5)으로 발전하였다. 이에 반하여 합리적인 합목적성을 벗어난 모든 것에 '문화'라는 개념을 덧붙이는 것이 풍조가 되어 버렸다. 그런데 "모든 것이 문화인 곳에서 더 이상 문화는 인식될 수 없다".[1] 이로써 처음에 사용된 개념에 관해 언급할 계기가 마련된다. 특히 문화예술경영에서의 문화는 모든 임의의 문화 개념과 일치하지 않는다는 사실이 곧 밝혀지게 될 것이다.

경영

경영은 대기업의 관리팀 혹은 직접적으로 종업원들을 관리하는 매우 까다로운 분야와 관련될 수 있고, 기획과 조직화의 기법에도 관련될 수 있다. 따라서 경영에서는 순수한 경영학적 측면뿐만 아니라 심리 · 사회학 · 사회 · 사회문화적 측면들도 중요하다. 이런 점에서 그로흐라가 "경영 현상의 학제간 복합성"이라 언급한 것은 적절해 보인다(Grochla 1974: 11).

그러나 오늘날 경영 현상의 현상 양태 역시 결국 20세기 초에 논의되었던 개선된 운영관리라는 근본 문제로 소급된다(Taylor 1903).

---

1) 1989년 1월 28일자 프랑크푸르트 알게마이네 차이퉁에 실린 콘라드 아담의 글.

애초부터 경영관리의 이해에서는 목표 달성을 위해 종업원들에게 영향을 가하는 일이 결정적 역할을 하였다. 영향을 가한다는 것은 심리적 감화로 이해될 수 없고, 다양한 조직기법과 조정기법의 활용을 의미한다. 이러한 기법의 도움으로 종업원들은 회사가 미리 규정해 놓은 목표에 도달할 가능성을 갖게 되고 목표를 향해 가게 된다. 그래서 '미국 경영 협회'는 "경영이란 다른 사람을 통해 일이 행해지는 것이다"라고 정의한다. 이를 독일인 코른되르퍼는 "인간의 행동에 가하는 수미일관된 개인의 영향"이라고 적절히 번역했다(Komdörfer 1979: 22).

경영은 '자재경제', '마케팅', '회계제도' 등 다른 분야처럼 '기업관리'에 속하는 경영학의 한 영역이다. "경영이란 노동 분업의 체계 속에서 생산물을 완성하고 생산물을 보장하는데 제공되어야 하는 조정과정 전체를 말한다. 이러한 과제는 그 본성상 늘 반복되는 문제이며, 어떤 부문이든 어떤 위계질서에서든지, 또한 어떤 기업에서 발생하든지 간에 상관없이 원칙상 모든 생산 환경에서 해결이 가능하다"(Steinmann/Schreyögg 1991: 7). 이러한 조정과제와 조정행위는 극히 다를 수 있지만 과정에도 인원에도 관련될 수 있다.

경영을 더 잘 이해하기 위하여 이 개념을 세분화하여 사용할 필요가 있다.

"기관으로서 경영은 모든 주도적 심급 기관을 포함하고 있다. 다시 말해 이 심급 기관에는 모든 과제 내지 기능의 추진자, 결정의

그림 1. 경영의 개념

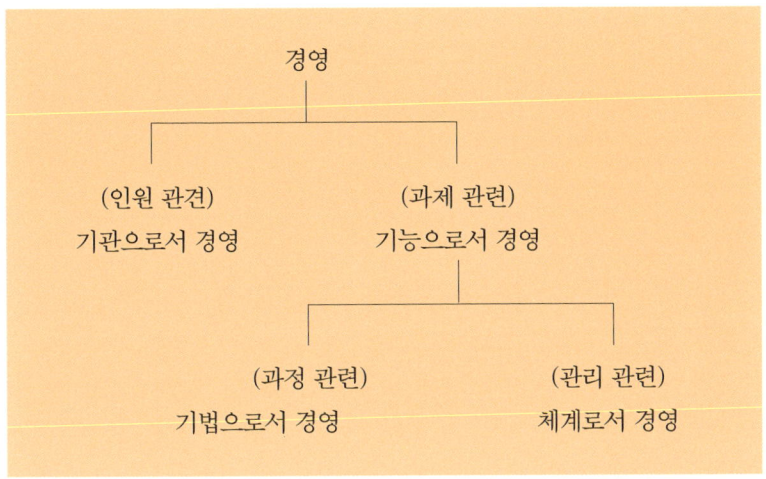

경영

(인원 관견)
기관으로서 경영

(과제 관련)
기능으로서 경영

(과정 관련)
기법으로서 경영

(관리 관련)
체계로서 경영

권한과 지시의 권한이 있다"(Schierenbeck 1987: 71). 경제기업에서는 특히 회장단과―대기업에서 흔히 '최고경영'으로 표현되는―업무 집행자, 이사회 임원, 과장, 지배인 등이 그에 속한다. 지방 기초자치단체의 행정기구에서는 시장/행정시장/업무 분야의 장, 관청 관리자 및 부서장/연구소장을 그와 관련하여 생각할 수 있다.

이에 반하여 기능으로서 경영은 인원이나 인원그룹이 아닌 과제와 관련된다. 기능으로서 경영은 기업을 조정하는 데 필요한 모든 과제를 총괄한다. 이러한 조정행위는 단지 일을 수행하기만 하는 과제와는 전적으로 구별된다. 조정행위는 본질적으로 목표설정, 계획 수립, 조직화, 관리, 통제 등의 주요기능과 관련된다.

경영기능과 관계하는 데는 여러 가지 기법이 도움이 된다. "전형적 경영 문제 해결을 위한 모든 도구, 방법, 모델, 방식"(같은 곳 135)을 그러한 것으로 이해할 수 있다. 경영기능의 목록은 열거하기가 어려울 정도이며, 관련 전문서적(특히 미국 내에서만도)은 너무 많아 다 살펴볼 수조차 없다.

"경영체계는 파생된 관리과제를 실현시키는 데 도움이 된다. 즉 경영체계란 기업 관리의 틀 내에서 부분 과정을 조정하고 부분체계에 형태를 부여하기 위한 방법론적 권고를 말한다. '원칙을 통한 경영'으로도 표현되는 방식의 주안점은 합리적 관리기능 분야에 있다"(Bestmann 1992: 129). 경영체계는 선택된 기본 원칙에 의거하여 서로 다른 기능과 기법을 가능한 한 체계적으로 관련시키고자 한다.

경영을 이러한 방식으로 이해하는 입장에서 문화를 가능케 하려는 문화예술경영은 우선적으로 방법과 기법, 다시 말해 기능적 의미에서의 경영과 관련된다. 경영기능은 개개 기업과는 무관하게 구체적 과제 분야와 분리된 채 적용될 수 있다. 즉 기능적 경영은 산업재화를 생산하는 기업에도 적용 가능하며, 서비스기업에서도 적용 가능하다.

결국 경영학의 기능적 수단을 문화 분야에 적용하는 것도 가능하다는 것이다. 실례를 든다면, 미술전시를 위해 과정을 조직화한다든가 극장운영을 위해 경영학적 통제를 계획하는 일은 사실 아무 문제가 되지 않는다. 이러한 작업에는 우선적으로 기법적 문제가 중요하다. 그러한 문제에 대한 응답으로서 문화 분야에서도 이익을 목표로 하는 경영학적 교본이 동원될 수 있다.

그런데 일반 경영학을 문화사업에 그대로 적용시킬 경우 유감스럽게도 곧바로 한계에 부딪히고 만다. 그래서 문화예술경영의 독자적 이론(Fuchs 1993)을 발전시키려는 시도가 있으며, 지금 독일어권에서도 단과대학들에 문화예술경영학과가 설립되어 있다.[2] 문화예술경영이 독자적 학문으로 자리하는 데는 다음과 같은 세 가지 논증이 문제된다.

1. 모든 경영은 기능·기법적 적용에 있어서 대상과 기본적으로 분리되어 있지만 사실은 조정행위가 생산물에 영향을 끼칠 때도 많다. 가령 자동차 공장의 경우, 자동차의 외관과 기능성은 기술자와 디자이너만 결정하는 것이 아니라 경영자 역시—더 빈번하게—결정에 관여한다.

문화사업에서도 마찬가지이다. 전시회 기획자는 예술전시회의 전시 품목을 골라냄으로써 관람객이 보게 될 예술을 본질적으로 규정한다. 시의 문화담당자는 문화 공급을 위하여 주제, 예술가, 공연물을 선택하는데, 이것은 바로 그가 어떤 종류의 예술과 문화를 자신의 시에서 실현시킬 것인가를 다분히 홀로 결정한다는 뜻이다. 출판인은 원고를 수령하거나 거부함으로써 새로운 작품이 미래 문학사

---

2) 루트비히스부르크, 하겐, 포츠담, 린츠/잘츠부르크, 빈의 학과들을 비교해 보라.

에서 한 자리를 차지하느냐 마느냐를 결정한다.

뒤에서 좀더 자세하게 얘기하겠지만(30쪽 '작가, 해석자, 수용자' 참조), 문화예술경영은 조정행위와 행위대상의 밀접한 연관으로 특징지어진다. 여기에 모든 문화예술경영자의 적지 않은 위험 또한 도사리고 있다. 문화예술경영자는 문화적 내용을 부차적 매개자와 경영의 목표에 종속시킬 유혹에 쉽사리 굴복할 수 있는 것이다.

그렇기 때문에 문화예술경영은 예술 · 문화적 내용과의 책임감 있는 교류에 목표를 두어야 한다. 그런데 책임감 있는 내용과의 교류는 가장 중요한 예술적 전문 분야에 걸맞는 기본 지식이 있을 때만 가능하다. 적지 않은 문학서 발행인이 문학에 조예가 깊고 (여기에서 지크프리트 운젤트라는 이름을 거론해도 될 것이다). 화랑 주인들이 뛰어난 예술사가들이며, 시의 문화담당자들 역시 대개 명망 있는 문화학자들이라는 사실은 전혀 우연이 아니다(그 실례로 헤르만 글라저를 생각해 보자). 그래서 문화예술경영학과가 있는 대학들은 경영학과 함께 문화학적 분야 역시 필수과목으로 포함시켰다.

2. 경영 행위가 이익을 목표로 하는 행위를 전적으로 우선시하는 것은 아니다. 그보다는 목표를 중심으로 한 행위가 더 우선이다. 문화예술경영에서 가장 우선되는 목표는 예술과 문화를 가능케 하는 일이다. 이러한 목표는 공익 문화사업이나 민간 문화사업이나 매한가지이다. 그 다음 두 번째 단계에 가서야 민간 문화사업의 경우 기

업 이윤이 목표가 되고, 공익 문화사업의 경우 문화정책적 목표를 구체화하고 실현시키는 일이 목표가 된다.

이러한 차이보다도 문화사업에서는 이른바 문화를 가능케 하는 일이 우선한다는 공통성이 훨씬 더 중요하다. 서로 다른 법 형태와 운영 형태의 차이를 넘어선 이러한 공통성은 다른 분야에서는 극히 드물다. 그래서 문화사업에서의 경영은 특별히 기업의 우선적 목표와 결부되어 있다. 이는 흔히 경영자와 문화사업 작업 간의 긴밀한 관계에서 잘 표현되고 있다. 그래서 다른 분야에서는 경영자가 상대적으로 쉽게 한 전문 분야에서 아주 다른 전문 분야로 일자리를 바꾼 후 이전 분야에서처럼 성공하는 경우를 볼 수 있는 데 반해, 문화 분야에서는 그런 경우가 매우 드물다.

전문 분야와의 결속이 큰 이유는 대다수 예술가들이 작업을 할 때 기관보다는 오히려 인적으로 연결된다는 데 있다. 한편으로 예술

그림 2. 문화예술경영의 목표

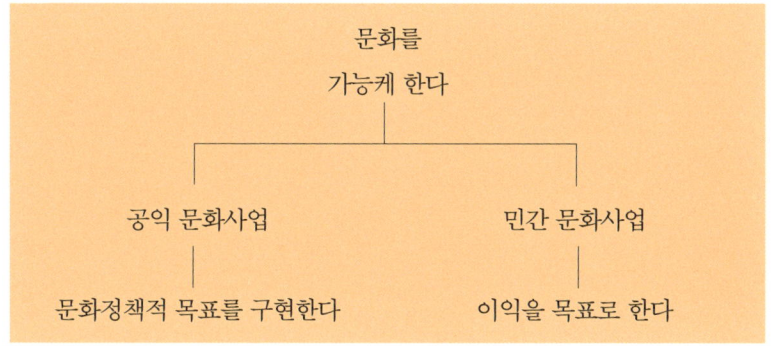

가들, 또 다른 한편으로 매개자들, 화랑 주인들, 감독들 혹은 문화담당자들 간의 오랜 신뢰관계가 익명의 기관과의 계약적 결합보다 훨씬 더 중요한 것이다. 이러한 결합은—오늘날은 네트워크라고 말한다—수년을 넘게 구축되고 장려된다. 그렇기 때문에 문화사업에서 전문영역을 바꾸는 일은 직업적으로 완전히 새로운 시작이나 다름없다. 결론적으로 문화사업에서의 인적 중심의 경영은 다른 분야에서의 생산 중심 경영과 본질적으로 크게 구별된다.[3]

3.마지막으로 우리가 문화를 어떻게 가능케 할 것인가 하는 방식과 방법조차도 문화의 일부에 속한다. 이는 우리가 예술가 및 예술과 어떻게 관계하고, 예술과 문화의 자유가 우리에게 얼마나 중요한지를 보면 알 수 있다. 우리는 문화국가에 살고 있는가, 아니면 연방헌법재판소에 공식화되어 있는 대로 "국가의 목표 규정이 문화국가"(기본법 E36/321ff.)로 되어 있는가? 서독의 문화와 동독의 문화는 문화의 자기 이해라는 측면에서 어떻게 구별되는가? 헤르만 글라

---

3) 문화예술경영에서 이러한 특수성을 무시할 경우 어떠한 파멸적인 결과를 가져올 수 있는지 1998년 바덴바덴 축제 공연장에서 매우 분명하게 드러났다. 민간이 운영하는 극장에 문화사업 경험이 전혀 없었던 자동차 검사 기업 DEKRA의 자회사가 경영회사로 활동하였던 것이다. 게다가 DEKRA는 그때까지 박람회 경영 내지 병원 경영 활동을 하였고, 문화 분야와는 전혀 접촉할 수 없었던 두 명의 업무 집행자를 임명하였다. 결국 그들은 경영에 실패해 극장 개관 4주 전에 파면되고 말았다. 얼마 지나지 않아 DEKRA 역시 경영회사에서 발을 빼게 되었다. 인적으로 결부된 네트워크라는 문화사업의 특수성을 완전히 과소평가했던 결과였다.

저는 "전체주의 국가들은⋯⋯조작의 가장 중요한 수단 중의 하나를 문화정책에서 (보고), 그러한 식의 왜곡에서조차도 문화적인 것의 중요성이 더 확실해진다"라고 아주 정확하게 지적하고 있다(Glaser 1974: 55).

이 논거를 뒤집을 수도 있다. 즉 우리의 국가·사회적 자기 이해는 아주 본질적으로 예술과 문화의 자유라는 기본원칙에(기본법 5조) 의해 잘 드러나고 있다. 이 기본원칙은 문화를 통한 조작뿐만 아니라 문화의 도구화에 대해서도 문제를 제기한다. 기본법과 연방헌법 재판소는 문화를 독자적 가치로 이해한다. 그렇기 때문에 문화는 더 긴급한 부차적 목적에 이용될 수 없다. 가령 경제 요인으로서만 구현의 기회를 갖는 문화란, 가능성의 방식에서 벌써 기본법에서 말한 의미의 문화국가와는 뚜렷하게 구별된다. (무엇 즉) 문화적 내용뿐만 아니라, (어떻게 즉) 정치·재정·사회적으로 문화를 어떻게 가능케 하느냐 하는 방법과 방식 또한 문화의 한 형식이다. 이것은 바로 경영학적 경영의 다른 연관에서는 존재하지 않는 대상과 행위방식 간의 결합을 말한다.

경영학을 문화사업에 그대로 전용하는 데 반대하는 세 가지 중요한 이유가 바로 이것이다. 예술과 문화는 민감한 분야이다. 그러므로 문화를 매개하고 가능케 하는 방식까지도 민감함이 요구된다.

문화예술경영의 대상

문화는 관한 셀 수 없는 정의들(Steinbacher 1976과 Mäckler 1987)에 하나를 더 첨가하는 일이 아무런 보탬이 되지는 못할지라도 일정한 구분은 불가결하다. 문화예술경영의 기초를 이루는 문화개념은 인간의 전반적 행위를 포괄하는 광범위한 인류학적 개념도, 예술과 문화를 같은 뜻으로 보는 극단적으로 협소하게 해석된 문화사 중심의 개념도 아니다.

문화를 대부분 예술과 동일시했던 1950년대, 1960년대 경향의 반작용으로 1970년대에는 공공 문화작업에서 주로 '확대된 문화개념'에 관해 언급하였다. 그리하여 문화를 이해하는 데 있어 우리의 일상문화의 요소까지도 포함한 문화개념이 발생하였다. "'확대된' 문화개념에서는 인간이 어떻게 살고, 어떻게 일하며, 어떻게 거주하고, 육체 · 정신적 능력을 어떻게 발전시킬 수 있고, 어떤 예술에 관심이 있으며, 어떤 일을 하고, 자유 시간을 어떻게 보내고, 다른 사람들과의 관계는 어떻게 하는지, 이 모든 것들이 포함된다"(Gau 1990: 18f.).

다음의 설문조사 결과를 보면 위의 사실이 현실과 동떨어져 있지 않고 변모해 가는 문화의 일상을 이해하는 데 전적으로 부합한다는 점을 확인할 수 있다. 이 설문조사는 새로운 방향 설정의 초기(1981)와 말기(1991)에 실시되었다. 16세 이상의 서독 주민들은 표에 표시된 비율로 각 항목들을 문화에 귀속시켰다(도표 1 참조).

도표 1. 문화개념에 대한 설문조사　　　　　(단위 : %)

문화의 현상 형태들	1981년	1991년
연극	84	90
회화	76	88
역사	68	84
도서	72	83
종교	52	57
여행	50	64
학교	38	39
유행 의상	21	37
자연과학	38	36
요리	14	33
정치	23	30
텔레비전	19	26
기술	16	22
의학	20	19
꽃	19	18
수학	13	13
전화	7	10
고층건물	6	10
축구	5	8
드라이브	5	8

(출처: 알렌스바하 기록 보관소, IfD-설문조사 4001, 5053)

"10년 전 서독 주민의 21%만이 유행 의상을 문화의 구성요소라고 보았는데, 오늘날에는 37%가 그렇게 본다. 텔레비전을 문화개념에 포함시키는 주민들의 비율도 19%에서 26%로 증가하였다. 가장 큰 변화는 요리기술을 문화이해에 포함시키는 경향이다. 1981년 14%의 주민들이 그에 찬성하였다면 오늘날은 33%가 그러하다. 현대적 기술 또한 오늘날 더 큰 규모로 문화개념에 포함되고 있으나 기술이 사회 · 문화적 발전에 대해 갖는 실제적 의미에 비추어 볼 때 아직도 과소평가되고 있다. 1981년 서독 주민의 16%가 기술을 문화의 구성요소로 보았으나 오늘날에는 22%에 달하고 있다"(알렌스바하 여론 조사 연구소 1991: 21. 상세한 설명은 Wolf-Csanády 1996을 참조).

이렇듯 확대된 문화개념은 과거에 정의되었던 문화개념에 비해 상당히 구속감을 벗어난 느낌을 줄지라도 문화예술경영의 대상으로는 적합하지 않다.[4]

결론적으로 우리는 일상문화의 포괄적 영역, 예를 들어 가구 선택, 특정한 음식과 음료의 선호, 자유시간에 대한 조정 혹은 여행지 선택, 이웃과의 교류, 정원이나 발코니 관리 등을 어떤 문화예술경

---

4) 아직도 '확대된 문화개념'에 관해 언급하는 일이 필요한지는 의문이다. 1970년대에 혁명적으로 느껴던 것, 즉 우리의 문화개념에 일상의 문화가 편입된 것이 지금 우리에게는 당연하게 받아들여지고 있다. 좁은 의미의 문화개념으로 우리는 '예술'이라는 개념을 사용하며, 그 이상의 모든 것은 '문화'에 속한다.

영자에게 조직하게 하지 않으며 스스로 그 일을 떠맡는다. "일상의 문화는 스스로 조직화하고 조정하는 체계이다. 일상문화는 문화의 애니메이션 없이 존재하며, 기본적으로 문화예술경영을 필요로 하지 않는다"(Hugger 1989: 163).

예를 들면 집에서 취미 삼아 하는 음악 연주나 그림 그리기, 이웃의 축제를 기획하는 것과 같은 일상문화 이외에도 특정한 문화활동 역시 문화예술경영과는 상관이 없다. 문화예술경영은 관객에게 전달되어야 하는 문화에 한정된다. 그러한 매개를 필요로 하지 않는 문화는 문화예술경영의 대상이 아니다. 그러므로 우리는 여기에서 문화예술경영의 독자적 문화개념이나 문화예술경영의 대상을 정확하게 기술할 필요가 있다.

여기에서는 아직 문화와 경영, 이 두 개념이 갖는 공통적 관점을 다룰 수 없다. 기능으로서 경영—앞으로 이것만이 언급된다—은 "노동 분업의 체계 속에서 생산물을 완성하고 보장하는 데 제공되어야 하는 조정행위의 집합체"로 정의되었다(Steinmann/Schreyögg 1991: 7).

결론적으로 경영은 우선적으로 생산물, 보다 정확히 말하면 재화나 서비스를 만들어 내고 혹은 조달하기 위한 과정에 속한다. 생산물이 문제되지 않고 관계, 정신 상태, 생활 형태 등이 문제된다면, 문화의 문제이지 문화예술경영의 대상과는 관계가 없다. 게다가 이러한 과정들은 진공 속에 부유하지 않고, 체계들과 다양한 주변 환경 내에서 진행되므로 과정들의 한정조건을 만들어 내는 데 문화예술경영은 언제나 관심을 둔다.

종합적으로 문화예술경영은 다음과 같은 데 국한된다는 사실을 확인할 수 있다.

1. 문화를 가능케 하기 위해 제도·법·경제·조직적 한정조건을 만들어 냄
2. 구체적인 예술·문화적 생산물(가령 예술작품이나 문화적 프로젝트의 형태)이 도출되도록 과정을 조정
3. 예술·문화적 생산물을 관객에게 매개

문화예술경영은 문화를 가능케 하고자 한다. 다시 말해 예술 내지 문화를 스스로 만들어 내지는 않지만 문화에 도움이 되고자 한다. 아울러 문화예술경영은 문화 교육적, 문화 사회적, 다른 2차적 목표를 위한 토대와 한정조건을 제공한다. 그렇지만 문화교육학, 문화 사회 작업 혹은 그와 유사한 형태의 활동 자체는 아니다. 문화예술경영이 문화의 내용과 문화의 작용 자체를 만들어 내고자 할지라도 일반적 경영학이나 문화교육학, "문화 사회 작업"(Koch 1989)에 비해 문화예술경영은 거의 신뢰감을 주기 힘들 것이다. 문화예술경영은 조정행위만을 제공한다. 그러므로 문화예술경영은 예술가들, 문화교육학, "사회적 문화작업"(Fuchs/Schnieders 1982와 Ermert

1986)의 경쟁자가 아니다. 그렇다고 문화예술경영이 문화의 내용과 작용을 집중적으로 다루어야 할 필요성으로부터 방면되는 것은 결코 아니다.

문화사업에서 조정의 요구

문화예술경영에서 조정행위에 관해 언급해야 한다면 조정이 어디에서 요구되는지를 명확하게 하여야 한다. 이러한 문제 제기와 함께 예술과 문화는 천재적 예술가의 창조적 동인으로서 저절로 발생한다는 순진한 생각은 이미 배제된다. 예술과 문화의 발생을 그렇게 이해할 경우 당연히 조정행위는 필요하지 않기 때문이다.

사실 문화사업은 함께 작업하는 사람들과 기관들의 극히 세분화된 네트워크와 관련된다. 이러한 사람들과 기관들은 일부 극도로 전문화되어 있고, 수미일관되고 극도로 민감한 조정행위를 통해서만 성공적 협조를 이뤄낼 수 있다. 그러한 공동 작업에 조정이 가해지지 않은 경우 문화의 실현은 거의 불가능하다. 이때 조정은 3차원 체계의 세 좌표를 조준해야 하며, 그 좌표의 교점에서 문화예술경영이 세력을 미친다.

작가, 해석자, 수용자

모든 예술작품이 시작될 때 작가로서 예술가가 존재한다.[5]

이때 작가는 문학 텍스트의 필자로만 이해되어서는 안 된다. 라틴어 'auctor'의 의미에서 예술작품 전반의 원 저작자이며 창작자로 이해되어야 한다. 작가는 과정이 시작될 때 있고, 우리는 과정이 종결되면 구현된 작품을 기대한다. 시작은 특히 예술적 아이디어와 동인이 특징적인데, 이 동인이야말로 구체화를 가능케 한다. 독창성, 개성, 미적 범주, 모사의 기능과 같은 특징들 혹은 평가와 귀속의 기준으로 사용되는 것은 먼저 작가와 결부되어 있다. 이러한 것은 글을 쓰는 사람들이나 건축가와 마찬가지로 화가나 작곡가에게도 동일하게 해당된다.

그렇지만 예술작품이 작가의 행위만으로 이루어지는 경우는 극히 드물다. 오히려 오늘날 많은 예술작품들은 여러 그룹들이 참여하는 하나의 과정에 속한다. 거의 대부분의 예술작품은 해석자도 요구한다. 해석자를 통해 청취자, 관객, 관람자 등 이른바 수용자에게 도달될 수 있기 때문이다.

이미 19세기에 연극 이외의 분야에서도 작가의 해석자를 구별하는 경향이 나타났다. 아주 드문 경우에만 작가이기도 하였던 배우들

---

5) 여기에서 좁은 의미의 예술이라는 더 쉬운 표현에 한정된다. 그렇지만 다른 문화 분야에 전용해도 아무런 문제가 없다.

이 연극에서 연기를 하는 동안, 19세기 중반까지 음악가만이 콘서트에서 단독으로 혹은 앙상블의 단장으로 출연하여 자신이 작곡한 작품들을 보여 주었다. 음악 분야에서는 당시 20세였던 멘델스존이 100주년이 된 바하의 〈마태 수난곡〉을 재발견하면서 처음으로 재공연되고, 해석자의 역사가 비로소 시작되었다. 형상예술에서의 발전도 유사하게 진행되었는데, 예술가가 아닌 미술협회가 1830년부터 규칙적인 간격을 두고 전시회를 개최하면서였다. 그 이전까지는 독일어권의 경우 미술전시가 거의 알려져 있지 않은 상태였다. 예술가는 전시를 위해 작품을 '비축'해 두지 않았고, 구체적 주문자(영주, 교회 혹은 부유한 시민들)가 요구할 때만 만들었다. 19세기 중반에 등장한 전시회에서 비로소 전시회 기획자의 기관이 만들어지게 되었다.

이와 같은 해석 활동이 예술작품에 미친 영향은 엄청났다. 감독과 배우, 무대 장치가, 음악극의 경우 지휘자 및 오케스트라가 한 작품을 두고 늘 다르게 이해할 수 있는 연극에서 특히 그러한 점이 분명하다. 또한 수고를 들이지 않고 개별 그림을 어디에 거느냐에 따라 평가 절상하거나 평가 절하시킬 수 있는 전시회 기획자에게도 해석적 활동이 부여된다. 그는 그림을 어떤 선택된 연관 속에 두고, 그것으로 해석까지 할 수 있다. 조금 다른 예를 든다면 사서조차도 책의 선별, 자리배정, 목록화 작업을 통해 해석자가 될 수 있다. 그러한 해석적 활동을 통해 가령 입센의 연극 〈인형의 집〉의 주인공

이름 '노라'가 '노르웨이 문학' 혹은 '여성문학', 아니면 '성과 범죄'라는 표제어의 키워드 목록에 열거되는 차이가 생겨난다.

20세기에 들어서면서 해석자의 역할은 공공연해져 작가와 해석자의 역할이 거의 뒤바뀔 정도가 된다. 실례로 콘서트는 거의 음악박물관처럼 보이는데, 여기에서 작곡가의 이름보다는 해석자의 이름이 더 관심을 끈다. 그 결과 본래 뒤바뀌어야 함에도 불구하고 CD 커버에는 아주 크게 '파바로티', 그 아래에는 아주 조그맣게 '베르디 아리엔이 노래하다'라고 적힌다.

그런데 요즘 예술 수용자에게도 독자적 위치가 부여되고 있다. 특히 '열린 예술작품'이라는 견지에서 이 점이 분명해지고 있다. 이 '열린 예술작품'은 1954년 파레이송(Pareyson 1954)에 의해 처음 논증되었고, 후에 롤랑 바르트(Roland Barthes 1963, "자유롭게 이용됨"이라고 표현된다), 무엇보다도 움베르토 에코(Umberto Eco 1963)에 의해 발전되었다. 이것의 단초는 기표(의미/지각)와 기의(의미의 전달자/이름) 간의 구조주의의 구분으로 거슬러 올라간다. 이에 따르면 모든 의미는 전달자는 (가령 예술작품) 다양한 뜻을 가질 수 있다.

'열린 예술작품'의 입장에서 보면, "예술적 전달이 갖는 근본적 다의성 의미의 개방은 모든 시대의 모든 작품에 언제나 존재하는 것"(Eco 1962: 11)이다. 그래서 '열린' 예술작품은 불가피하게도 "해석자가 그것을 매개하는 바로 그 순간에 비로소 완성된다"(같은 곳 29).

에코의 경우엔 해석자와 수용자 사이를 더 이상 구분하지 않는다. "모든 수용은 하나의 해석이며, 하나의 구체화이다. 각자의 수용과 함께 작품은 독창적 전망으로 새롭게 소생하기 때문이다"(같은 곳 30). "예술작품을 '읽는 것', '고찰하는 것', '향유하는 것'은 소리 없는 개인적 '실현'의 한 형태이다"(같은 곳. 29쪽의 각주).

예전에도 수용에 언제나 그만큼의 무게가 실렸던 것은 아니다. 예를 들면 예술작품 이집트 왕의 묘비는 그 당시에는 전혀 공개되지 않았다. 고대 사원의 프리즈(주로 조각으로 장식된 소벽)는 관찰자와 너무 멀리 떨어져 있어 세세하게 알기 힘들었다. 이 사원은 사람들을 위해 만들어지지 않고 신을 위해서 만들어졌던 것이다. 중세시대까지만 해도 이러한 예술작품들이 많이 만들어졌다.

현대에 와서 예술은 아주 본질적으로 기표가 되는, 다시 말해 다양한 의미를 갖고 있는 가능성으로 규정된다. 또한 여러 가지 기표들은 수용적 시험에도 유용하다. 다른 사람에게 내놓지 않는 소설이 작가의 영적 삶에는 도움이 될지 모르지만 위에서 기술한 의미에서의 예술은 독자와의 만남에서야 비로소 완성된다. 조용한 방에서 자신의 열정을 즐기는 아마추어 화가의 경우도 그러하다. 그의 취미는 관객과의 논의를 통해 비로소 예술이 될 수 있다. 예술은 언제나 의사소통이며, 상호교류이고, 무언가를 말하려는 전달이다. 이와 같은 의사소통이 이루어지지 않을 경우 우리는 그것을 예술이라고 칭하는 데 상당히 주저하게 된다.[6] 그러므로 예술작품을 관객에게 전달하는 것은—특히 문화예술경영의 의미에서—예술을 '열린' 것으로 시험하고, 예술을 현재의 이해 속에서 정립하기 위한 존재론적 전제에 속한다.

여기에서 작가, 해석자, 수용자 간에는 매개와 전달이 요구된다는 사실이 드러난다. 즉 예술작품은 관객에게 '자동적으로' 도달되지 않는다. 경영학의 언어로 표현하면 예술의 실현을 위한 과정 내에서 조정행위가 요구된다. 그것을 통해 작가, 해석자, 수용자가 매개되며, 바로 이 점이 문화예술경영자의 본질적 활동 가운데 하나인 것이다.

그런데 작가, 해석자, 수용자가 좁은 의미의 예술적 과정에 참여하는 반면 경영자는 원칙상 비예술적 매개자 역할로만 한정된다. 물론 여기에 주목할 만한 중첩이 존재하는데, 그것에 대해서는 이미 조정행위와 행위 대상 간의 관계를 언급할 때 지적한 바 있다(15쪽 '경영' 참조).

형상예술 분야만 보아도 민간 화랑, 개인 전시회 기획자, 미술협회, 박물관, 자치단체의 화랑, 미술품 거래자, 미술 출판사, 미술비평가, 미술경매 등이 형상예술과 관계하고 있다. 이 모두는 미술을 해석하거나 (예컨대 전시회 기획자) 매개하면서 활동한다. 특히 연극비

---

6) 이에 대하여 Olaf Schwencke는 "독자를 찾지 못하는 시, 청자를 찾지 못하는 소나타, 관찰자를 찾지 못하는 초상화는 그것들에 내재되어 있는 의도를 채우지 못한다!"(Schwencke 1974: 40)고 하였다.

평가들이 중간 입지에 있는 극장 운영, 그리고 여러 다른 영역의 예술사업과 문화사업에서도 마찬가지이다.

매개하는 해석자와 해석하는 매개자의 관점에서 볼 때 개인 귀속이나 공공기관의 귀속 대신에 기능에 관해 언급하는 것이 더 의미 있게 여겨진다. 한 사람과 동일인, 혹은 공공기관은 불가피하게 자기 모순적 의식을 동반하지 않고도 해석하고 매개하는 기능을 대변할 수 있다.

노동 분업의 산물인 예술

경영이란 다음과 같은 두 가지 과제에 의해 본질적으로 특징 지어진다. 그 하나는 복잡한 과정을 구조화하면서 조작할 수 있게 하는 것이다. 다른 하나는 부분 생산물들을 적합한 관리 계획과 조정 계획을 통해 결합해 내는 일인데, 이 부분 생산물들은 각기 다른 곳에서 조달되며, 그것들이 전체와 관련해서 갖는 의미와 목적은 그 일에 참여하는 자들에게는 조망되지 않는다. 이러한 특징은 가구공, 화가, 철물공, 조명담당, 의상재봉사, 분장사 등이 음악가, 배우, 가수들과 함께 공연에 관여하는 오페라 공연에서 쉽게 이해할 수 있다. 한편 부분 생산물들은 적합한 경영 없이 전체 공연으로 결합되지 못한다.

그런데 예전의 전통은 아주 다른 모습을 보여준다. 19세기만 해도 연극인들은 긴밀하게 결합된 일종의 군단이었다. 이 군단은 공동으로 '자신들의' 작품을 무대에 올렸고, 작품의 성공에 각자 알 수 있는 몫이 주어졌다. 오늘날 거대 극장 운영의 문제는—매번 천명 이상이 참여하는 슈투트가르트 국립극장 사업이 그 실례에 속한다—운영에 참여하는 사람들 가운데 소수만이 사업의 전 작업과정을 조망하는데 있다는 것이 적지 않은 연극전문가들의 생각이다.

큰 전시회를 구축하는 데서도, 많은 돈을 필요로 하는 도서프로젝트의 출판 및 전반적인 영화사업의 경우에도 모든 참여자들이 전체 작업을 조망하고 있지는 못하다. 콘서트 사업에서만이 전체 작업과의 관련에서 개개인이 차지하는 몫을 알 수 있을 뿐이다. 복잡한 산업생산물을 만들어 내는 것과 마찬가지로 예술의 경우에도 노동 분업적 생산과 관계하고 있다. 또한 이 생산은 전문적 경영을 통해서만 응집 가능하다.

정치, 사회와의 상호관계

한편으로 작가, 해석자, 수용자, 다른 한편으로 노동 분업적 생산에 참여하는 사람들은 문화적 결과물을 단독으로 결정하지 못한다. 사회적 세력들이 오히려 문화적 과정에 상당한 영향력을 미친다. 이해집단들과 매체들, 교회나 노동조합과 같은 거대한 사회적 그룹들, 당과 정치협의회, 혹은 폭넓은 의미의 '경제'가 그 세력들에 속한다.

원하든 원치 않든 간에 이 모든 것들은 우리의 문화적 현실에 영향을 미치고 있다. 우리가 문화적 생산물을 측정하는 평가의 기준이나 문화개념은 문화 내적, 예술 내적으로 결정되기 보다는 예술가들, 문화 매개자들과 위에서 언급한 그룹들 간의 교류 속에서 결정 된다. 다만 그 교류가 제도화되지 않았고, 서로 상호작용하는 세력들의 자유로운 관계 속에서 행해지기 때문에 쉽게 파악되지 않을 따름이다.

문화예술경영의 과제는 문화를 가능케 하는 것이므로 그러한 중요한 작용 가능성을 고려하지 않을 수 없다. 그것은 특히 공공 문화작업에서 분명해진다. 공공 문화작업에는 정치적 영향력 혹은 교회, 협회, 매체들의 의견주도권과 의견 형성이 지대한 영향을 미칠 수 있다. 확신을 갖고 조정행위에 관해 언급하는 문화예술경영은 문화와 사회그룹 간의 상호관계를 알아내야 한다. 그러할 때 자유로운 여지 속에서 통역사의 기능을 떠맡을 수 있다. 이를 위하여 문화예술경영은—통역사의 모습으로 남기 위해—참여 그룹들의 언어를 읽어 내는 일이 특히 필요하다. 문화예술경영은 다른 사람들의 이해를 토대로 문화 이해의 중요성을 결정하고 대변할 수 있는 것이다.

문화예술경영의 좌표

특히 수공업적·기술적 예술작품의 생산은 독립적인 예술적 과정 요인들이 맺는 (작가, 해석자, 수용자) 협력과 나란히 존재한다. 그림으로 표현할 경우 작가, 해석자, 수용자를 수직 좌표로 생각할 수 있다면 노동 분업의 생산은 수평으로 표현할 수 있다.

해석의 국면에 두 좌표의 교점이 놓여 있다. 여기에서는 노동 분업적 생산이 중심을 이루고 있다. 연극작품의 공연, 전시회의 구현, 책을 만들어 내는 경우에도 이와 마찬가지다. (아주 단순한) 극장운영의 실례를 보면 이 사실이 분명하게 드러난다(그림4).

한편으로 연극 비평가, 또 다른 한편으로 홍보실은 예술적 과정에서의 매개 기능을 인지하고 있다. 이때 연극 비평가의 작업은 철저한 해석적 기능도 동반한다. 감독으로부터 배우를 거쳐 작업장

그림 3. 문화예술경영의 좌표 1

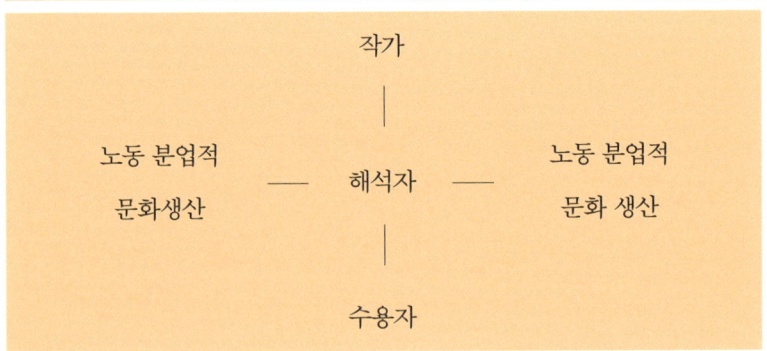

그림 4. 문화예술경영의 좌표 2

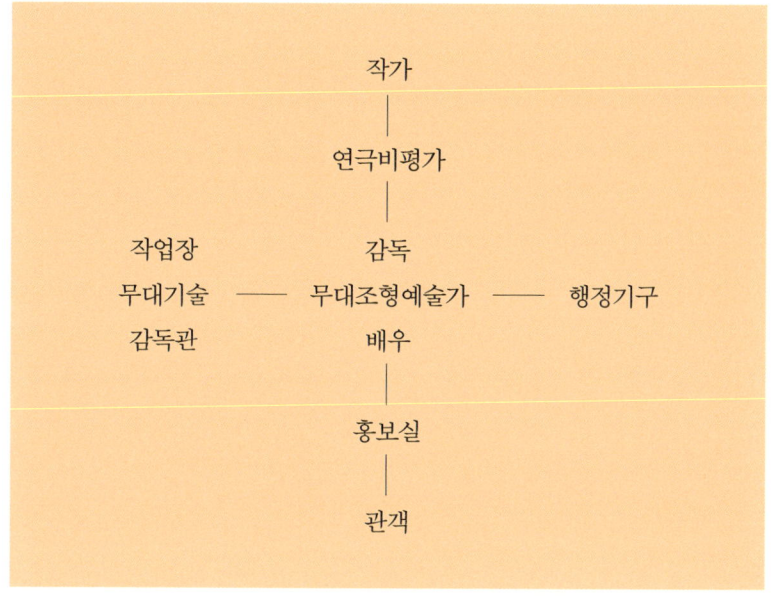

작가
|
연극비평가
|

작업장   감독
무대기술 —— 무대조형예술가 —— 행정기구
감독관   배우

|
홍보실
|
관객

및 행정기구에까지 이르는 노동 분업적 생산은 수직으로 시사되고 있다.

공간적 차원의 세 번째 좌표에서 정치, 사회와의 상호관계를 염두에 둘 수 있다. 이러한 방식으로 극히 복잡한 3차원의 좌표체계가 만들어진다(이를 통해 대규모 극장 운영의 실제가 아주 단순하게 표현된다).

이렇게 복잡한 과정의 결과물이 '연극 공연'이라는 예술작품이다. 연극전문가가 아닐지라도 이와 같은 복잡한 구조물에는 남다른 조정이 요구된다는 점을 알 수 있을 것이다. 사실 대규모의 극장들은 세분화된 조정이나 조처의 체계를 통해서만 작동 가능하다. 조정행위가 부족한 곳에서는 돌발 사고가 종종 발생하는데, 대체로 일반인들에게는 연극지도부의 갑작스러운 인원 교체나 종종 극장재정의 예기치 않은 적자로 드러난다.

이러한 좌표체계 속에서 문화예술경영은 세 가지 모든 요소들이 작동할 수 있도록 자리매김하여야 한다. 가령 그 자신의 공연에 참여하지 않는 극장장이 조정자로서 각 요소들을 조율하고 작동시킬 수 있다. 한편 다른 가능들, 특히 해석하는 분야의 기능도 떠맡고 있는 문화예술경영자가 훨씬 더 조정자로서 적합하다. 이 점에서 이미 다른 곳에서 언급되었던 (중개하고 해석하는) 이중 기능들이 문제된다.

의사소통 사회에서의 경영

경영이란 복작한 연관과 이질적 과정을 조작 가능케 하려는 것이다. 이를 위해 (적어도 본질적인 일부 영역에서) 형식화된 적용이 가능한 기법(결정의 교목들, 계획수립의 기법, 예측 방법 등)이 만들어진다. 한편 인종학이나 민속학의 기술모델로서 이해되지 않는 한 문화는 개방성과 변형가능성으로 규정된다. 문화—여기에서는 특히 예술의 협소한 영역—는 변화하는 현실에 반응하면서 동시에 현실에 영향을 끼친다. 그래서 문화는 형식주의를 벗어나야 한다.

문화와 경영 간의 접점이 주어지는 경우, 경영학 이론 혹은 문화의 자기 이해에 대한 문제를 요구할 뿐만 아니라 문화와 경영의 요구가 똑같이 시비되는—더 상위의—체계이론에 대한 문제까지도 요구된다.

루퍼트 레이(1988/1991)는 비트겐슈타인의 '언어 유희'를 토대로 사회제도와 의사소통 사회를 구분짓고 있다. "사회제도란 사회적 체계인데, 이 체계에서는 체계 조절이 갖는 상호작용의 의미가 체계 구조를 통해 대략적으로 명시된다. 그런데 의사소통 사회의 경우 사회적 체계 구조는 상호작용하는 행위를 통해 만들어진다"(Lay 1988/1991: 66). 결국 의사소통 사회란 "진행되고 있는 과정(상호작용) 가운데서 규칙과 가치가 자연발생적으로 형성되기를 요구하는 사회이다. 따라서 의사소통 사회는 참여한 주체들이 미리 규정해 놓은 것에 의해 상당 부분 정의되며, 그것을 그들 스스로 사회제도로 정의한다"(같은 곳 173).

이로써 의사소통 사회는 문화에 바람직한 개방성과 변화 가능성을 제시한다. 특히 의사소통 사회는 참여한 주체들, 가령 예술가들이 스스로 체계 속에 편입될 수 있는 활동 여지를 가능케 한다.

문화예술경영은 다른 무엇보다도 의사소통 사회의 열린 체계가 사회제도의 체계로 바뀌지 않도록 정의되고 계획되어야 한다. 이를 위해서는 예술과 문화에 불가결한 주관적 활동 여지를 한정시키지 않는 경영학 이론이 요구된다. 물론 아직까지 문화예술경영의 요구에 전적으로 적합한 경영학의 발전은 시작단계에 머물러 있다. 이와 관련하여 특히 통합 경영학이 적절해 보이는데, 이것은 성 갈렌 경영 센터에서 말릭(Malik 1984), 울리히(Ulrich/Krieg 1974와 Ulrich/Probst 1988), 블라이허(Bleicher 1992)에 의해 발전되었다.

"더 폭넓은 연관에서 출발하고 많은 영향 요소를 고려하는 통합적이며 연관적 사고를 뜻한다. 이 사고는 일반적 행동양식에 비해 덜 고립적이고, 덜 해체적이다. 따라서 이 사고는 협소한 전문 분야에 한정된 전문가들의 분석적 행동양식보다는 많은 것들을 전체로 결합시키는 만능가들에게 더 적합하다"(Ulrich/Probst 1988: 11). 그래서 블라이허는 "경영 과제의 중심이 (스스로) 경제·기술적 합리성에 대한 추구에서 경제·사회·인간적 합리성의 추구로 무게 중심이 옮겨지기"를 기대한다(Bleicher 1992: 31).

이 점에서 통합 경영은 의사소통 사회의 체계만이 아니라 문화예술경영에 적합하다. 통합 경영은 (경제적인 것뿐만 아니라) 더 광범위한 연관에서 사고와 행위를 가능케 하고, 혁신적이며 형상적인 나아가 주관적인 요소들까지도 포함하는 경영활동을 말하기 때문이다.

문화사업

Der Kulturbetrieb

1970년대 중반까지만 해도 문화에 관한 논의들과 간행물들은 언제나 공공 문화, 즉 연방, 주 정부, 지방 기초자치단체의 문화 공급과 문화후원에만 관련되었다. 1979년에 출판됐지만 오늘날까지도 읽을 가치가 충분한 『모두를 위한 문화』(Hoffmann 1979)는 오직 공공 문화의 과제와 목적에 대해서만 언급하고 있다. 이 책에는 '문화사업'이나 '상업적 문화경제'와 같은 개념들이 한 번도 등장하지 않는다. 국가적 행위의 자기 이해와 과제들에 대한 정의가 1970년대의 주된 관심사였다는 사실을 염두에 둔다면 그것은 자연스러운 귀결일 것이다. 수년간이나 사회적으로 중요한 모든 행위는 항상 공공적 행위, 다시 말해 국가적 행위가 우선이었다. 68세대에게 깊

게 자리하였으며, 조심스럽게 장려되기도 한 모든 상업적 기업 형태
에 대한 혐오가 비국가적 문화공급을 체계적으로 경시하게 하였다.

문화정책과 문화실천의 논의에 있어 이러한 일면적 방향 설정은
다음과 같은 두 가지 결과를 초래하였다.

- 첫째로 다른 무엇보다도 민간 문화사업이 문화생활과 문화적
  총공급(미술기래상, 예술가 주선자, 출판사와 음반 발행자, 영화 제작
  자 및 영화 대여자 등)에서 차지하는 위상을 문화정책가들과 공공
  문화사업의 문화관리자나 문화매개자들이 전혀 인지하지 못하
  였다.
- 둘째로 문화사업 전반(공공기관과 민간 기관)이 의미심장한 국
  민경제적 중요성을 띠고 있고, 그와 동시에 모든 문화공급들
  의 총합이 중요한 경제시장정책과 노동시장정책의 위상을 갖고
  있다는 사실이 간과되었다.

결국 논의에서는 '문화사업(모든 공공 문화제공자들과 민간 문화공
급자들에 대한 제도적 범주로서)'이라는 개념과 '문화경제(문화 분야에
대한 경제적 범주로서)'에 대한 개념이 없는 상태였다. 이러한 상황은
1980년대 중반 들어 급격하게 변모하였다. 이 무렵 많은 평가와 간
행물들이 문화와 경제의 상호관계를 밝혀 냈으며, 동시에 문화사업
이 총제적인 면에서 파악되기 시작하였다(174쪽 '문화와 경제' 참조).

이후 문화사업이 하나의 통일체로 간주되지는 않았지만 다방면의 상호관계를 통해 서로 결합되어 있는 구조물로 인식되었다. 미술시장이 박물관, 미술관, 공공 화랑들을 통해 예술가들과 예술작품들을 '평가'하는 데 특별한 관심을 가지고 있듯, 공공 문화작업은 극장 중개인, 콘서트 중개인 혹은 미술거래상과의 공동작업 없이는 더 이상 실현이 불가능하다.

서로 다른 분야의 문화공급자들이 하나의 문화사업으로 편입되면서 문화예술경영이라는 표현을 수용하는 데도 지속적으로 영향을 끼쳤다. 경영학적인 기준에 의해 행동하고 결정해야 했던 상업적 문화사업들이 그 개념을 문제없이 곧 수용한 반면 공공문화제공자들은 처음에 그것을 쉽게 받아들이지 않았다. 공공 문화제공자들은 아직까지 제도적으로 통치 행정기구에 귀속되어 있다. 전반적 문화사업 내에서 국민경제적 연관이 밝혀지고, 경영학적 경영의 가능성에 점차 문을 열어 놓음으로써 그와 같은 통념은 극복되었고 공공문화사업에서도 문화예술경영이라는 표현이 받아들여졌다.

현재 문화사업 전반을 조망하기는 쉽지 않다. 거의 모든 문화사업에 대한 분석에서 표현되고 있듯, 경계 구분이 너무 어려운 데에 그것이 잘 나타나 있다(Hummel 1988: 23ff. Unesco 1980, 109쪽 '민간 상업적 문화사업' 참조). 그러한 경계 구분의 문제는 특히 통계적·국민경제적 관점에서 볼 때 중요한 역할을 하지만, 이 책의 현안 문제들과는 그다지 연관성이 크지 않다.

앞으로 이 책에서 문화사업에 관해 언급할 경우에는 문화사업의 가장 중요한 구성요소들과 나아가 그와 결부된 문제들, 즉 어떤 상호관계를 통해 그러한 구성요소들이 상호영향을 끼치는지가 중심이 될 것이다. 그래서 국민경제적 의미를 중요시하지 않고, 그보다 좀더 나아가 문화예술경영의 과제, 기능 방식, 가능성을 중심으로 다룰 것이다.

법 형태와 운영 형태에 따라 문화사업은 크게 세 부분으로 구분된다.

1. 공공 문화사업(공적으로 후원받는 행사 프로그램을 갖춘 자치단체의 문화관청들을 포함하여 극장, 박물관, 도서관, 음악학교, 시민대학과 같은 공공기관의 문화제공자)
2. 민간 공익 문화사업(자유 극장과 자유 극단을 포함한 문화 협회와 재단)
3. 상업적 문화사업(대중물 출판사, 미술 거래, 예술가 중개자, 악기 제조자, 악곡류 거래, 영화 제작자와 영화 대여자, 영화관, 뮤지컬 극장, 이벤트 주선자 등)

문화예술경영의 관점에서 볼 때 이러한 세 가지 분류 내에서 예술가의 상황을 독자적으로 고찰할 필요가 있다. 그럴 때에야 이러한 대략적인 분류에서 간과될 수 있는 몇 가지 특수성들이 고려될 수 있기 때문이다.

예술가

　대부분의 문화사업은 문학, 연극, 음악, 춤, 회화, 건축, 소공예, 매체예술 등과 같은 여러 예술들과 관계된다. 동시에 예술이 아무런 역할을 하지 않거나 간접적 역할만 하는 문화사업의 두 번째 분야도 존재한다. 즉 문화교육의 일부 영역과 연장교육(예를 들어 시민대학의 어학과정이나 도서관의 소장도서 안내서) 혹은 사회문화의 특정한 형태가 그것이다. 처음에 언급한 분야에는 예술가와 그의 작품이 문화사업의 중심이 되어야 한다는 사실이 명백하다.

　예술 중심의 문화사업 분야('예술사업'이라는 표현은 너무 축약되어 있고, 대체로 형상예술 분야에만 관련된다)는 예술에 이로움을 주어야 한다. 일차적으로 문화예술경영은 직접적인 예술생산과는 무관하지만 예술적 행위를 겨냥하고 있다는 점은 분명하다. 그러므로 문화예술경영자와 예술가 간의 긴밀한 관계는 불가결한 일이다.

　물론 이때 문화예술경영자가 예술가들을 주시해야지, 그것이 뒤바뀌어 예술가가 문화예술경영자를 주시해서는 안 될 일이다. 사실 예술가 집단만큼 문화예술경영에 거리감을 취하는 곳도 없다. 그들은 대체로 문화예술경영 행위들이 예술가들의 자기 이해를 건드리고, 예술의 자유를 손상시킨다고 의심하기 때문이다. 이와 관련하여 '시장에 적합한' 예술이라든가, 경영 할당량 지불이라는 강압하에서의 예술적 이념의 생산 혹은 '고용주'에 대한 존재론적 의존이 언급되고 있다. '예술'과 '상업'이 다시 대립으로 구축되고, 서로 장애가 되므로 분리되어야만 한다는 것이다.[1]

그런데 이러한 항변은 지금의 현실에 맞지 않을 뿐만 아니라 지난 세기를 돌아볼 때도 입증되기 어렵다. 이러한 생각에는 예술가의 삶과 작업방식을 다분히 낭만적으로 보는 견해가 담겨 있다. 18세기와 19세기에는 그런 견해가 장려되었으나 오늘날에는 분명 '오락주간지'에서나 유지되고 있을 따름이다.

천재와 '속물' 사이에 선 예술가

늦어도 18세기 후반 '질풍노도'의 시기에 이르러 예술가를 '천재'로 드높이게 되면서부터 '돈과 정신'(예레미아스 고트헬프의 소설 제목)을 서로 결합시키는 일은 무례한 일로 간주되었다. 프리드리히 니콜라이는 1755년 시에 대한 사례금까지도 거부하였다. "……나

---

1) 에크아르트 판코크는 다음과 같은 적절하게 지적하였다. 그것은 예술가를 "직업과 연계시킬 수 있는" 어려움과도 관련된다. "……예술적 능력은 점점 더 수공업 중심의 신분상의 소명에 대한 평가로 이해되지 않는다. 오히려 현대적 의미의 예술적 자의식 또한 직업적 자율성에 기반하고 있다"(Pankoke 1989: 9). 그런데 이는 문화예술경영을 '조정행위'로서 수용하는 일을 어렵게 한다.

는 그러한 보수가 그다지 빈번하지 않은 나라가 치욕적이라고 생각하지 않습니다. 보수만이 위대한 정신을 배출하지는 않으니까요"(Nicolai 1755와 1894: 144) 더 나아가 그는 "작가들에게 불가피하게 보이는 부와 사례금이 모든 생활고 이상으로 그들을 더 나태하게 만들지요"라고 염려하기조차 하였다(같은 곳). 오늘날 우리에게는 냉소적으로 들릴지라도 그는 다음과 같은 점에서 논리성을 갖고 있었다. "그런데 내 생각에는 그들 중의 대부분은 어떠한 보수로도, 세상의 어떠한 것으로도 얻을 수 없는 것, 즉 천재가 없다고 생각됩니다"(같은 곳 145).

이렇듯 작가에게는 다른 무엇보다도 천재성이 필요했다. 그런데 작가의 물질적 생활조건에 대한 문제는 작업을 해칠 우려가 있었다, 그래서 작가들은 고유한 천재성의 구현보다도 돈을 더 추구한다는 악평을 받지 않기 위해 신중하게 작품을 만들었다. 하인리히 폰 클라이스트가 1808년 7월 24일 출판발행인 요한 프리드리히 고타에게 쓴 다음과 같은 편지에 예술과 상업 간의 관계가 암시되고 있다. "내가 쓸 수 있다면, 다시 말해 내가 쓰고 있는 모든 작품으로 두 번째 작품을 쓰기 위해 내가 필요로 하는 만큼 벌 수 있다면, 삶에서 내가 바라는 모든 요구들은 충족된 것입니다."(Kuhn 1980: 18).

물론 문학에 대한 이러한 견해는 1800년대의 특수성만은 아니었다. 아놀드 하우저에 따르면, 고대에도 이미 기예적이고 수공업적인 작업에는 아무런 문제없이 사례금이 주어진 반면, 겉보기에 순수한 작가의 정신적 작업에는 물질적 임금이 요구되지 않았다. 하우저가 그리스와 로마의 고대문화에 대해 쓴 바에 따르면, "사람들은 작가에게 이따금 아주 특별한 영예를 부여한다. 즉 작가는 선각자이며 예언자, 명예의 기부자이며 신화의 해석자로 간주되고, 그에 반해 형상예술가는 그에게 마땅히 돌아가야 할 모든 것을 자신의 임금으로 얻는 속물적인 수공업자에 지나지 않는다. 이러한 차이는 여러 요인들이 함께 작용하여 나타난다. 특히 형상예술가가 임금을 받고 작업을 하면서 그 사실을 비밀로 하지 않은 반면, 작가는 고용주의 객으로서 간주된 시기에도 그에게 심하게 종속되어 있는 사정이 함께 작용하고 있는 것이다"(Hauser 1953: 118).

만약 형상예술가가 수공업자에 편입되기를 거부하고 작가로서의 명망을 얻으려 한다면 보수를 포기해야 했다. "예를 들어 플루타르크는 보수를 요구하지 않고 공공 건물을 프레스코화로 장식했기 때문에 속물로 간주되지 않았다"(같은 곳 124).

고대부터 지금까지 예술가는 물질적인 요구를 하지 않음으로써 높이 숭앙되는 특별한 은혜를 받은 정신의 인간으로 숭앙받느냐, 아니면 물질적 풍요에 관심을 두면서 '속물'로 비난을 받느냐 하는 상당히 어려운 결정에 맞닥뜨려 있다. 한편 아직까지도 어떠한 물질적 목적도 인정하지 않는 낭만적 예술가상이 집요하게 유지되고 있다는 사실에 놀라지 않을 수 없다. 그런데 이러한 전통적 선입견에다 두 번째 선입견, 즉 경영은 언제나 돈과 상업에 관심을 둔다는 점이 부가될 경우 문화예술경영에 대해 많은 예술가들이 거리감을 느끼게 되리라는 사실은 충분히 예상할 만하다.

이 지점에서 짚고 넘어가야 할 것은 고대 이래로 이어져 온 예술과 상업의 관계에 관한 표면적 생각이 많은 경우 실제와는 다르다는 점이다. 예술가들은 자신들의 작업에 대해 임금을 받을 충분한 권리를 갖고 있다. 그들은 늘 스스로 그것을 요구하였고, 그것 때문에 빈번하게 경영의 성과를 스스로 취하였는가 하면 다른 사람들에 의해 그것을 받아들이기도 했다.

예를 들어 과학과 지식을 추구하였던 르네상스 시대에는 고대나 중세와는 달리 예술가를 기술자로 보았다. 이탈리아의 르네상스 철학자 알베르티의 생각에 따르면 "화가와 건축가의 예술은 과학성, 즉 수학에 기반을 두고 있다. 이 점에서 중세와는 구별된다. 즉 예술가는 장인의 실제적 경험과 작업장의 전승으로 이루어 내는 수공업자가 아니며 독립적인 기업가이다. 그를 이끄는 것은 독자적 이성이며 학문적 이론이다"(Baeumler 1934와 1972: 69).

이러한 방식으로 셰익스피어가 주주로서 소유권의 일부를 갖고 있었던 극장을 위해 극작품을 썼다는 사실을 납득할 수 있다. 흥행을 염두에 둔 그의 연극들은 극장의 경제적 성공만이 아니라 그의 주식 배당금까지도 보장하였다. 극작가와 극장 주주의 결합이라는 측면에서 작가 셰익스피어는 상당히 성공적인 기업인이었다(Hauser 1953: 439).

이러한 점은 바로크 시대에도 다르지 않았다. 예를 들어 루벤스는 "그의 빛나는 사회적 위치와 함께 군주와 같은 재산을 획득하였고 군주적 방식으로 자기 나라의 모든 예술생활을 지배하였다. 그 모든 것을 이뤄 내는 데에는 그의 예술적 재능과 함께 조직화 능력이 큰 몫을 하였다"(같은 곳 509). 지금의 관점에서 볼 때 루벤스는 관리의 과제(예술적 이념)를 부수적 과제(회화의 기술적 실현)와 분리시켰던 뛰어난 경영자라 할 수 있다.

18세기에도 예술과 상업은 결코 멀리 떨어져 있지 않았다. 볼테르에게 있어 문학과 출판사업의 긴밀한 결합은 그 시대의 가장 위대한 성과 중 하나였다(Kuhn 1980: 54). 분명 그것은 예술적 활동과 예술작품을 관객에게 전달하는 과정에서 이루어지는 노동 분업이라는 의미에서 일종의 문화예술경영의 인정으로 이해하여도 무방할 것이다.

물질적인 장점을 고백하는 일이 극도로 위험하였던 천재개념의 시대에서조차도 작가들이 내면의 생각을 교류하는 데에서는 예술과 상업 간의 주제를 본질적으로 더 냉정하게 다루었다. 괴테는 1798년 4월 28일자 쉴러에게 보낸 편지에 다음과 같이 썼다. "서적출판업자에게 이로운 것은 모든 의미에서 작가에게도 이롭습니다. 돈을 잘 받게 된 사람은 많이 읽힐 것이고, 그것은 두 가지 칭송할 만한 바람이지요"(Kuhn 1980: 55에서 인용). 분명 괴테는 자신의 책을 판매하기 위해 출판인에게 경영권을 넘겨 주는 것에 전혀 문제의식을 갖고 있지 않았다.

다른 예를 들자면 레오폴트 모차르트는 예술적으로나 경제적으로 대단히 성공적이었던 그의 아들 볼프강 아마데우스의 완벽한 매니저였다. 만약 리처드 바그너가 뛰어난 경영자가 아니었다면 바이로이트 축제를 결코 실현시킬 수 없었을 것이다.[2]

더 많은 실례들도—우리 시대에 이르기까지—어렵지 않게 발견된다(여기에서 바로 카라얀의 이름이 떠오른다). 이 모든 것들은 예술과 상업이 수세기에 걸쳐 결코 서로 배타적이지 않았으며, 예술적 행위가 경영에 동반된 경우가 드물지 않았다는 사실을 증명해 준다. 아니 역으로, 오늘날 소수의 예외를 제외하고 관객을 통한 인정과 성공까지도 추구하는 예술활동은 경영 없이 더 이상 가능하지 않다는 사실을 확인할 수 있다. 즉 작가는 출판경영을 필요로 하고, 화가는 화랑 경영자, 미술품 거래자, 전시회 기획자, 음악가는 콘서트 중개자와 콘서트 개최자, 배우는 극장 경영자를 필요로 한다. 스스로 도기를 만들어 자기 집의 판매 공간을 통해 전시하는 예술가들이나 거리나 공터에서 전시하는 소공예 예술가들은 현재의 문화사업에서는 오히려 예외적 경우에 속한다.

그렇다 예술가들은 문화예술경영을 필요로 한다. 그들은 오래 전부터 아주 당연하게 그것을 요구하고 있다. 문화예술경영이 처음으

---

2) 외관상 예술과 상업의 불일치에 대한 논박의 더 놀라운 실례들은 Pommerehne/Frey 1993: 152ff.를 참조하라.

로 체계적으로 강화되고, 독자적 직업 명칭으로 사회에 등장하여 대학에서도 가르치고 있는 오늘날, 이것에 관한 논의를 주저하는 것은 올바르지 않다.

그러나 역사적으로 성공적이었던 문화예술경영에 관한 수많은 지적들이 예술가들은 본래 모두 부유한 사람들이라는 인식을 심어서는 안 될 것이다. 사실은 정반대이다. 예술가의 작업이 생각할 수 있는 한 가장 높게 평가된 사회의 관점에서 보았을 때도 그들의 작업에 대한 보수는 치욕적일 정도였고, 지금도 그렇다. 바로 그렇기 때문에 예술가들은 문화예술경영에서 기회를 보아야 한다. 문화예술경영은 '예술의 변호사'의 측면에서 적합한 보수에 대한 요구를 한층 분명하게 할 것이다. 그러나 그렇다고 예술가의 지위가 다시 고대의 '속물'로 추락하지는 않을 것이다.

또 다른 오해를 피하자면, 문화예술경영이 자신의 복무적 기능을 떠나 새로운 의존관계를 만들어 낼 경우 문화예술경영에 반대하는 예술가들의 논박을 진지하게 받아들여야 할 것이다. 의존성은 부자유의 표시이며, 문화정책에서나 문화예술경영에서도 예술의 자유는 가장 높은 곳에 위치하는 계명이 되어야 한다.

문화사업에서 예술가의 위치

문화사업에서 예술가들이 차지하는 위치는 지극히 중요하다. 예술적 전문 영역들로 이루어지는 문화사업 내에서 예술가들은 생산물의 출발점에 있으며, 그 생산의 과정이 끝났을 때 관객에게 제시된다. 작가는 책이 시작되는 지점에 있고, 그것의 완성에는 많은 사람들 즉 편집위원, 식자공, 인쇄공, 제본공, 출판사의 판매 담당과 서적출판업자 등이 관여한다. 이때 종이 생산자, 우편발송 등과 같은 일은 더 이상 고려되지 않는다. 이러한 점은 음악가, 화가, 무용수, 영화 제작자 등에게도 동일하게 해당된다. 이들의 작품을 관객에게 도달시키기 위해서는 더 많게, 혹은 더 적게 여러 상황들이 불가피하게 요구된다.

그런데 예술을 생산하는 것보다 판매하고 유포시키는 데 더 많은 사람과 기관이 참여하게 된다는 사실 또한 주목할 만하다. 최근의 직업조사를 토대로 1987년 이포 연구소는 전체 문화사업에 관여하는 788,200명 중에 1988년 옛 서독을 기준으로 프리랜서 예술가들이 대략 5만에 이르는 것으로 산정하였다(Hummel/Waldkircher 1992: 9). 예술가들은 전체 문화사업 관련자 중에서 6%가 조금 넘는 정도이다.

또한 본의 문화정책에 관한 기록보관소의 조사에서(문화통계 1991년 3월) 1988년 서독의 문화사업 총매상고 중 프리랜서 예술가들이 차지하는 몫이 4%에 불과하였다는 점도 깊이 생각해 보아야 할 것이다. 극장과 오케스트라에 고용된 예술가들을 고려해 볼 때 그 금액이 두 배가 된다 해도 총매상고의 10분의 1에도 미치지 못하는 정도이다. 예술가들의 열악한 경제적 상황은 일반적 수입 상태와 비교해 보면 더 분명해진다. 프리랜서 직업가들에 대해 뉘른베르크 연구소와 공동으로 뮌헨의 이포 연구소가 분석한 바에 따르면 프리랜서 예술가와 저널리스트 대부분은 사회복지기금 수준을 넘어서지 못하는 수입을 유지하고 있다.[3]

예술가 사회조합 통계를 통해 프리랜서 예술가들과 저널리스트들의 수입 상태를 상대적으로 정확하게 조망해 볼 수 있다.

이에 따르면(도표 2) 평균적 연수입은 겨우 2만 마르크를 넘어서는 정도이며, 여자 예술가들의 수입은 총액의 80%에 불과하다. 여기에서 특히 남자예술가들과 여자 예술가들의 수입 차이가 나이와 함께 눈에 띄게 증가하고 있는 점 또한 주목된다(30세까지는 거의 같지만, 60세의 여자 예술가는 남자 동료의 수입의 66%에 그치고 있다). 다른 직업군들이 일반적으로 60세부터 수입이 감소하기 시작하는 반면, 예술계통은 생애 후반기 들어서 더 높은 수입을 얻는다는 점 또한 특이하다. 그러나 공연예술 분야는 예외에 속하여 60세 이후 수입이 현저하게 감소한다. 그것은 두말할 여지없이 나이가 많은 배우들의 특별히 어려운 상황과 결부되어 있다. 언어와 관련된 분야가 계속하여 가장 높은 수입을 기록하고 있는 점 또한 지적될 수 있다. 이

---

3) 프랑크푸르트 알게마이네 차이퉁 1992년 3월 14일 기사에서 인용.

도표 2. 1994년 예술가 사회조합의 피보험자 상태로 본 프리랜서 예술가의 평균 연수입(독일의 문화 1994: 369)

분야	예술가 수	총액	평균 연수입				
			나 이				
			30 이하	30~40	40~50	50~60	60 이상
음악	16,048	16,574	12,369	14,265	19,296	22,420	25,571
공연예술	9,510	20,649	12,291	17,071	24,776	30,351	24,765
형상예술	25,164	18,865	13,121	15,140	20,077	25,444	25,013
언어	13,879	26,195	19,325	21,876	27,205	33,369	32,890
전체	64,601	20,056	13,540	16,457	22,342	27,595	27,298
여성	23,926	16,156	13,329	14,765	17,930	19,314	18,098

는 출판 분야에서의 결속력 있는 사례금 협정과 간접적으로는 도서가격 담합의 결과이다. 전문 영역으로서는 유일하게 전적으로 상업적 규칙을 따르고 직접적인 공공 기금을 거의 수여받지 못하는 언어 관련 분야에서 예술가들과 저널리스트들이 가장 높은 수입을 달성하고 있다는 점을 눈여겨보아야 할 것이다. 공적으로 자금 조달이 되는 문화후원만이 예술과 문화를 적절한 형태로 가능케 할 수 있다고 믿었던 사람들에게 위의 수치는 조금 놀랍게 읽혀질 것이다.

그런데 위의 표는 개별적 예술 분야 내의 수입 분포에 대해서는 제시해 주는 바가 없다. 그래서 수입통계를 더 동원해 볼 필요가 있다(도표3).

도표 3. 1989년 수입세 통계에 따른 수입 분포
(연방 통계청을 토대로 한 독자적인 산정 1995: 237, 325)

세금을 납부해야 하는 연수입의 총액(마르크)	프리랜서 예술가	총프리랜서	모든 납세의무자
25000까지	61.5%	29.4%	29.7%
25000~75000	24.6%	28.1%	56.2%
75000이상	10.8%	41.3%	14.1%

　그런데 여기에서도 프리랜서 예술가와 저널리스트 대다수가 수입이 낮은 범위에 위치하고 있고, 다른 프리랜서 직업을 가진 사람들과 그 밖의 모든 납세의무자들의 평균과 비교해 보아도 현저하게 열악한 상황에 처해 있다는 사실이 분명하게 드러나고 있다. 이와 연관하여 1986년 수입세 통계에서는 연수입이 75,000마르크 이상으로 세금을 납부해야 하는 모든 납세의무자들의 비례 배분이 아직 예술가들과 저널리스트들(9.5%에서 10.2%)에 미치지 못하고 있다는 점이 주목된다. 3년 이내에 모든 납세 의무자들이 눈에 띄는 수입 증가를 보이고 있는 반면 예술가와 저널리스트의 수입은 같은 기간에 거의 상승하지 않았다(14.1%에서 10.8%).

　위의 도표에 따르면 아주 높은 수입을 기록하고 있는 소수자들이 있기는 하지만 대다수 예술가들이 경제적으로 보장받고 있지 못하다는 사실을 알 수 있다. 노골적으로 표현해 보자면 문화사업은 우리에게 우유를 주고 있음에도 불구하고 특별히 관리를 받아 오지

못한 암소들을 문제로 삼는 것이다.

극히 소수의 예술가들만이 수입을 기반으로 생활할 수 있다는 사실을 알면 이 판단은 더 심각해진다. 화가에게는 그림을 파는 것과 함께 강의 활동이나 디자인 혹은 광고 그래픽 분야의 수입이 불가피하게 요구된다. 대부분의 오케스트라 음악가들은 추가로 다른 앙상블에서 연주를 하거나 가르치는 활동을 해야 한다. 이는 다른 예술 직업들의 경우에도 비슷하다. "작가 보고서"(Fohrbeck/Wiesand 1972)에서 독립적으로 창작하는 작가들의 수입 중에서 16%만이 저서 사례금이고, 나머지 84%는 일간지와 주간지, 라디오와 텔레비전, 혹은 다른 활동(낭독회, 시민대학 등)으로 벌어들여야 한다는 사실이 밝혀졌다(Fohrbeck/Wiesand 1989a: 40).

물론 이제는 이러한 수치가 조금 달라졌지만 예전과 마찬가지로 지금도 작가 수입의 대부분은 놀라울 정도로 저서 출판에 따른 사례금에 있지 않다. 작가나 다른 여러 분야의 예술가들은 수입을 문화사업에서 자신의 분야와 매우 다른 곳에서 취하고 있는 것이다. 이러한 이유에서 세분화된 문화사업의 필요성이 예술가들에게 주지되어야 한다. 모든 예술적 과정이 시작될 때에만 예술가가 있는 것이 아니다. 많은 문화예술경영자 이상으로 예술가들은 폭넓게 분화된 문화사업의 개별 분야들과도 상대해야 한다.

공공 문화사업

좁은 의미의 공공 주도 기관이란 공적인 지방자치단체, 즉 연방, 주 정부, 지방 기초자치단체(시, 지방, 군)를 가리킨다. 더 넓은 의미에서는 법적으로 공적인 모든 기관과 재단, 예를 들어 법적으로 공적인 방송기관 혹은 프로이센 문화 소유 재단이 공공기관에 속한다. 이러한 단체, 기관, 재단들이 문화적으로 활동하는 한 공공 문화작업이라고 일컫는다.

지방자치단체들의 문화작업이 갖는 재정적 범위가 어느 정도인가는 연방, 주 정부, 지방 기초자치단체의 예산계획 내지 재정통계에서 상대적으로 쉽게 추정된다. 물론 재정통계의 경우 문화지출을 귀속시키는 데 서로 다른 기준들이 적용되고 있다. 그 중에서 유네스코가 마련한 분류가 상대적으로 포괄적이다. 유네스코의 분류에 따르면 자연보호, 경관보호, 방송기관, 스포츠, 휴양 및 물과 공기의 자연 상태 보존을 위한 지출 역시 문화지출에 포괄된다. 그래서 유네스코가 마련한 분류는 문화예술경영의 재정통계의 토대로는 적합하지 못하다. 독일 도시협의회는 학술박물관, 도서관, 기록보관소를 통계에 포함시키고 있는데, 이것 또한 곧바로 문화예술경영의 대상으로 볼 수는 없다 결국 문화예술경영의 관점에서 가장 적합한 것은 문화부 심의회의에서 나오는 재정통계의 구분이다. 여기에서는 극장, 오케스트라, 음악교육, 박물관, 전시회, 기념비, 문화적 일들의 행정관청, 도서관(학술도서관이 아닌), 성인교육, 예술대학에 대한 지출을 문화비로 산정하고 있다. 이에 따르면 1996년 연방, 주 정부, 시, 읍, 면의 행정연합으로부터 총 155억 4천 4백만 마르크가 문화적인 일(예술대학은 제외)에 지출되었다.[4]

이 금액은 도표 4에서 제시되고 있듯 개별적 지방자치단체들과 여러 전문 영역들에 골고루 나누어진다.

이 표에서 시 정부들, 즉 베를린, 함부르크, 브레멘의 계정항목의 결과는 주 정부들에 귀속될 수 있다. 이 중에서 '자치단체의 비율'을 지방 기초자치단체에 편입시키면 모든 지방 기초자치단체들의 문화비 지출 비율은 대략 60%가 지방 기초자치단체의 몫이 된다. 어떻게 귀속시키든지 간에 공공 지방자치단체의 연방 전체에 걸친 문화지출에서 지방 기초자치단체가 차지하는 몫이 눈에 띄게 많다는 사실이 드러난다.

언뜻 보기에 155억 마르크라는 엄청난 문화지출 총액에도 불구하고 연방, 주 정부, 지방 기초자치단체의 총지출(1조 882억 마르크)에서 문화지출이 차지하는 몫은 눈에 띄지 않을 정도로 적은 액수이다. 문화지출이 차지하는 몫은 총지출의 0.82%에 불과하기 때

---

4) 언급한 지출 총액에서는 이른바 순지출이 문제된다. 그런데 순지출을 보조금이 요구와 혼동하지 말아야 한다. "순지출은 법인이 독자적 수입원으로 어떤 지출을 조달하는지 보여 주기 위해 사용된다. 순지출은 직접적 지출 중에서 다른 공공 분야에 지불한 것을 더하고, 다른 공공 분야가 지불한 것을 뺀 후 산출된다"(Brugger 1998). 즉 법인의 총 지출이 중요한 것이다. 그런데 이 경우 이른바 내부의 계산은 고려되지 않는다.

도표 4. 1996년 문화 과제 영역에 따른 공공 지방 기초자치단체의 지출

문교부 장관회의의 구분에 따른 과제 분야들 (예술대학은 제외)	총지출	연방(국내만)	주 정부	지방 기초자치단체/목적 연합
	(단위 : 백만 마르크로 표기된 지출)			
극장(오페라, 연극 등)	5,097	0	2,231	2,866
전문오케스트라와 전문 합창단, 그 밖의 음악 육성	1,332	0	376	956
박물관, 수집, 전시회	2,263	1	1,009	1,253
기념비 보호와 관리	716	0	715	0
그 밖의 예술·문화관리	2,067	376	1,145	544
문화적 용무들의 행정	1,190	0	476	714
도서관	1,351	0	260	1,091
시민대학	1,167	0	368	799
그 밖의 교육	361	27	203	130
총액	15,544	404	6,783	8,353
백분율	100%	2.6%	43.6%	53.8%

(출처: 통계청, 전문시리즈 14, R 3.4, 1996)
('기념비 보호와 관리에 관한 자치단체의 지출'이 '그 밖의 예술·문화관리'를 위한 지출에 포함된다)

문이다. 이 비율은 1990년대의 비교 가치에 해당하며, 1993년에만 0.9%에 달하였다. 반면 1970년대(0.6%)와 1980년대(0.7%)는 공공 분야에서 가장 큰 규모의 공공 문화후원의 시대로 기록할 수 있음에도 그 당시에 더 낮았다는 점이 지적되어야 한다. 그 밖에도 모든 공공 지출에서 0.82%라는 비율은 주민 한 사람당 돌아가는 몫이 대

략 185마르크에 달한다. 따라서 다른 유사한 종류의 지출들과 관련하여 볼 때도 문화 부분에 대한 지출은 실제로 아주 낮다(참고로 1996년 공적인 지역단체들에 의해 대학생 한 명당 620마르크, 대학 이외의 학문, 연구, 발전에 214마르크가 지출되었다).

결론적으로 비교 고찰해 볼 때 독일의 경우 문화적 일에 대한 공공 지출이 눈에 띄게 높지 않다는 사실이 드러난다. 그런데 국제적으로 비교해 볼 때 독일이 가장 많이 지출하는 나라라는 점도 지적되어야 한다. 다른 많은 나라들에서는 독일의 경우처럼 문화후원을 공공의 과제로 보고 있지 않기 때문이다.

공공기관의 지출은 언제나 법의 기초를 요한다. 이 점은 공공 문화사업에도 마찬가지로 해당된다. 기본법의 기본법 카탈로그는 예술과 학문의 자유과 같은 문화적 기본권에 관해 명백하게 언급하고 있다(기본법 5조 3절). 연방헌법재판소는 이 조항을 "예술의 자유에 대한 객관적 가치 결정"(연방헌법재판소 E36/321ff.)이라고 해석한다. 이로써 재판소는 관용만이 아니라 예술에 대한 적극적인 후원도 말하고 있다. 다시 말해 동일한 결정에서 "국가의 목표규정의 의미에서 문화국가로 이해되는 현대국가에서는 자유로운 문화생활을 유지하고 후원할 과제 또한 부여되기" 때문이다.

적극적 문화후원에 관한 이러한 이해는 주 정부의 헌법에 한층 명시적으로 표현되어 있다. 예를 들어 노르트라인베스트팔렌 주 정부 헌법 18조 1항에는 다음과 같이 명시되어 있다. "문화, 예술, 학문은 주 정부와 시·군·면에 의해 후원될 수 있다.”

대부분의 주 정부 헌법에서 이와 유사한 조항들이 발견된다. 이에 반하여 지방 기초자치단체의 경우 법적 사항은 훨씬 광범위한 법적 조사를 요구한다. 주 정부 헌법에서는 대체로 주 정부와 시·읍·면의 공통적 의무에 관해 언급하고 있으나 지방 기초자치단체는 공공 문화작업에 대한 의무를 기본법에서 직접 도출해 낸다. 기본법 28조 2항을 보면 다음과 같다. “법의 테두리 내에서 지방 공동체의 모든 용무들이 독자적 책임으로 통제되는 법이 시·읍·면에 보장되어야 한다.”

연방헌법재판소는 “지역적 활동 범위의 모든 용무”를 “지방 공동체에 뿌리박고 있거나 지방 공동체에 특별한 관련을 갖고 있으며, 지방 공동체에 의해 독자적 책임으로, 독립적으로 해결될 수 있는 과제”로 이해한다(Pappermann 1984: 4). 여기에 문화적 용무들이 속한다는 것은 대체로 논의의 여지가 없다. 문화적인 용무들은 특별히 지방 공동체에 뿌리박고 있기 때문이며—지방의 문화협회나 문화적 전통을 생각해 보자—예를 들어 콘서트와 전시회는 전적으로 독자적 책임을 지며, 독립적으로 지방의 공동체에 의해 해결될 수 있다. 이로써 주 정부의 헌법과 함께 상이한 대법원의 결정으로도 지지를 받는 분명한 법적 사항이 발생한다(Haeberle 1979, Steiner 1984, Steiner 1986, Scheytt 1989, Geissler 1996, Palm 1998 참조).

모든 공공 문화사업 분야(연방, 주 정부, 지방 기초자치단체)의 문화행위 내지 문화후원에 대한 기본적 의무만이 계속하여 언급되고 있을 뿐, 구체적인 과제는 전혀 다루어지지 않고 있다는 점도 주목된다. 법적 규정이 있는 곳에서조차도(연장 교육 분야와 기록보관소 등) 법과 법규 명령은 거의 예외 없이 제도적 규정에 제한될 뿐 제도의 내용적 작업에는 전혀 관여하지 않는다. 즉 시가 구체적인 작업에서 시·읍·면의 문화생활을 후원해야 할 의무를 법적으로 지고 있지만, 어떤 목표를 가지고 특히 어느 정도로 그것을 실행하느냐 하는 것은 시·읍·면에 맡긴다는 뜻이다.

이러한 점에서 문화는 공공기관의 의무과제가 결코 아니며, 자발적 과제라는 사실을 법적으로 추론해 볼 수 있다. 이로 인하여 문화작업에 어떤 일이 발생하는지는 공공 재정이 부족한 시기마다 매번 고통스럽게 확인되고 있다. 즉 예산기획을 조정할 때 문화지출이 언제나 가장 먼저 위험에 처하곤 한다. 이렇듯 쉽게 문화지출을 삭감하는 일은 연속되는 문화작업을 망칠 뿐만 아니라, "문화국가로서 국가의 목표규정"에도 어긋난다. 이 규정은 위에서 인용한 연방헌법재판소의 판결에 언급되어 있다. 공공기관의 문화 행위는 의무과제로서 법적으로 확정되어 있지 않으나, 위에서 규정한 문화국가가 갖는 자명한 목표규정에 속한다. 그러므로 공공기관의 문화 행위는 결코 포기할 수 없는 중요한 정치적 목적인 것이다. 이러한 이유에서 독일 도시협의회는 문화를 "정치적 의무과제"로 규정할 것을 제안하기도 하였다.

만약 법 규정자가 공공기관이 갖는 문화 행위의 목표규정과 내용을 법적 구속력이 있는 형태로 확정하는 일을 포기한다면 위에서 언급한 바 있는 일정한 임의성과 재정적 처분 위험이 나타나고, 정치·행정적 조정 기회 역시 도출된다. 문화정책과 문화행정이 창조성과 상상력을 불러오고, 독자적 아이디어를 실행에 옮길 수 있는 유일한 가능성을 제공하기 때문이다. 즉 건축법이 도시계획가에게 제한을 가하고, 사회정치가가 사회법의 제약을 받고, 환경정치가의 영향력 있는 행위가 거의 법규의 도움으로만 가능한 반면, 목표를 규정하고, 이념을 실천에 옮기며, 사람들을 결합시키고, 문화의 긍정적 이미지를 마케팅의 목적에 이용할 수 있는 (거의) 유일한 내적 자유로움을 문화가 제공하는 것이다. 가령 자치단체 행정 분야의 경우 관광업이나 스포츠 후원에서 아직도 이와 유사한 자유로움이 발견된다.

하지만 이러한 내적 자유로움이 너무 광범위하기 때문에—특히 문화정책적 목표에 대한 논의와 규정에서—문화정책이 중요해지는 것이다. 이미 앞에서 공공 문화사업의 특수성이 포괄적인 면에서 볼 때 문화정책에 따른 목표에 있고, 대부분의 민간 문화사업의 경우 불가피하게 그러한 것처럼 이익을 목표로 두지 않는다는 사실을 지적하였다. 아주 간략하게 요약한다면 민간 문화사업의 성공의 척도가 되는 경제성이 공공 문화사업에서는 문화정책적 목표의 실현이라고 할 수 있다. 결론적으로 공공 문화사업에서는 문화정책 및 문화정책적 목표규정과 논의가 대단히 중요한 역할을 하게 된다(130 쪽 '문화정책' 참조).

공공기관의 문화 행위

도표 4에서 제시되었듯 연방, 주 정부. 지방 기초자치단체는 자신들의 문화 행위의 중점 사항을 만들어 놓고 있다. 동시에 연방과 주 정부 내지 주 정부와 지방 기초자치단체들이 공동으로 행하는 몇 가지 영역도 있다. 문화 관할은 원칙상 연방으로부터 주 정부로, 주 정부에서 다시 지방 기초자치단체로 위임된다. 그런데 실제 작업에서는 그 소관사항의 분할이 뒤바뀌어 진행된다. 즉 지방 기초자치단체가 우선적으로 문화에 대한 결정권을 갖고 있다. 이러한 사실은 문화비 총지출 중에서 지방 기초자치단체가 차지하는 몫이 53.8%라는 사실만 봐도 알 수 있다. 초지역적인 과제나 지방 기초자치단체의 능력을 넘어서는 과제일 경우에 주 정부가 개입한다. 주 정부 우위에 있는 과제들은 다시 연방이 관계한다. 주 정부의 관할을 특히 강조하는 독일의 연방체계에 의해 연방에는 극히 최소한의 과제가 주어지며, 그것은 바로 2.6%라는 지출비율에서도 나타나고 있다.

▌연방

연방정부 내의 관할규정과는 무관하게, 또한 연방이 문화 용무에 독자적 행정부를 설치하고 있느냐 없느냐의 문제와는 무관하게 연방은 다음과 같은 문화적 과제들에 관계한다.

-문화유산의 수호와 보호

예를 들어 뛰어난 문화기념비의 보호와 보존, 도서관(프랑크푸르트의 독일 도서관과 라이프치히의 독일 도서관 등)과 기록보관소의 후원(코블렌츠의 연방기록보관소), 동독 지역의 독일 문화 보호와 수호, 이적에 대비한 문화유산의 보호(민족적으로 가치 있는 문화유산의 명부) 및 헤이그 협약에 의한 민간변론의 차원에서 문화유산의 보호.

-중요한 문화시설물과 행사 후원

예를 들어 주 정부의 문화재단, 베를린 프로이센 문화 소유의 재단, 마르바흐의 독일 문학 기록보관소를 포함한 실러 국립박물관, 다름슈타트의 언어와 문학을 위한 독일 아카데미, 뉘른베르크의 독일 국립박물관 혹은 카셀의 도큐멘타.

-예술과 문화의 발전을 위한 한정조건과 후원조처의 개선

예를 들어 본과 베를린 후원, 외국에서의 (로마 빌라 마시모 등) 연구 활동 지원을 통한 독일 예술가 후원, 전 국가적으로 중요한 문화협회와 예술가후원프로그램 후원(독일 작품연맹, 형상예술가

들의 연방협회, '낭독' 재단 등), 영화 후원(독일 영화상), 저작권, 재
단권 등 문화 호의적 법적 규정을 만들어 내는 것, 더 나아가 국
내에서의 국제적인 문화 과제(가령 국제적 문화협회와 연맹들의 독
일 분과 후원).

그 이외에도 연방은 선발한 프로젝트에서 예술 직업의 교육을 후
원하고, 문화 교육(가령 렘샤이트 아카데미에 대해)을 위한 모델시도들
을 보조하며, 문화학적·문화정책적 교류를 후원한다.

이러한 과제들이 이전에는 여러 행정부로 나뉘어 있었는데—내
무부 분과 K에 일정한 중점이 두어진 채—1998년 말 슈뢰더 정부에
의해 처음으로 '연방수상 직속 문화와 매체의 용무를 위한 전권 위
원'이 임명되었다. 이제 연방수상 관청 내에 새로운 분과 K는 전권
위원인 미하엘 나우만 장관의 관할하에 있으며, 이 새로운 분과 K는
연방내무부의 예전의 분과 K와 다른 장관들의 소속이었던 예전의
부서들을 결합하고 있다. 새로운 분과 K는 다음과 같은 네 그룹으로
나뉘어져 있다.

- K 1 계획수립, 기본원칙의 문제, 주요 용무, 문화과제
- K 2 예술과 문화후원, 옛 동독 중심 후원
- K 3 매체
- K 4 동유럽의 독일 문화후원, 역사의식 보호

국내정책 중심의 문화부문이 자신들의 관할을 침해하지 못하도록 주 정부들이 조심스럽게 주의를 기울이는 반면 국외 문화정책에 대한 연방의 관여에 대해서는 주 정부들도 당연하게 받아들인다. 특히 외국에 있는 국제적 문화조직(예를 들어 유네스코)의 협력, 독일과 프랑스의 문화 공동작업(가령 루트비히스부르크의 독일-프랑스 연구소와 바트 호네프의 독일-프랑스 청소년 사업), 학자들과 대학 간의 국제적 교류 및 괴테문화원을 통한 독일 언어와 문화의 유포가 그것들에 속한다. "국외 문화정책은 '문화적 만남과 정보, 교류와 협력관계를 부단히 관리하고, 여러 가지 새로운 결실을 낳게 하는 가능성의 분야로 간주'된다"(Hamm Brücher 1980: 25). 1996년 연방은 국외 관청의 이런저런 문화적 과제를 위해 7억 2백만 마르크를 지출하였으나 주 정부들은 국외 문화작업에 2천 5백만 마르크를 지출한 데 지나지 않았다.

연방과 주 정부가 계속해서 문화적 관할을 엄밀하게 구분하게 될지는 앞으로 제시되어야 할 것이다. 국립재단 내지 주 정부의 문화 재단을 둘러싼 1970년대와 1980년대의 논쟁을 보면 연방이 분명하게 자신의 권한 한계를 다시 한 번 새롭게 검토할 준비가 되어 있다는 분명한 사실을 보여 주고 있다(Fohrbeck/Wiesand 1989: 109~119). 재단 '독일 역사의 집'의 설비와 새로운 연방 미술관을 건립할 때 연방이 당당하게 나서고 있는 점이 그것을 입증해 준다. 주 정부들이 자신들의 이해를 제아무리 관철시키려고 할지라도 옛 동독 주 정부들의 문화적 토대를 보장하는 데 있어 유사한 주 정부들의 표결이 이루어지지 않았던 것이다. 이 때문에 2차 세계대전 후 처음으로 연방이 문화 정치적으로 관여하게 되었다. 이러한 개입은 통일 전에는 생각할 수 없는 일이었다. 1991년 연방은 원물 보존프로그램, 인프라구조 프로그램, 기념비보호 특별프로그램, 이른바 '등대' 프로그램과 베를린의 대표적 문화시설물들을 후원하는 데 10억 마르크를 지출하였다. 또한 임시재정이 점차 줄어든 이후 1993년에도 옛 동독 주 정부의 문화를 위해 거의 7억 마르크를 지불하였다.

연방은 연방수상관직 소속하에 독자적인 문화전문 영역을 설치하고 문화와 매체를 위한 장관을 임명함으로써 문화의 정치적 입지를 높이려 할 뿐만 아니라, 연방이 지난 시기 동안에 강화시킨 참여로부터 문화적 과제에 대한 가능한 한 독자적 권한을 도출해 내려 한다는 점을 암시하고 있다. 이러한 일이 지속되어 연방과 주 정부들 간의 기본적 관할권에 변화가 생길 것인지에 대해서는 당분간 기다려야 할 것이다(다른 연방국가들과 비교한 독일 문화연방주의의 헌법적 문제에 대하여, Köstlin 1989와 Küster 1990를 참조).

▌주 정부

주 정부들의 문화정책과 문화작업은 연방의 그것처럼 그렇게 명확하게 기술되지 않는다. 초지역적인 경우에 관할권의 기본원칙과 개별적인 시·읍·면, 군이 해결하기 어려운 과제를 제외하고 여기에서도 지역에 특수한 전통이 아주 중요한 역할을 한다. 이러한 방식으로 두 남독 연방 주정부들인 바덴뷔르템베르크와 바이에른은 제국이 종말을 맞을 때까지 군주의 소유였던 전통적인 극장, 박물관, 기록보관소, 성, 궁전, 교회까지도 주 정부의 시설물로 관리한다. 이러한 전통에 의거하여 재차 특정한 자치단체의 시설을 위해 주목할 만한 후원들이 생겨났다. 이와 같은 후원은 시·읍·면이 이전에 영주 소유였던 극장과 박물관을 다른 것들에 비해 우대하지 않으려는 목적에서이다. 이러한 전통 덕분에 바덴뷔르템베르크에서는 드물게도 대규모의 극장 후원이 이루어지고 있다. 바덴뷔르템베르크 주 정부는 슈투트가르트와 칼스루에 위치한 두 국립극장(이전에 군주 소유의)에 각각 50%씩 무담보 비용으로 참여하고 있기 때문에 주 정부 소속의 모든 시 극장에도 40%의 보조금을 지불하고 있다.

이에 반하여 노르트라인베스트팔렌의 상황은 또 다르다. 이곳은 위의 전통과는 전혀 무관하며, 그렇기 때문에 극장재정은 포괄적인 면에서 지방 기초자치단체에 맡겨져 있다. 그 대신에 주 정부 노르트라인베스트팔렌은 성인교육 후원과 같은 일에 훨씬 더 많은 힘을 쏟는다. 문화관리를 포함하여 예술과 문화보호에 한정시켜 본 바이에른과 노르트라인베스트팔렌에 대한 몇 가지 수치가 서로 다른 전통을 갖고 있는 주 정부들간의 차이를 명확하게 보여 주고 있다(도표 5).

도표 5. 1996년 바이에른과 노르트라인베스트팔렌의 예술과 문화에 대한 지출

연방	주 정부의 총 문화지출 (천 마르크)	인구 한 명당 주 정부의 문화지출	전체 지방 기초자 치단체의 문화지 출(천 마르크)	인구 한 명당 지방 기초자치단체의 문화지출
바이에른	859,216	71.66 마르크	940,408	78.43 마르크
노르트라인 베스트팔렌	426,501	23.88 마르크	1,766,832	98.93 마르크

바이에른 주 정부의 인구당 지출비율은 노르트라인베스트팔렌에 비해 3배나 높은 반면 자치단체가 지불하는 금액은 노르트라인베스트팔렌이 바이에른을 훨씬 넘어선다. 이러한 이유로 주 정부들의 문화 성과물들을 상호 비교하려는 경우 세심한 논증이 요구된다.

이렇듯 전통에 의해 제약을 받는 차이 외에도 주 정부는 일괄적으로 대략 네 가지 원칙에 따라 문화후원을 하고 있다. 이 원칙은 바덴뷔르템베르크의 예술구상[5]이라는 실례에서 이미 설명되었다(Rettich 1990: 11~14).

– 관용

"관용의 원칙은 기본법상 단일화된 예술 자유를 규정하는 것에서부터 도출된다. 이것은 더 많고 적고의 차이는 있지만 예술가

---

5) 바덴뷔르템베르크 주 정부 문화발전을 위한 '예술구상'이라는 표현이 잘못 이해되어서는 안 된다. 이 표현은 좁은 문화개념이 아닌, 바덴뷔르템베르크 주 정부의 (독특한) 관할과 연관되어 있다.

와 예술 매개자의 독자적 책임을 존중하는 정치와 행정에 대한 요구를 뜻한다. 예술이 불편함을 끼치거나 공격적이 되는 경우에도 동일한 요구를 할 수 있다."

- 다원성

"다원성의 원칙은 예술자유의 원칙과 직접적으로 관련된다. 관대한 예술후원이 이루어질 때 예술형식과 예술시설물의 다양성이 가능하기 때문이다. 이 원칙은 대중예술만이 아니라 엘리트 예술에도 똑같이 해당된다. 여기에서 엘리트가 토대에 영향을 미친다는 방식으로 대립을 구축하려는 것은 잘못된 일이다. 둘 다 필요하다."

- 법규범의 지원

"법규범의 지원원칙은 자립에 대한 보조를 의미하며 행정적 일상에서는 혼합재정을 통해 구현된다. 문화 분야에서 국가적 행위는 모든 것을 '독자적인 주도권' 하에서 운영하려는 공명심을 가질 수도 없고, 가져서도 안 된다. 그러한 것은 시와 시·읍·면의 문화임무에 모순될 뿐만 아니라 모든 종류의 시민적 발의와 패트론적 활동들을 방해한다. 오히려 여기에서는 격려와 협력관계가 가장 적합한 후원의 도구들이다."

-탈중심화

"탈중심화의 원칙이란……예술후원이 중심부 위주로 이루어져서는 안 되고, 지방의 활동에도 주의를 기울이며, 재정기부를 통해 후원하여야 한다는 뜻이다. 이때 '지역을 위한 특별문화'와 '우연적인 개별적 결정'이 중요한 것은 아니다.

문화후원에 있어 주 정부의 역할이 특히 옛 동독지역의 재건에서 두드러졌다. 주 정부의 지원과 정치적 구성력이 없었다면 아마도 동독 지역의 수많은 극장과 오케스트라는 유지될 수 없었을 것이다. 특별한 전통에 의해 마이닝겐과 루돌슈타트와 같은 소도시들까지도 다방면으로 사용 가능한 극장을 소유하고 있는 튀빙겐의 경우, 주 정부의 협력이 없다면 극장 유지는 불가능하다. 조금 다른 방식이긴 하지만 작센도 마찬가지다. 작센에서는 주 정부 주도로 작센 문화 공간법과 함께 하나의 구조가 만들어졌다. 이 구조는 폭넓게 조성되어 있고, 지속적이며 안정된 자치단체의 문화작업 일반을 비로소 가능케 하였다.

▌지방 기초자치단체

도표 4가 보여 주고 있듯, 공공기관의 문화지출에 있어 지방 기초 자치단체가 53.8%로 가장 큰 몫을 차지하고 있다. 이것은 공공 문화 작업이 늘 주민과 친숙해야 한다는 점에서 바람직한 일이다. 문화란 가능한 한 주민이 직접 체험하고자 하는 공급이며, 주민 역시 협력과 개인적 참여의 요인들을 불러들여야 하는 공급인 것이다. 그러므로 문화는 가능한 한 '현장에서 바로' 이루어지고 열려야 한다. 이런

이유에서 연방과 주 정부들은 자신들의 활동 영역을 초지역적 과제나 개별적인 지방 기초자치단체가 감당할 수 없는 특별한 시설과 프로젝트에서 찾고 있다.

연방과 주 정부의 문화후원과는 달리 자치단체의 문화작업은 지방자치단체의 다른 모든 생활조건과 밀접하게 서로 연관되어 있다. 이 점은 도시 및 대도시의 문화에도 마찬가지로 해당된다. 즉 "도시문화란 도시가 중심을 총괄하는 기관이자 미적 체험의 장소라는 사실에 국한되지 않는다. 도시문화는 삶의 구체적 형태, 다시 말해 모든 도시 주민들의 구체적인 형태이다"(Häussermann/Siebel 1987: 209).

자치단체의 문화작업은 해당 주민들에게만 영향을 미치는 것이 아니다. 이러한 작업은 외부에서 바라보는 도시의 이미지를 아주 본질적으로 특징짓는다. 문화작업은 주민들의 동질성과 관련되므로 그들에게 협력의 기회를 많이 제공해야 한다. 즉 자치단체의 문화작업은 소비를 위한 공급만이 아니라, 함께 만드는 문화라는 의미에서 기반문화도 이루어 내야 한다.

이는 소도시나 촌락의 경우도 마찬가지다(Heinrichs 1988과 Frahm/Magel/Schüttler 1994). 문화적 전통이 독특하게 생동하고 있으나 현대화 과정에서 독자적 문화가 급격하게 파괴될 위험 또한 도사리고 있는 곳이 소도시와 촌락이다. 현대화는 여러 매체나 일터로 출퇴근하는 사람들에 의해 급격히 마을로 유입될 수 있기 때문이다. 따라서 군과 시·읍·면 협의회에 특별한 과제가 부여되는데, 그것은 현존하고 있는 고유한 문화전통을 지키도록 돕는 것과 동시에 조심스럽게 새로운 발전과도 연결시키는 일이다. 전통을 보호하는 것만이 지역 문화작업의 목표가 될 수는 없다. 대도시 주민들과 마찬가지로 촌락 주민들도 문화적 발전에 참여할 권리를 갖고 있다. 그렇지만 촌락 주민들은 대도시 주민들과는 달리 몇 세기에 걸쳐 발전시켜 온 문화적 동질성을 지니고 있고, 그것은 위기 없이는 결코 파괴되지 않는다.

자치단체의 문화사업은 세 분야를 인정하고 있는데 이 분야들은 법·조직·재정 기술적 관점에서 서로 구별되며, 그래서 문화예술경영에 특히 중요하다(Heinrichs 1999를 참조).

▌문화 시설물

지방 기초자치단체는 다수의 문화시설물, 즉 극장, 박물관, 자치단체의 화랑, 기록보관소, 시민대학, 도서관, 음악학교, 미술학교, 문화센터, 시립회관, 지방 기초자치단체의 영화관, 예술가들의 건물, 어린이와 청소년 센터 등을 관리한다.

이러한 시설물들은 대개 시·읍·면/수도 혹은 시·읍·면 협회/군에 직접 소속되며, 이른바 '공영'이다(156쪽 '법 형태와 운영 형태' 참조). 또한 대개 여러 시·읍·면의 공동 소속이거나 시·읍·면과 군의 공동관리물이다. 투자자산의 결합 및 유지를 위한 비용, 인원채용은 언제나 시설물의 소속과 결부되어 있다. 즉 상대적으로 고정된 재정, 조직, 인원 구조에 속한다. 예컨대 이러한 결부로 인해 화랑 관리자나 극장 관리자가 독단적으로 특정한 예술방향을 우선시할 때 내용적으로 영향을 미칠 수 있다.

한편 도시에 이러한 시설물들이 있다는 것은 모든 주민에게 언제든지 보일 수 있는 문화가 '현존'한다는 데 아주 특별한 기여를 한다. 주민들은 그와 같은 시설물들이 있다는 사실을 문화적으로 대접받는 것으로 여기며 문화가 자신에게도 해당하는 것이라 생각하게 된다. 또한 시설물의 존재는 문화작업의 지속성에도 영향을 미친다. 왜냐하면 시설물은 행사 공급과는 달리 그 본질상 재정정책적 기분에 훨씬 덜 좌우되기 때문이다.

▌문화행사

문화시설의 경우 장점으로 칭송할 만한 것이 문화행사의 경우에는 거의 대부분 단점으로 입증된다. 행사가 끝난 날 아직도 문화적 체험의 무언가를 느끼게 하는 장소가 행사에는 없기 때문이다(어제 콘서트가 개최된 시립회관에서 오늘은 의사들의 모임이 준비되기도 한다). 이러한 이유로 문화행사에서는, 종종 필요하기도 한 연속성이 부족하다. 특히 불경기일 때는 행사 예산을 혹독하게 삭제당하게 마련이다. 또한 객원 예술가들과 주민들 간의 개인적 교류도 없다. 반면에 박물관장이나 도서관장은 그들의 근무시간이 아닐 때에도 도시에서 만날 수 있고, 그것만으로도 문화적 현재의 일부가 된다.

한편으로는 문화행사와 함께 수많은 장점도 발생한다는 사실을 놓쳐서는 안 된다. 거의 모든 행사 공간들은 특별한 공간 요구는 성립하지 않으나 기능적으로도 이용될 수 있다. 인원은 별로 필요하지 않다. 예술가도 다른 전문 인력도 필요하지 않고 대개 소수의 행사 경영자만 관여하면 되기 때문이다. 또한 내용면에서나 인원면, 재정적인 면에서도 상당한 유연성이 존재한다. 독자적으로 극장을 운영하는 도시는 참여하는 예술가와 감독이 제공하는 질에 크게 의존하게 된다. 물론 객원 공연을 더 확장시킨 도시에서는 본질적으로 더 유연성 있는 활동이 가능하다.

많은 도시와 시·읍·면들은 풍족한 행사 공급에 대한 그럴듯한 근거를 대면서 주민들에게 객원 연극 공연, 콘서트, 전시회, 낭송회, 소연예 등을 제공한다. 좋은 일이지만 독자적 시설물로는 그 어떤 도시도 보장할 수 없는 문화적 다양성이 객원 공연의 형태로 이루어질 수 있게 된다. 이때 객원 출연하는 예술가들의 의무와 늘 결부된 개방성에 특별한 역할이 부여된다.

▌문화후원

세 번째 실제 분야는 문화후원이다. 시·읍·면은 스스로 활동하거나 개최자로서 예술가를 고용하지 않고, 재정적 기부나 다른 지원과 같은 후원을 통해 제삼자에게 문화 활동을 가능케 한다.

문화후원은 공공기관 일반과 마찬가지로 지방 기초자치단체에게 예술적이며 문화적 혁신을 가능케 하는 가장 중요한 수단에 속한다. 특히 이것은 예술가들을 직접적으로 후원하는 데 중요하다. 이와 관련하여 다음과 같은 다양한 가능성이 준비되어 있다.

- 예술상과 장학금
- 미술품 구매와 전시회 가능성(특히 젊고 아직 잘 알려져 있지 않은 예술가)
- 실험예술
- 출판비용 보조(젊은 작가들에게)
- 시 초청작가, 지역 작가
- 후세 음악가를 위한 콘서트, 특별 공연단의 앙상블과 동시대의 음악을 위한 콘서트
- 시축제/전체구민 축제(배우 지망자, 소연예가, 화가, 음악가들이 관중들에게 자신을 소개할 수 있는 곳)
- 재즈그룹, 록그룹, 팝그룹을 위한 시험 공간

문화후원의 두 번째 활동 영역은 협회후원인데, 후원 참여는 주민들에 의해 주도되고 평가될 수 있다. 특히 여기에서는 주민들과 도시의 문화적 동질화가 촉진된다. 이러한 후원의 향유 대상은 문화협회와 전통협회(노래와 음악협회, 고유의상과 의상 무용단, 가톨릭 사격그

룹, 사육제협회 등), 역사협회와 향토협회 등이다. 문화정책적 목적과 문화적 혁신 가능성과 관련하여 다른 협회들도 고려되어야 하는데, 그 실례를 들면 다음과 같다.

- 미술협회(교류 전시회의 개최자로서)
- 문화후원협회와 문화후원모임(콘서트, 소공예, 카바레 등의 개최자로서)
- 극장협회와 민중무대(자신들의 시·읍·면 외부 극장 방문을 위한 방문조직체)
- 아마추어 연극과 사투리연극(언어 보호, 아마추어 보호)
- 오케스트라 협회(아마추어 오케스트라와 음악 애호가 시민의 결합)
- 외국인의 문화협회(타국에서 고향의 문화를 보호하고, 독일 시민과 외국 시민 간 이해의 교량으로서)

문화 기관에 비해 문화후원은 재정적인 면에서 고정 사업과 결부되어 있지 않다는 (유혹적인) '장점'이 있다. 상대적으로 쉽게 재정능력에 적응될 수 있다는 점에서 행사 분야와 유사하다. 그런데 문화후원의 경우 연속성을 갖지 못할 때 파멸적 결과가 초래될 수 있다는 점이 행사 분야보다 더 심하다. 제삼자를 후원하는 일은 언제나 상호신뢰의 행위이다. 즉 후원하는 지방 기초자치단체는 협회의 성실한 의도를 신뢰하며, 거꾸로 협회는 대체로 자신들의 오랜 기간의 문화작업이 지속적으로 지방 기초자치단체의 지원을 받게 되리라는 것을 기대한다. 그러한 연속성이 깨지면 일반적으로 시민 전체의 협력이 끝나게 되며, 그것은 단기간 내에 회복될 가능성도 없다.

문화후원은 여러 가지 관점에서 신뢰를 뜻한다. 후원과 함께 제 삼자에게는 예술과 문화를 실행에 옮길 권한이 주어진다. 다시 말해 지방 기초자치단체는 내용에 어떠한 영향을 가해서는 안 된다. 자주 지적되고 있는 '황금빛 고삐'는 우리의 기본법의 의미에서 예술과 문화의 자유를 구현하는 데 적합하지 않다. 모든 공공기관이 그래야 하듯이 지방 기초자치단체는 예술과 문화후원에 있어 특히 그러한 책임을 의식해야 한다.

지방 기초자치단체의 세 가지 문화 실제 영역이 갖는 장점과 단 점은 항목별로 다음과 같이 요약할 수 있다(도표 6).

단점을 축소시키려고 한다면 실제로 위의 세 분야들을 상호 결합 시키는 일이 권장할 만하다. 이러한 일은 실제로 도서관이 자체 공 간에서 낭독회를 개최하거나 시민대학이 전시회를 열면서 구체화 되고 있다. 그럼에도 불구하고 문화예술경영 입문서에서 서로 다른 실제 분야들을 지적하는 일이 무엇 때문에 중요한지를 구별하는 일 은 경영과제로 남아 있다. 필요한 경우 이용할 수 있기 위해 유연한 기업 조성의 선택적 대안을 아는 것이야말로 문화예술경영의 능력 을 뜻한다.

도표 6. 지방 기초자치단체의 문화 실제 영역

실제 영역	장점	단점
문화시설	문화적 '장소' 예술가와 문화매개자의 결합 형상의 가능성이 큼 경제 요인과 소재지 선정 요인 의사소통과 사회화를 촉진	흔히 단독으로 이용할 경우 공간 의 수요가 큼 인원비용이 큼 장기간의 재원수단과 투자수단을 결부시킴 내용, 인원, 공간의 관점에서 비유 동적
문화 행사들	여러 가지 목적으로 공간 이용이 가능 인사계획의 경우 인원비용이 적음 적은 고정비용 세금상 유동 비용과 동시에 경우 에 따라 적정 가격이 높음 프로그램 구성에서의 유동성이 큼	문화적 '장소'가 없음 인원에 대한 지속적 동질화가 없음 극히 현재의 재정 상황에 의존 연속성이 적음 공급시장에서 공급에 의존
문화 후원	제삼자의 참여 후원 소속 지방 기초자치단체와 동질화 다양한 문화생활 혁신적이며 창조적	내용과 질에 영향을 주지 않음 대부분 장기간의 영향력 '협회활동을 위한 열성적인' 후원 정치적 로비 교육을 지원

첫 번째 성공적인 결합 시도에도 불구하고 이 세 가지(조직, 재정 기술, 법적 관점에 따라 구분된) 활동영역을 제공하는 행동 여지는 아직 거의 이용되지 않고 있다. 연극 한 편을 위하여 지방 기초자치단

체는 고정 앙상블을 갖춘 독자적 극장을 운영할 수 있으며(문화시설물), 공연 가능한 건물에서 객원공연을 개최할 수 있고 (문화행사), 지역에 뿌리박고 있는 개인극장에 대한 후원을 통해 연극 공급을 보장할 수 있다(문화후원). 도서관, 기록보관소, 몇몇 박물관을 제외한 다른 많은 분야에도 위의 경우는 유효하다. 이러한 활동 여지들을 인식하고 이용하는 것이야말로 공공 문화작업에서 매우 중요한 앞으로의 경영 과제가 될 것이다.

공공 문화사업의 현실적 경향과 도전

문화사업 일반이 그러하듯, 공공 문화사업 또한 끊임없이 특별한 도전들과 대결하여야 한다. 예를 든다면 문화에―다른 정치적 목적과의 경쟁에서―필요한 예산과 행정 내적, 외적인 위치를 확고히 하는 과제가 그에 속한다. 예산삭제에 대한 비난이 제아무리 크다 할지라도 (물론 정당한), 그것은 특별한 것으로 간주될 수 없고 유달리 1990년대에만 해당되는 도전도 아니다. 그것은 오히려 문화적 과제들이 갖는 임의성 성격과 체제에 제약을 받는 예산 부족과 관련된 그치지 않는 걱정거리이다.

재정 부족이라는 끊임없는 주제 대신에 근본적 의미를 가진 중요한 다른 주제도 제기되고 있다. 이 주제들은 앞으로 공공 문화사업의 공급을 계속 변화시킬 수 있기 때문에 도전으로 받아들여야 할 것이다. 다음과 같은 네 가지 조항이 오늘날 도전의 경향에 해당한다.

- 새로운 논거와 관련된 문화정책
- 공공 주도 문화행사의 사유화 경향
- 개인의 제3의 자금-재원의 전제로서 고객중심
- 공공 문화사업 경영의 철저한 전문화

이러한 모든 경향들은 문화사업과 연관되어 있고, 이 연관은 부차적으로만 문화예술적인 것을 겨냥한다. 그러므로 그러한 것이 본질적으로 문화에 어떠한 영향을 미칠 것인가 하는 문제는 각각의 주제와 결부될 수 있다. 형식적 측면에서의 제약은 받아들이기 어려운 축소가 될 것이다.

▎새로운 논거와 관련된 문화정책

공공 문화작업의 정치적 정당성과 목적을 둘러싼 지난 수십 년간의 열띤 논쟁은 이제 그 위상을 상실한 듯 보인다. 논의를 결산하고자 하는 회고의 경향에서(Frank 1990, Deutscher Städtetag 1992, Röbke 1993, Kramer 1996, Schwencke 1997) 그것이 드러나며, 문화예술경영의 실례로서 표현되고 있듯 실천 행위의 가능성에 대한 집중적인 관심에서도 그러한 사실이 나타나고 있다. 그 대신에 각기 다른 시기와 다른 경제 · 사회적 조건하에서 발생한 서로 다른 문화정책적 목표가 동일하게 인정되고 있다. 즉 문화정책에도 "다원론—극단적으로 포스트모던한 다원론—이 원칙이자 기준"(Welsch 1989: 50)이 되고 있다. 이를 '포스트모던한 임의성'이라고 경시할 수 있으나 새로운 것이 더해질 수 있다면 가치 있고 바람직한 합법성과 목표도 주장되는 장점 또한 인식될 수 있을 것이다. 1990년대는 급격한 단절보다는 오히려 합법성과 목표가 조직적으로 증대된 것으로 보인다.

전통적인 교양정책, 사회정책적 논거의 관련과 함께 1990년대에는 오히려 세 가지 중요한 측면이 부가된다. 즉 문화의 경제적 위상, 마케팅 측면, 그리고 이벤트 성격이 그것이다.

- 경제적 측면

1980년대 말과 1990년대 초 여러 전문가들이 내린 진단과 간행물에서 문화의 국민경제적 의미가 밝혀질 수 있었다(174쪽 '문화와 경제' 참조). 이제 문화가 적지 않은 총매상고와 대규모의 일자리를 보장하는 경제 요인이 된 것이다. 무엇보다도 이때 공공 문화사업이 다른 문화사업 분야에도 결정적 추진효과가 된다는 인식 또한 중요하게 받아들여졌다. 실례를 든다면 전반적인 악곡류 시장(악기의 생산과 판매부터 악보의 거래까지)은 일반 학교들의 음악강의, 자치단체의 음악학교, 공적으로 지원되는 다양한 콘서트, 오케스트라, 합창 등에서 발생하는 수요가 없다면 엄청난 손해를 입게 될 것이다.

물론 이와 같은 경제·정치적 관점이 공공 문화사업의 실제 작업에 표현되어 있는 것은 아니다. 국민경제적 연관에 무엇보다 가장 큰 관심을 갖고 있는 연방은 공공 문화사업에 관여하는 비중이 크지 않다. 한편 공공 문화사업의 핵심이 걸머지고 있는 지방 기초자치단체는 국가적 차원의 국민경제적 측면에는 그다지 관심을 두지 않는다. 지방 기초자치단체는 문화사업이 미치는 효과(판매세, 수입세)에는 거의 관여하지 않기 때문이다. 극히 강조점이 다를지라도 주 정부들만 이 주제에 관심을 갖고 있다. 노르트라인베스트팔렌에서 이 주제가 가장 집중적으로 분석되고 가장 강력하게 정치적으로 구체화되었다. 이곳에서는 경제, 과학기술, 관광 부처를 통해 1993년을 시작으로 1995년에 두 번째, 1998년에 세 번째 문화경제 보고서가 출간되었다(1993년 노르트라인베스트팔렌 경제부처, 1995년 노르트라인베스트팔렌 경제부처, 1998년 노르트라인베스트팔렌 경제부처).

그런데 공공 문화사업은 늘 (자긍심을 갖고) 회고만 하면서 국민경제적 중요성을 지적하는 데 만족할 수 없다. 오히려 지금보다 훨씬 더 그러한 의미를 목표설정으로 삼고 구체화할 것을 요구받고 있다. 이제까지 그것에 관하여—특히 노르트라인베스트팔렌에서—그 첫 번째 단초만이 인식되고 있을 따름이다.

- 마케팅 측면

이와는 달리 문화와 경제를 연관시키는 새로운 인식은 공공기관의 마케팅 분야에서 훨씬 더 구체화된 성과를 드러내고 있다. 문화가 중요한 이미지 요소로 인식되면서 주 정부나 도시의 인기를 높이기 위한 방도로서 매우 의식적으로 문화가 투입되고 있다. 지방 기초자치단체에게 '문화도시 마케팅'은 아주 중요한 발전의 동력이 되었다. 도시들은 현수막이나 초지역적 신문에 큰 글씨의 광고로 자신들의 가장 뛰어난 문화 공급들을 선전한다. 예컨대 슈투트가르트는 "숲과 포도 사이의 도시" 라는 친밀하지만 한물간 슬로건을 포기한 지 오래고, 국립 화랑과 발레를 선전의 중심에 두고 있다. 예전의 '콜렌포트'는 "강한 독일"이라는 문화 하이라이트를 내보이며, 슐레스비히홀슈타인과 같은 주 정부도 "문화가 숨쉬는 곳은 언제나 페스티벌 같은 것이 있다"라는 슬로건으로 산업을 정착시키고자 애쓴다. 위의 슬로건은 물론 슐레스비히홀슈타인의 음악 축제를 넌지시 암시하고 있는 것이다.

문화도시 마케팅을 포기하려고 하는 도시는 없다(Funke 1994). 이를 통해 이미지 광고를 목적으로 만들어진 새로운 행사와 마찬가지로 전통적 행사와 시설물이 새로운 위상을 획득하고 있다. 그것은 유명한 발레일 수도 있고(슈투트가르트, 부퍼탈), 흥미로운 박물관의 수집품(프랑크푸르트의 해안박물관)이나 국제적 예술전시회(튀빙겐 예술 회관), 유명한 축제(잘츠부르크, 바이로이트, 슐레스비히홀슈타인 음악

축제), 국제적으로 명망 있는 상(게오르크 뷔히너 상, 다름슈타트), 독점적인 아방가르드 행사(동시대의 음악을 위한 도나우에싱어의 음악의 날)가 될 수도 있다. 이에 반해 예전의 행정적 구조들(예를 들어 도시의 문화관청)은 그 중요성을 상실해 가고 있다. 문화 도시마케팅은 관광청과 보도담당자의 일이 되거나 새롭게 구성된 마케팅협회의 주요 과제가 되고 있다(174쪽 '문화와 경제' 참조).

– 이벤트 문화

독일 문화정책의 발전과 관련하여 다시 한 번 분명하게 알게 되겠지만(130쪽 '문화정책' 참조) 문화 공급이 갖는 이벤트적 성격은 문화의 상품화와 자금조달을 위해 오늘날 매우 중요하다. 이벤트는 비교가 불가능하고 일회성을 띤다는 점에서 특별한 위상을 지닌 특별한 사건을 말한다. 항상 새로운 것을 추구하고 앞선 것을 넘어서고자 하는 체험에의 욕망을 지닌 "체험사회"(Schulze, Gerhard 1992)에서는 이벤트만이 그에 적합한 만족을 제공하는 듯하다. 체험사회에서는 감정적인 '환각 상태'만이 중요하다는 관점에서 이벤트의 성격이 문제되며, 그것의 내용은 아무런 관계가 없다. 따라서 이벤트의 유용성이라는 관점에서 공원 방문, 에게해 항해 혹은 베로나 경기장에서의 〈아이다〉 공연도 상대적으로 동일한 가치를 갖는다. 이로써 문화 공급은 아주 새로운 형태의 경쟁상대를 얻고 있다. 다른 문화 공급뿐만 아니라 비문화적 이벤트도 대체물로 관여할 수 있기 때문이다. 이벤트의 두 번째 특징은 서로 다른 이벤트 요소들의 결합이다. 뮤지컬 극장의 경우 공연은 여러 요소들 중 하나에 지나지 않는다. 즉 공연은 레스토랑, 사우나, 쇼핑센터와 (거의) 동일한 가치를 갖고 있다. 때문에 스텔라 뮤지컬 시장관리자는 직접적인 입장권 판매에서는 총수익의 40%만을 목표로 두고, 주요한 수입은 위에서 말한 이벤트 요소에 둔다. 이는 공공기관의 문화제공자에게는 그들의 100년 이상 된 낡은 인프라구조(예컨대 극장과 콘서트 홀)를 그러한 새로운 도전에 전혀 작동시키지 못하고 있다는 것을 뜻한다. 그들은 부가적 이벤트 요소를 위한 공간도 사용하지 못하며, 그렇다고 그것으로부터 획득할 수 있는 수익금을 바랄 수도 없다. 1970년대의 큰 문화센터들과 가게와 커피숍이 딸린 몇 개의 박물관만이 새로운 발전에 조금 적응할 수 있을 따름이다.

그런데 이벤트 문화를 아주 비판적으로 볼 수도 있다. 이벤트 문화에는 다른 무엇보다도 문화의 명상적이며 수용적 요인이 사라질 수 있는 위험이 도사리고 있다. 그렇다고 그러한 발전을 전적으로 무시할 수도 없다. 이벤트는 문화스폰서에서 두드러진 역할을 하기 때문이다. 거의 전적으로 문화 이벤트만이 언론 매체의 주목을 받고 있기 때문에 스폰서의 마케팅 목적에 중요하다. 이벤트는 광고에 식상한 대중들이 산업, 상업, 서비스와 연관하여 관심을 가질 만한 첨단 매체 중 하나이다. 결국 경제는 독자적인 문화 이벤트를 개최하거나, 새로운 마케팅 전략을 재빠르게 흥미로운 기회로 발전시킬 수

많은 이벤트 중개자들을 이용하고 있다. 여기에서 공공 문화사업이 패자가 되지 않으려면 문화 공급의 새로운 흐름에 동참하거나 많은 노력을 기울여 방향전환을 해야만 한다. 이벤트 문화와 같은 변화를 바라만 봐서는 (혹은 무시해서는) 안 된다.

이미 언급한 세 가지 측면은 현재 자신의 위상을 요구할 수 있다, 이로부터 지나간 논거의 연관을 완전히 진부한 것으로 무시하여서는 안 될 것이다. 경제적 위상, 이미 언급한 마케팅 측면과 문화의 이벤트 성격은 오히려 예술의 후원 및 교양정책적·사회정책적 목표와 동일한 위상을 갖는다. 다만 전통적 문화정책의 정당성과 거기에서 도출된 목표들이 다시 새롭고—우리가 그렇게 원할 경우—시류에 맞는 부차적 목표를 통해 일시적으로 중첩되는 사실을 확인할 수 있다. 공공 문화사업은 논거들의 관련 속에서 그러한 변화를 무시하는 오류를 범해서는 안 되며, 그러한 도전에 언제나 유연하고 창조적으로 대응해야 한다.

이와 관련하여 여러 측면들에 대한 개방성이 적지 않은 장점으로 입증되고 있다. 가장 최근의, 시류에 적합한 측면에만 집중하는 것은—이 경우에 이벤트 문화—문화에 결코 바람직하지 않다. 공공 문화사업에 교양정책적, 예술후원의 방향 설정을 없앤다면 그것의 중심점을 박탈하는 것이나 다름없다. 이러한 점에서 종종 비난조로 이해되고 있는 '포스트모던한 다원성'이 문화에는 큰 행운으로 입증된다.

공공 문화작업의 측면들과 목표설정에서의 다양성을 유지하는 것이야말로 2000년대의 문화예술경영과 문화정책의 목표가 되어야 할 것이다. 문화의 기능이 마케팅의 도구로서 우위를 점하고, 예산이 빠듯한 시기에 도서관과 시민대학이 '줄어들면' 안 될 것이다. 그렇게 될 경우 이미지를 갖고 있는 하이라이트에만 재정 지원이 될 수 있다. 다음의 피라미드 그림을 통해 서로 다른 공공 문화의 논거 관련 상황을 인식해 보자(그림 5).

그림 5. 공급 피라미드

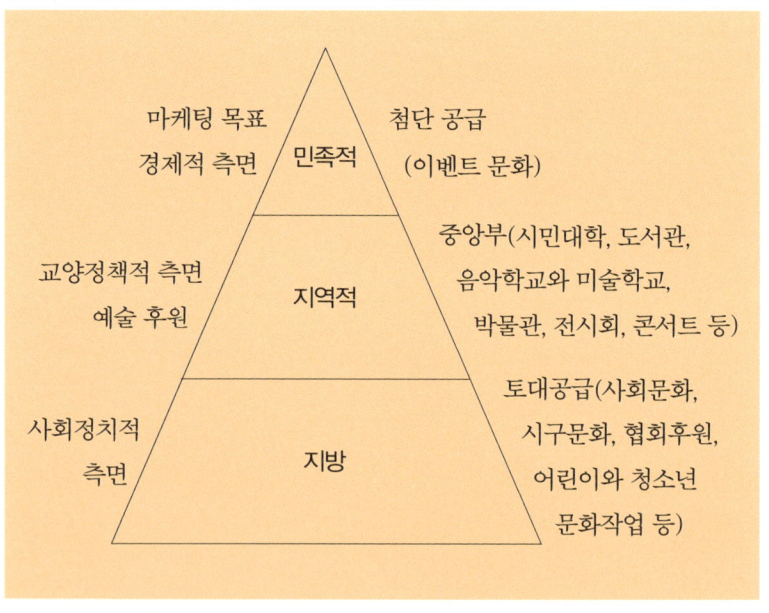

이 공급 피라미드는 삼각형으로만이 아니라 공간적인 면에서도

유감없이 이해될 수 있다. 이러한 방식으로 폭넓은 사회계층을 염두에 둔 문화작업의 중요성이 그림으로 다시 한 번 강조될 수 있다. 이 피라미드는 어떤 관점에서든지 공공 문화의 모든 형태가 구축하고 있는 토대가 될 수 있다. 경제·정치적 마케팅의 관점에 중심을 둔 문화 또한 문화적 이벤트가 언제나 이 피라미드의 머리 부분에 위치할 수 있다.

그렇지만 토대에 중요한 것은 머리에도 똑같이 중요하다. 즉 머리가 없는 피라미드는 토르소에 불과하다. 결국 첨단문화도, 그것과 함께 이미지 관리와 소재지 특성의 목적도 총공급에 속하는 것이다. 앞으로 문화예술경영의 주제는 (이데올로기적으로도 각인된) 개별적 측면의 선호나 분리보다는 오히려 문화정책적 목표와 관련하여 여러 가지 관점의 올바른 관계가 되어야 한다.

이는 피라미드 내의 배치가 엄격한 규칙을 따라야 한다는 뜻이 결코 아니다. 사회문화적 의도를 지닌 '운나의 여름'이 운나 시에 이미지를 형성하는 하이라이트인 것처럼 귀터스로 시에서는 시립도서관이 이와 동일한 의미를 지닌다. 반면 도시의 주민들과 협회들이 엑스트라로 함께 참여하는 '쉬베비시 홀 야외공연'은 전적으로 사회정치적 목적을 따르고 있다. 피라미드의 세 분야 사이의 일정한 융통성은 가능하면서도 중요하다.

피라미드를 통해 토대공급, 중앙부, 첨단공급의 문화정책적 목표 설정과 차이만이 아니라 공급의 작용과 폭에 대해서도 알 수 있다.

지역 사회에 직접 뿌리내리고 있는 토대공급은 지역 중심적이다. 콘서트, 연극 공연 혹은 박물관의 공급이 차지하는 중앙부는 흔히 지역적인 공간을 벗어난다. 여기에서 지역적인 폭에 관해 언급할 수 있을 것이다. 이에 반하여 첨단공급이나 이벤트에 대해서는 지방 기초자치단체가 지역의 경계를 넘어서 폭넓게 알려야 하고, 주 정부의 영역을 넘어서 국가적인 데까지도 염두에 두어야 한다. 그래서 피라미드는 서로 다른 문화 활동에 대한 근본적인 문화정책적 귀속뿐만 아니라 일차적인 대략적 마케팅 전술에도 적합하다.

▌공공 주도 문화행사의 사유화 경향

공공 문화시설물의 사유화(극장, 시립회관, 음악학교, 시민대학 등)는 이미 몇 년 전부터 논의되고 있고 이미 많은 경우에 현실화되었다(117쪽 '형식적 사유화' 참조). 이것은 결코 1990년대의 경향만은 아니다.

이와 달리 완전히 새로운 사실은 전통적으로 공공기관에 의해 제공되던 문화행사까지도 점차 사유화되고 있는 경향이다. 이러한 발전은 1980년대 중반 가장 먼저 콘서트 행사 부분에서 두드러졌다. 그때까지만 해도 지방 기초자치단체가 독자적인 권한으로 콘서트를 개최하였고, 그것을 위해 상당 정도 해당 중개인의 공급을 이용하는 사례가 일반적이었다. 중개인은 공연을 위해 앙상블을 알선해 주었고 그 대가로 정해진 사례금을 받았다. 행사에 따른 경제적 위험(입장료를 통한 지출의 상환)은 주최하는 시·읍·면이 단독으로 떠맡았다.

새로운 상황에서는 한 중개인이 시의 콘서트홀을 임대하여 행사를 자기 부담으로 개최하는 데까지 이르고 있다. 이 경우 개별 콘서트는 드물고, 대개 여러 행사들을 연속적으로 개최한다. 그렇게 해야 경제적으로 실패한 행사의 위험부담을 완화시킬 수 있기 때문이다. 예컨대 슈투트가르트에 소재한 대형 콘서트 알선업체는 요즘 이전의 슈투트가르트, 브라이스가우와 울름의 프라이부르크의 시립 콘서트 공급의 대부분을 독자적인 책임하에 경영한다.

이러한 발전은 몇 년 전부터 전시회 분야에도 확산되고 있다. 그 사이에 다수의 개인 전시회 기획자들이 생겨났는데, 이들은 미술 전시품을 모으고, 지방 기초자치단체와 미술협회를 대신하여 공급한다. 시·읍·면은 상대적으로 적은 액수로 카탈로그와 현수막을 갖춘, 모든 것이 준비된 전시회를 갖게 된다. 더구나 전시회 기획자는 부가적으로 특별초대를 조직화하는가 하면, 홍보작업 등도 준비한다. 지방 기초자치단체에게 요구되는 비용, 특히 전문적인 데 드는 비용은 상당히 적다. 시는 다양한 공급 중에서 선택하는 고충만 가질 따름이다.

전시회는 전 독일어권—여러 언어로 된 카탈로그의 경우 그것을 넘어서기까지—에 제공되고 동시에 여러 번 보여지는데, 이는 전시회 기획자에게 경제적으로 아주 매력적인 일이다. 지역을 초월해 홍보되기 때문에 시는 동일한 전시회가 이미 4주 전에 이웃 시에서 있었다는 (물론 이는 계약상으로 불가능하게 한다) 염려를 할 필요가 없다.

객원 연극 공연, 록 음악, 팝 음악, 소공예의 단초들에서, 특히 시 축제 분야에서 위와 유사한 경험을 할 수 있다. 벌써 시 축제와 장터 축제 분야에서 몇몇 회사들이 전문화되어 있는데, 수백 명의 외국파견단을 접견하는 일에서부터 수천 명의 방문객을 모으는 여러 날에 걸친 대형 행사에 이르기까지 모든 것이 제공되고 있다. 접대용 가구가 완비된 천막, 떠돌이 흥행주, 음악그룹, 합계한 액수에 대해 모든 '입주 가능한' 것이 공급에 속한다.

이러한 민간 행사경영이 지방 기초자치단체 모두에게 경제적으로 상당히 매력적이라는 사실은 쉽게 이해될 수 있다. 무엇보다도 지방 기초자치단체는 인원비용을 절약할 수 있다. 예컨대 행사경영을 위한 사무실을 준비할 필요도 없고, 경제적인 위험부담도 면할 수 있다. 경제적 부담은 카탈로그의 인쇄 혹은 날씨에 의존할 수밖에 없는 야외 공연 같은 것과 늘 결부되어 있다.

물론 이와 함께 지방 기초자치단체가 문화적 창조성 일부를 박탈 당하게 된다는 점도 알아야 한다. 개인 콘서트 개최자나 개인 연극 개최자들은 당연히 가능한 한 관객들이 많이 모이는 공연과 콘서트를 프로그램으로 삼는다. 그러므로 인기가 본질적인 선택 기준이 된다. '판매된' 전시회 공급은 시의 특별한 전통에서 나오거나 특정한 내용적 구상의 연속성을 보여 주는 예술전시회와 같은 효과를 얻기 힘들다. 개인 축제 경영자에 의해 조직되는 시 축제의 경우 협회나 시민 그룹의 참여가 부족하다는 점에서 이의가 제기되기도 한다. 시의 축제와 늘 결부되어야 하는 의사소통적·사회적 측면을 고려할 때 그러한 행사의 구입은 오히려 위험스럽다. 그러한 행사는 사회문화적 공동 축제를 수동적인 소비로 만들기 때문이다.

개인 행사제공자들과의 공동작업에서 귀결되는 많은 장점에도 불구하고 이와 같은 문제점을 간과하여서는 안 될 것이다. 지방 기초자치단체의 문화작업과 공공 문화작업이 소비적 문화 또는 오락에 지나지 않는다는 비난에 머물지 않고, 사회 정치적·교양 정치적 측면을 진지하게 받아들이려고 한다면 모든 과제 분야를 무조건 개인 행사개최자들에게 넘겨서는 안 된다. 한편 공공 예산의 관점에서 볼 때—결국 세금—높은 경제성이 그러한 것과 대립한다. 따라서 지방 기초자치단체는 두 가지 목적을 염두에 두고 세심하게 주의를 기울여야 할 것이다. 즉 전자를 행하되 (개인 공급자들과의 공동작업), 후자를 방기하지 않는 것이다(사회 정치적·교양 정치적 목적을 실현하기 위한 독자적 행사).

▌개인의 제3의 자금—재원의 전제로서 고객 중심

가면 갈수록 공공 문화사업에서도 마케팅에 관해 언급하고 있다. 이 언급에서 출판작업과 홍보작업만 이해되지 않을 경우, 다시 말해 그 개념이 축소되어 사용되지 않는다면 이 개념에는 몇 년 전부터 비영리 경영을 통해 알고 있는 마케팅 이해가 근간이 되고 있음이 분명하다. 조정된 과정 속에서 "교환과정을 통한 욕구와 바람"(Kotler/Bliemel 1992: 9)이 만족될 때 마케팅이라고 한다. 문화 분야와 관련하여 볼 때, 관객에게는 연극체험에 대한 욕구가 있고, 극장이 적합한 공급을 통해 그 욕구를 만족시킨다. 결국 다음과 같은 교환이 발생한다. 즉 (아직 만족되지 않은) 관객의 욕구는 연극체험으로 교환되고, 반대로 관객은 극장에 그것에 대한 대가를 지불한다. 이로써 극장 수입에 대한 욕구가 최소한 부분적으로 만족된다.

문화공급자와 관객 간의 관계를 욕구만족의 시각에서 본다면 극장의 공급은 관객의 욕구에서 평가되어야 한다. 이것이 모든 경제사업에 아무리 자명한 일일지라도—아무도 원하지 않는 생산물을 만들어 내는 것은 경제적으로 아무런 의미가 없다—공공 문화사업에서 이 주제는 상당히 민감한 부분에 속한다. 관객의 바람과 욕구에 모든 공급이 집중하게 되면 예술의 자율성과 멀어지게 되고, 문화의 대중화로 혹은 개인 방송국의 전형에 따른 할당량 사고로 간주될 것이다. 그런데 고객의 욕구를 겨냥하는 생산물이 나쁜 생산물을 낳는다고 한다면 논리적으로 민간에 의해 만들어지는 모든 생산물의 질이 좋지 않아야 할 것인데 분명 그렇지는 않다.

고객중심에 반대하는 여러 문화사업 집단이 보여 주고 있는 모든 저항에도 불구하고 계속하여 이 주제에 집중하지 않을 수 없다.

여기에는 두 가지 이유가 있다. 첫째, 모든 개별 문화사업은 관객을 획득하는 데 더 많은 노력을 기울여야 한다. 현재 수많은 종류의 새로운 경쟁자들과 관계하고 있기 때문이다. 같은 전문 분야의 직접적 경쟁자들만이 아니라 위에서 지적했듯이 예술과 상관이 없는 경쟁자들도 그에 속한다. 이 후자는 체험사회에서 동일한 체험의 질을 가진 대체물로 평가된다. 문화사업이 새롭고 첨예한 경쟁상황에서 살아남으려면 관객의 바람과 기대에 지금보다 더 많이 부응해야 할 것이다. 둘째, 보다 강화된 개인의 제3의 자산 유입(가령 자금조성과 스폰서에서)은 관객이 문화기관에 대하여 더 이상 방문객이나 관객에 머무는 것이 아니라 공동재정의 후원가가 되게 한다. 그러므로 관객이 기부를 하거나 스폰서가 되게 하거나 혹은 더 비싼 입장료를 내거나 박물관 매장 또는 극장 매장에서 구매하기를 부추기고자 하는 사람은 관객의 욕구를 곧바로 무시할 수 없을 것이다.

결론적으로 공공 문화사업에서 보다 강화된 관객 중심과 고객 중심은 절실하게 요구되는 일이다. 그런데 모든 극장과 박물관이 관객의 바람을 추종하면서 뒤따라가는 방식으로 그것이 이루어지는 것은 아니다. 오히려 관객의 욕구와 바람을 더 진지하게 받아들여야 한다. 그리고 모든 경영에서 당연시되고 있는, 욕구의 환기에서 욕구의 조정을 거쳐 욕구의 만족에 이르기까지의 복잡한 과정에 좀더 주의를 기울여야 한다. 이때 예술의 자율성, 예술가와 예술 매개자의 요구, 관객의 욕구와 바람 간에 적절한 균형을 찾는 일이 앞으로 의심할 바 없는 공공 문화사업의 가장 큰 도전 중의 하나가 될 것이다.

▌공공 문화사업 경영의 철저한 전문화

전문적 경영을 수반하지 않은 공공 문화작업을 제공하는 일이 점점 더 어려워지고 있는 실정이다. 재정의 범위가 상당하고, 관련 종업원의 숫자가 수천을 헤아린다는 점을 참작할 때 단순하지 않은 이 과제와 관련해 특별한 자격 획득이 없다는 것은 믿기 어려운 일이다. 그래서 박물관의 예술사가들 혹은 도서관의 사서, 더 나아가 연극학자들을 위한 전문가 교육 이외에도 독일에는 10년 전부터 문화예술경영 활동을 위한 독자적인 교육이 마련되어 있다.

문화예술경영의 전문화라는 첫 번째 성공에도 불구하고 공공 분야에서 더 많은 노력이 아직도 절실하게 요구된다. 특히 다음과 같은 두 가지 논증이 그것을 대변해 준다.

- 공공 문화 분야는 통치권의 행정기구가 아니라 포괄적인 면에서 민법상의, 더군다나 민간 경제의 국가 행위에 속한다. 그렇기 때문에 그러한 활동을 위한 행정기구의 교육이 늘 부족하고, 경영학적 방식의 지식이 요구되고 있다.
- 공공 문화 분야만큼 외부와의 접촉에 의존하는 다른 공공 행정

기구 과제 분야도 없다. 이 분야는 예술가, 다른 문화제공자, 정치적 전문 위원회, 연합, 매체, 사회 그룹 등 다양한 접촉에 의존하고 있다. 또한 여기에서는 행정기구의 교육을 훨씬 넘어서는 다양한 문화학적 능력이 필수적이다.

문화예술경영은 공공 분야에서도 갈수록 경제성의 도전에 직면하고 있다. 그러므로 공급을 축소시키지 않으려면 계획수립의 기법을 단련하고, 경과조직을 개선하고, 목표그룹을 더 정확하게 알아내며, 통제를 도입하여야 한다. 즉 문화예술경영은 수익성을 목표로 하는 경제기업 자체가 되지 않으면서 공공 행정 기구에서 유사하게 구조화된 과제를 위해 경영학이 발전시켰던 방법과 기법을 이용할 수 있다.

그럴 때만이 경제적 재원이 투입될 수 있고—증명할 수도 있는 경제성—부족한 예산으로 기대 이상의 문화를 가능케 할 수 있을 것이다.

이렇게 되기 위해서는 공공 행정기관이—루트비히스부르크, 함부르크, 베를린, 포츠담, 하겐, 빈 대학—다양한 능력을 갖춘 직원을 채용하는 데 그치지 않고, 행정기관 역시 그러한 작업을 가능케 하는 구조를 만들어야 한다. 구체적으로 실례를 들어 보면 다음과 같다.

- 예산의 관리와 관련한 더 많은 유연성(가령 예산연도를 넘어서
  는 것)
- 세분화된 조정을 가능케 하는 결산
- 정치 분야와 경영과제의 분리
- 전문적 능력을 지니고 있으며, 결정에 책임을 질 준비가 되어 있
  는 영역에 결정권을 위임

이러한 도전에 대한 논의가 이미 공공 행정기관에서 시작되었다.
관광 분야, 도시 선전, 더 나아가 이른바 비용이 많이 드는 여러 시
설(시립수영장, 동물원, 경기장 등)에서도 유사한 요구들이 등장하고
있다.

민간 공익 문화사업

제일 먼저 공공 문화사업과 민간 공익 문화사업이 비교대상이
된다. 두 분야 모두 문화사업을 통해 수익을 내는 것에 목표를 두
지 않는다. 그런데 민간 공익 문화사업이 원칙상 문화정책적 목표
를 구현하지 않고, 법인이 지정한 목표를 실현하고자 한다는 점에
서 본질적으로 구별된다. 민간 공익 문화사업은 여러 가지 법 형태
를 띨 수 있으며 과세법의 의미에서 공익이 인정될 수 있는 민간법

의 형태[6](공공 법인이나, 재단, 기관이 아닌)가 전제가 된다. 분명하게 우선되는 법 형태들은 등록된 협회와 민간 재단이다(협회와 재단의 법적 측면에 대해서는 156쪽 '법 형태와 운영 형태' 참조).

문화협회

민간 공익법 형태가 문화사업에는 특히 적절해 보인다. 그래서 개인 발의자나 공공기관도 쉽게 이 형태를 이용한다. 개인 발의자는 음악협회, 노래협회, 미술협회 등 참여적 시민들이 가입한 곳이나 관대한 기부자가 자신의 재산 일부를 맡긴 재단 등 어디에서나 만날 수 있다.

문화협회와 전통협회는 전통적으로 한 도시 내 비자치단체 문화공급의 중심을 이루고 있다. 더불어 음악협회, 노래협회, 민속의상협회, 가톨릭 사격협회, 사육제 및 카니발 협회, 미술협회, 문화후원협회 혹은 외국인 문화협회 등이 비자치단체의 문화공급에 속한다. 자치단체의 문화후원과 연관하여 이미 언급했듯, 이 협회들은 시민들의 참여를 이끌어 내 도시와 동질화시키는 데 상당 정도로 협조하며, 도시의 문화 욕구를 불러들이는 데에도 유연성 있게 협조한다. 이 그룹들에게 민간 공익 구조는 이상적인 한정조건에 속

---

6) 민간법상의 문화사업이라고도, 민간 공익 문화사업이라고도 말하는데, 전자는 법 형태가, 후자는 경제 형태가 강조된다.

한다.

문화협회가 차지하는 범위를 절대 과소평가해서는 안 된다. 일시적으로 약간 유행이 지났다 할지라도 협회들은 대단히 중요하다, 음악협회와 노래협회 분야의 구성원 수만 보아도 그 사실이 입증된다. 1990년대 말 비전문 음악가 분야에 적극적 가수와 음악가가 220만, 수동적 후원자가 260만에 달한다. 결국 대략 480만, 즉 독일 총인구의 6%가 비전문 연주가 분야에 참여하고 있는 것이다. 이를 다른 경우와 비교해 보자. 훨씬 대중적인 독일 축구연맹은 대략 530만의 적극적·수동적 구성원을 갖고 있으며, 이는 비전문 음악 분야에 속한 구성원 수와 거의 맞먹는 정도이다.

독일 가수연합은 비전문 음악 분야 내에서 적극적·수동적 구성원 180만으로 가장 큰 연합이다. 1998년 10월 27일 독일 가수연합은 연말언론회의에서 최근 합창음악이 매우 긍정적으로 발전하고 있다는 사실을 보도하였다. 1997년 한 해만도 어린이합창단과 청년합창단의 수가 2,627명까지 2% 증가하였다. 요즘 독일 가수연합의 적극적 남녀 가수들 중에는 27세 이하가 15% 이상이다. 이와 같은 긍정적인 면에서의 발전이 합창음악 전반에 걸쳐 유사하게 진행되고 있다. 독일 합창연합 연구회(ADC)에 의하면 1965년에서 1997년까지 구성원이 17% 증가한 것으로 나타난다. ADC에서 전체 가수의 40%가 27세 이하이다. 예전에 전체 합창단의 핵심을 이루었던 남성의 비율이 전반적으로 줄어들고 있다. 이 중에서 1965년에서

1997년 사이 구성원의 수는 4분의 1로 줄어들었다. 요즘 ADC의 적극적 구성원 전체에서 43%만이 남성이다.

양적으로 적지 않고, 구성원의 수가 다시 증가한다는 전반적으로 놀라운 사실과 함께 합창단들의 사회적 결속이 주목할 만하다. 이와 관련하여 최근 100년 동안 놀라운 변화가 일어났다. 19세기에 있었던 유사한 협회들이 부유한 부르주아의 사회화 형식이자 의사소통의 광장이었다면, 현재의 음악협회와 가수협회는 대부분 이른바 '소시민'들의 집합체이다. 남녀 노동자, 종속된 노동관계에 있는 관리직 사원, 조그만 수공업 분야에서 일하는 수공업자 및 가정주부 등이 비전문 합창단과 민중음악협회 회원의 대다수를 차지하고 있다. 이른바 오케스트라 애호가 그룹에서만 다른 사회적 구성원들이 관계하고 있다. 여기에서 비전문가 음악이 음악 운영에서 차지하는 완전히 새로운 위치와 사회정치적 문화정책에 미치는 중요성이 드러나고 있다. 결국 이러한 이유에서 공공 문화후원의 본질적 도구로서 협회 후원에 특별한 위상을 부여하게 되는 것이다.

독립적 문화발의자

공익협회는 이른바 '독립적 문화발의자'들에게도 특별한 관심을 갖는다. 여기에는 사회문화 환경에 문화적으로 참여하는 그룹이 총괄한다. 이러한 그룹으로는 자유 극단에서부터 소규모 연예무대를 갖고 있는 예술가 모임, 다양한 행사를 제공하는 소규모의 사회문화 센터에 이르기까지 다양하다. 독립적 문화발의자들은 안정적인(그리고 부르주아적인) 공공기관의 문화공급과는 다른 선택 가능성이기 때문에 시가 포기해서는 안 될 "수프에 든 소금"에 해당된다. 이들의 경영은 상당 정도 독자적 행정, 개방성, 유연성이 두드러지는데, 이러한 특징은 시의 통치행정과 결부된 문화관청 같은 곳에서는 결코 기대될 수 없는 것들이다.

그래서 베어와 푸후스(Baer/Fuchs 1992: 153)는 다음과 같이 적절하게 지적하고 있다. 즉 사회문화 환경에서 귀결된 독립적 문화발의자들에게 "법적 형식이란 실용주의적인 부수적 측면에만 머물지 않고, 실천의 목표와 내용에도 본질적으로 관여한다". 예컨대 공익협회의 법적 형태는 계약과 손해배상 문제의 경우 불가피한 법적 토대뿐만 아니라 개방적이면서도 효과적 경영을 위한 구조까지도 제공한다. 여기에서도 "극히 이질적으로 결합된 작업 팀이 어떻게 조직화될 수 있고, 팀에 존재하는 인적 능력을 전체 프로그램 발전에 어떻게 이용할 수 있으며, '시행과 착오', '하면서 배우는' 대체로 실습 방법을 시간, 돈, 신경을 덜 소모하는 방식으로 어떻게 대치시킬 수 있는가"(같은 곳 165)에 대한 지식이 필요하다. 이런 점에서 공익협회는 독립적 사회문화의 문화발의자들에게 이상적인 법 형태와 적절한 경영의 토대, 이 두 가지를 제공한다.

형식적 사유화

음악협회가 노래협회, 혹은 독립적 문화발의자들의 설립에는 이상적인 동기가 밑바탕에 깔려 있다. 반면에 시가 음악학교 혹은 시민대학을 등록된 협회로 운영하는 경우나 박물관을 재단으로 건립할 경우의 출발상황은 동기가 다르다. 이러한 경우는 문화기관이 공공 자금으로 계속 자금을 조달하여야 하기 때문에 형식적 사유화(개인 위험자본에 대한 독점적 재원의 경우 물질적 사유화와는 달리)라고 한다. 이와 같은 (자치 단체의) 협회와 재단은 시민들의 참여나 이상주의에 근거하고 있지 않으며, 법 형식에 따른다(Heinrichs 1995). 아래의 몇 가지 실례는 어떤 동기에서 그러한 협회와 재단이 설립되는지를 분명하게 밝혀 줄 것이다.

- 여러 시·읍·면이 함께 시민대학을 구성한다. 기관으로서 지방기초자치단체에 특권을 부여하지 않기 위해 새로운 법적 기반인 공익협회를 선택하며, 참여하는 시·읍·면이 구성원으로서그 협회에 소속된다.
- 한 수집가가 박물관을 목표로 소장품을 시에 맡긴다. 그와 함께수집품은 형식상 시의 소유물로 넘어가지 않고, 시는 박물관이나 수집품을―시를 위하여―운영하는 공익재단을 만든다.
- 시립 음악학교에는 기부에 기꺼이 참여하는 학생들과 부모들

이 있다. 시는 기부금이 자치단체의 총예산으로 사라진다는 인상을 주지 않고 계속 기부에 기꺼이 참여하도록 하기 위해 기부금의 사용을 단호히 표명하는 음악학교를 위한 후원협회를 만든다.

공공분야에서 이와 같은 협회나 재단의 건립에서 경영에 대한 고려가 결정적 동기로 작용하는 경우는 드물다. 정치적 혹은 감정적 이유가 일반적으로 더 우선한다. 그런데 문화적 과제가 공공기관의 조직구조에서 분리됨으로써 실제 작업에서 경영상의 장점이 예기치 않게 나타날 수 있다. 예비금의 형성, 수입의 재사용, 행사 연도에 대한 회계 연도의 현실화와 관련하여 이미 장점이 언급되었다. 뿐만 아니라 자금 통제에서의 상당한 유연성(예를 들어 예산의 배치와 예산의 처리에 중요하고 엄격한 규정 없이도)과 행동하는 사람들에게 결정권이 뚜렷하게 이전된다.

물론 (형식적으로 사유화된) 협회가 단점이 될 수도 있다는 사실을 숨겨서는 안 될 것이다. 협회의 예산은 그 자체로 완결된 단위를 이루고 있어, 그 단위 내에서 추가로 발생하는 손실은 흔히 기관의 또다른 보조금을 통해서만 정산 가능하다. 그런데 이것을 정치적으로 성취해 내기가 상당히 어렵다. 마치 큰 범주의 총예산에서 하위에 속하는 일부를 정산하는 것과 같다. 협회의 보조금은 시·읍·면의 자발적 기여금으로 따로 분리하여 협의하고, 지방의회에서 결의하여야 하기 때문이다.

이러한 민간 공익 문화사업(공공의 재원을 보장받는)의 실제적 장점은 공공기관이 특정한 과제와 관련하여 장기간 일정한 보조금을 보장하려고 할 때에만 나타난다. 가령 정규 종업원들과 관련한 모든 비용은 기관과 시·읍·면의 보조금으로 지불하고, 진행하는 행사운영과 강좌운영은 시민대학의 독자적 수입으로 조달한다는 것이 시민대학 협회가 합의하는 방식으로 이루어질 수 있다. 현대 문화예술경영의 의미에서도 이러한 것은 하나의 해결책에 속한다. 이 해결책은 한정조건을 보장하고, 시민대학은 이러한 조건 내에서 독자적인 책임하에 일할 수 있으며, 기관인 지방 기초자치단체도 보조금 수요를 장기적으로 조망할 수 있다.

민간 상업적 문화사업

공공, 민간 공익, 민간 상업적 문화사업 간에는 수많은 공통점이 있다.[7] 이 모두는 똑같이 효과적 조직에 중요성을 두어야 하며, 부족한 자원으로 경제적인 합리성을 추구해야 한다. 반면 민간 상업적

---

7) 여기에서도 재차 두 개념이 통용된다. 즉 법적 체계학에서 볼 때 민간 상업적 개념이, 경제적 측면이 강조될 경우 민간 경제적 개념이 (일반적으로 '상업적'이라는 말이 부가되지 않고) 통용된다.

문화사업은 이윤을 목적으로 한다는 점에서 다른 두 운영 형태와는 구분된다. 민간 상업적 문화사업은 일반적으로 공공 문화사업의 경우처럼 세금이나 다른 공공 기부금으로 비용을 충당할 수 없다. 또한 지출을 단순히 충족하는 것으로 만족할 수도 없다. 투자나 적자에 대비하여 적립금을 만들어야 하고, 이익만이 지속적으로 종업원들의 수입을 보장한다.

이익을 투자한 자본 혹은 달성한 매상고와 비교하면 수익성이라고 하는 배당이 나온다. 이 수익성의 정도가 모든 민간사업에서 중요한 성공의 척도가 된다. 전혀 수익을 내지 못하는 기업은 존재능력이 없다. 다른 모든 상업적 경제운영과 마찬가지로 이는 민간 문화사업에도 해당된다. 즉 민간 상업적 기업은 확실하게 수익성이 기대되는 곳에서만 문화경제로 활동한다.

민간 상업적 문화사업은 주로 예술적인 전문 분야로 이루어진 핵심 분야와 그것을 넘어서는 분야, 즉 흔히 간접적으로만 핵심 분야와 관련하고 있는 분야로 나뉘어져 있다. 따라서 다음과 같은 분야를 민간 상업적 문화사업으로 고려할 수 있다.

1. 좁은 의미의 상업적 문화경제
  - 프리랜서 예술가와 저널리스트 (54쪽 '문화사업에서 예술가의 위치' 참조)
  - 극장 중개인과 콘서트 중개인 및 프리랜서 행사 기획자(전시회

기획자 등)

- 음악 경제(악기와 음반, 녹음테이프 등의 생산과 거래, 음악 출판, 관현악단 등)

- 도서 시장(출판, 서점, 번역 사무소 등)

- 미술 시장(미술 출판, 미술 거래, 경매 가게, 전시회 장소, 디자인, 공예품 등)

- 영화 경제(프로덕션/대여/판매, 영화관)

- 공연예술과 오락예술(개인 연극, 뮤지컬 극장, 보드빌 극장 등)

- 라디오 방송극과 텔레비전 방송극(민간 운영)

2. 넓은 의미의 상업적 문화경제

- 건축 사무실과 디자인 사무실

- 골동품/예술 수공예(금 장식물과 은 장식물 등)

- 사진시장과 영화 기술 사업(생산, 거래, 서비스, 프린트 제작소 등)

- 출판시장(출판과 거래, 신문인쇄소, 뉴스 사무실, 그 밖의 출판)

- 광고구성/매체광고

- 도서 인쇄소

- 라디오기구 시장 및 음향시장(생산과 거래)

- 여타의 것(예를 들어 떠돌이 흥행주, 여가를 보내는 공원)

민간 상업적 문화사업은 엄청나게 다양하고, 폭넓은 문화개념 이해에 기반하고 있다는 사실이 드러나고 있다. 가령 이 범위는 프리랜서 예술가들로부터 악곡류의 거래, 텔레비전의 생산에까지 걸쳐 있다. 국민경제적 관계를 다루려고 한다면 문화사업을 이처럼 폭넓게 파악하는 일이 필요하다. 확대 재생산의 효과와 문화 분야에서의 경제적 관련은 그렇게 해서만이 드러날 수 있기 때문이다. 특히 이러한 연관은 뒤에서(174쪽 '문화와 경제') 기술될 평가와 저작물의 대상에 속한다.

연방 통계청의 문화경제에 관한 작업 팀은 판매세 통계를 토대로 민간 상업적 문화사업의 등급을 매기기 위해 규칙적으로 도표 작업을 하고 있다. 여기에는 판매세 의무를 지는 기업, 즉 연간 최소한 25,000마르크를 달성하고, 수익을 목표로 하고 있는 기업과 관련된 자료만이 포함되어 있다. 도표 7에서 표기된 수치가 1992년 전 독일에 (문화와 가까운 매체 영역을 포함하여) 해당된다.

이 도표는 민간 경제의 문화와 매체 분야가 (공공 분야를 제외하고) 연간 총매상고 2,600억 마르크로 적지 않은 국민경제적 의미를 지니고 있다는 사실을 보여 준다. 이 총매상고는 거의 에너지와 물 공급에 버금간다. 그러나 문화와 매체 경제보다는 일반적으로 에너지 공급과 물 공급의 의미를 본질적으로 더 높게 평가하고 있는 실정이다.

이와 관련하여 공공 문화사업과의 관계가 흥미롭다. 공공기관의 문화지출이 판매세를 기반으로 하고 있지 않아 판매세 통계로 파악

도표 7. 1992년 독일 문화경제와 매체경제에서 납세 의무를 지는 기업
(노르트라인베스트팔렌 두 번째 『문화경제 보고』에 따른 인용, 26쪽)

	기업들	백만 마르크로 표기된 총 매상고
A) 프리랜서 예술가들과 저널리스트 (1~4)	26,758	4,132
1. 음악(작곡가, 편곡자, 선생)	3,027	529
2. 문학/도서(작가, 저자, 저널리스트)	9,879	1,335
3. 미술(형상예술과, 복원기술자)	9,461	1,598
4. 영화/공연예술(무대예술가, 영화예술가, 곡예사)	4,391	670
B) 좁은 의미의 문화경제 (5~9)	28,807	47,491
5. 음악(생산, 기구, 음반, 음악 서적 등의 거래)	7,657	8,403
6. 문학/도서(출판, 도서 거래, 출판시장 제외)	8,770	27,419
7. 미술(미술출판, 미술 거래, 전시회, 골동품은 제외)	3,448	1,966
8. 영화경제/TV 경제	8,441	9,300
9. 공연예술/오락예술(민간 극장, 보드빌 극장)	491	403
C) 폭넓은 의미의 프리랜서 문화 직업 (10~12)	46,701	18,208
10. 번역/사무소/통역사	3,769	597
11. 건축 사무소	35,812	15,329
12. 디자인 아틀리에	7,120	2,282
D) 넓은 의미의 문화경제와 매체경제 (13~18)	32,202	104,439
13. 음악 전자 기기/TV 오락 전자 기기	14,825	45,573
14. 라디오/TV 기업	247	5,560
15. 영화/비디오테이프 전문점	1,934	1,760
16. 미술(골동품 거래)	4,881	1,795
17. 문학/도서(제본업)	1,195	1,143
18. 출판 시장	9,121	48,608
E) 보충적인 분야 (19~23)	59,642	86,314
19. 음악(춤출 수 있는 술집, 유흥식품업소)	5,138	2,066
20. 도서/출판(인쇄소, 상업중개)	14,353	39,755
21. 공예	11,298	5,746
22. 영화/사진(생산, 영화 거래/사진기와 사진기 생산)	11,898	19,366
23. 광고(구성, 매체광고)	16,955	19,381
문화와 매체 경제 총괄 (A~E)	194,111	260,584

되지 않으므로 그 관계를 추정하는 일은 그다지 쉽지 않다. 그런데 순잉여생산에 대한 자료(177쪽 '경제 요인으로서의 문화' 참조)에 근거하여 볼 때 전체 공공, 공익, 상업적 문화사업 내에서 대략 85% 혹은 국민경제적 생산의 거의 7분의 6이 민간 문화사업으로 조달되고 있다는 점을 짐작할 수 있다. 이러한 사실만 보아도 독일의 문화 생활에서 민간 상업적 문화사업 분야가 얼마나 큰 위치를 차지하고 있는지 알 수 있다. 그런데 이것이 신문 문예란과 문화정책적 논의에서는 오히려 무시되고 있다.

문화사업 상호간의 연관

이미 이 장의 첫머리에서 문화사업 부분들은 따로따로 분리하여 볼 수 없고, 서로 관련되어 있다는 사실을 얘기했었다. 오늘날 시립 극장의 공연에 개인 중개인을 통해 프리랜서 예술가를 고용하는 것이 일반화되어 있다. 예를 들어 공익 가수협회는 공공기관이 보조하는 연간 콘서트를 위해 라디오와 텔레비전을 통해 잘 알려진 독주자를 고른다. 또한 상업적 미술화랑은 예술가들의 명망을 높이려는 목적을 위해 전시회 카탈로그의 서문을 잘 알려진 박물관장에게 의뢰한다. 현재는 이처럼 문화사업과 관련 있는 경우를 찾는 것보다 각 분야 사이에 한계가 분명한 경우를 찾기가 오히려 더 어려워지고 있다.

그럼에도 불구하고 이 입문서에서는 문화사업의 개별적인 분야를 먼저 분리하여 소개하는 일이 중요해 보인다. 이를 통해 주제를 조망하고 주제에 대한 서술을 명확하게 할 수 있기 때문이다. 그렇지만 다시 관련을 분명하게 해 주는 일이 필요하다. 문화사업은 문화예술경영을 구체적으로 적용할 때만이 체득할 수 있기 때문이다.

문화사업의 여러 부분을 세밀하게 연구한 결과, 단점을 최소화하고 협력효과를 통해 장점을 극대화하기 위해서는 서로 다른 법 형태와 운영 형태의 요소를 상호 결합할 경우 장점이 된다는 사실이 드러나고 있다. 이러한 점은 사유화라는 말로 사회에 알려지고 있는 최근의 발전이기도 하다.

문화사업에서의 가장 중요한 연관을 다시 한 번 그림 6에서 총괄적으로 표현하였다.

1)공공 예산을 민간 공익 문화사업에 기부

상대적으로 분명하게 구분되었던 경계가 1960년대와 1970년대 초 처음으로 무너지기 시작하였다. 그 당시 문화협회는 자신들의 독자적인 수익으로는 협회를 더 이상 이끌 수 없었기 때문에 공공기관에 기부금을 신청하였다. 오늘날 가수협회나 미술협회가 시로부터 기부금을 받는 일은 당연시되고 있다. 그런데 사실 그것은 그들

그림 6. 문화사업의 확대된 체계적 구조

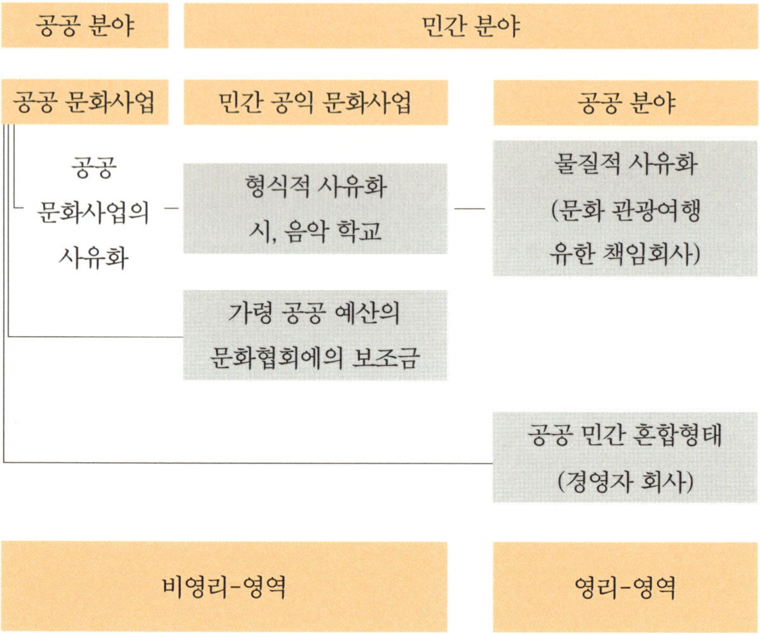

공공 분야	민간 분야	
공공 문화사업	민간 공익 문화사업	공공 분야
공공 문화사업의 사유화	형식적 사유화 시, 음악 학교	물질적 사유화 (문화 관광여행 유한 책임회사)
	가령 공공 예산의 문화협회에의 보조금	
		공공 민간 혼합형태 (경영자 회사)
비영리-영역		영리-영역

의 본래 의도는 아니었다. 19세기 음악협회와 가수협회는 부유한 부르주아들의 협회였고, 그들은 국가의 지원을 당당하게 거절하였을 것이 분명하다. 그리고 두 번째 실례를 든다면, 19세기의 미술협회는 상당히 부유하여 손해를 보지 않고 협회를 이끌었을 뿐만 아니라 잉여금으로 박물관을 지었는가 하면 예술상을 만들 수도 있었다. 지금은 거의 모든 문화협회가 공공 자금에 본질적으로 의지해야 할 정도로 변했다.

2) 형식적 사유화

이러한 사유화의 경우 운영은 민간법에 따르지만 기관은 공공법의 보장을 받는다. 이러한 형태는 경영으로 더 높은 효과를 얻기 위해서이고 (특히 경영학적 조정과 상업적 부기), 한편으로는 참여한 주민을 문화적 과제에 편입시키려는 것이다(가령 음악학교 학생들의 부모가 음악학교에 관여하고자 할 경우).

3) 물질적 사유화

형식적 사유화와 달리 물질적 사유화의 경우 문화사업은 경제적으로 완전히 독립된다. 다시 말해 물질적으로 사유화된 기업은 민간 상업적 기업과 다를 바 없다. 물론 이러한 형태는 지금까지 그렇게 흔하지 않았다. 공공 기금 없이 운영되기를 바랐으나 결국 파산한 베를린 메트로폴 극장의 예는 고무적인 실례로 평가할 수 없다. 이와 관련하여 오히려 최근 여러 도시에서 일반화되고 있는 문화와 관광의 결합을 실례로 들 수 있다. 이 경우 문화는 관광수입에서 조달하여야 한다. 이를 통해 어떤 경험을 하게 될 것인지는 앞으로 밝혀질 것이다.

4) 경영자 회사

최근 확산되고 있는 경영자 회사는 매우 새로운 방식을 취한다. 여기에서는 투자비용과 경영비용이 서로 뒤섞인다. 아주 단순화해서 볼 때 이는 일반적으로 다음과 같이 이루어진다. 한 경영자 회사가 시의 신청을 받고 어떤 기관 내지 어떤 과제에 투자한다. 그렇지만 이 경영자 회사가 스스로 소유주가 되는 것은 아니다. 다시 시는 경영에서 나온 수익금을 경영자 회사에 넘겨준다. 가령 오페라 유한책임회사 드레스덴은 스스로 운영하는 극장 매장을 젬퍼 오페라에 설립하였다. 이 건물에서 생기는 모든 수익금은 본래 젬퍼 오페라 기관 권한에 속함에도 불구하고 기관은 수익금을 포기하고, 자신들의 투자에 대한 재용자를 위해 극장 매장의 경영자에게 그것을 넘겨 준다. 이때 순수한 임대차 계약과의 차이는 임대차 계약의 경우임대인이 투자에 권한이 있는 반면 경영자 회사에서는 경영자가 투자를 재용자하는 데 최소한 참여한다는 점이다.

재정적 위험은 경영자 회사의 몫이다. 그러므로 만일의 경우 파산할 수도 있다. 그러나 이러한 위험은 일반적으로 시가 모든 항변을 포기함으로써 축소된다. 다시 말해 성과물의 장애와는 무관하게 시가 지불준비를 천명한다. 이로써 경영자가 계약위반을 하든 파산을 하든 시는 재정적 위험부담을 계산할 수 있다(그것은 경영자 회사가 보장한 수익금을 넘어서지는 않는다).

개인의 위험자본이 공공 예산으로 보장되고, 공공의 재정위험이 조망되면서, 공공기관이 실제 사업에 전혀 영향을 미치지 않는 경영자 모델은 현재 문화사업에서도 상당히 의문시되고 있다. 이러한 경영자 모델이 확장된 형태로 존립하였고, 경영자 회사가 계약을 위반하였던 바덴바덴 축제 극장의 경우 이 모델에 대한 주의가 환기되었다.

또한 최근의 경우를 보면 공공, 민간 공익, 민간 상업적 문화사업 간의 본래의 엄격한 경계선이 일반적으로 허물어지고 있다. 물론 아직 많은 것들이 실험되고 있는 중이다. 경영법적·경영 구조적 관점에서 2000년대에는 틀림없이 보다 흥미로운 논의가 전개될 것이다.

예술과 시장

노동 분업의 과정으로 재화나 서비스를 생산하기 위한 조정행위로서 경영이 정의된다면, 이 경영개념은 포괄적인 면에서 민간 문화사업에의 적용에도 아무런 문제가 되지 않는다. 공공 문화사업에서와는 달리 민간 문화사업에서는 좋은 생산물에 대해 적절한 반대급부―돈의 형태로―를 취하는 것을 목표로 고객을 위한 생산물을 만드는 일이 무척 중요하다. 공공 문화사업에 결정적 의미를 갖는 문화정책적 목표를 전적으로 무시하지는 못하더라도 민간 문화사업에서 그것은 그다지 중요하지 않다. 이익이 목표이고 수익성의 보장이 우선시되는 곳에서는, 즉 경영학적 면에서의 목표설정이 우선시되는 곳에서는 경영이나 다른 경영학적 도구(마케팅이나 경비예산)의 적용에 대해 어떠한 논증도 요구받지 않는다. 민간 문화사업에서 자명하고 마땅한 조정행위는 바로 문화예술경영이다.

노동 분업적 과정이 존재하지 않거나 혹은 예술적 측면이 결정적으로 중요한 곳에서만 기껏해야 제한이 있을 수 있다. 특히 프리랜서 예술가들과 저널리스트들에게 그러한 제한이 유효하다. 이들의 행위가 이익을 목표로 한다는 점에서 상업적 문화사업에 편입될 수 있으나, 그럼에도 그들의 직접적인 예술 작업은 경영을 통한 조정과는 거리가 멀다. 만약 그들이 미술시장, 문학시장 혹은 음악시장과 맞닥뜨리고, 자신들의 예술작품을 관객에게 제시하려 할 때 그들에게도 문화예술경영이 중요해진다.

그런데 시장에의 진입은 예술가나 그의 작품에 심각한 의미가 될 수도 있다. 어떠한 이유에서든 간에 시장이 예술가의 작품을 배제하는 경우 특히 그러하다. 또한 그것은 시장이 상업적 목적으로 작품을 '멋대로 이용하는' 경우에도 해당된다. 예술가나 저널리스트가 자신의 작업을 통해 문화시장에서 성공하고, 그로 인해 생계와 작업조건을 보장받을 수 있다면 개인적인 면에서 기쁜 일이나 상업적 성공이 예술적으로 요구하는 질을 넘어서는 위험과도 직면한다. 그렇기 때문에 예술을 상품화해서는 안 된다고 단언해서는 안 될 것이다. 이와 반대로 예술 또한 시장에서 경쟁해야 한다는 사실을 받아들이지 않는 것이 오히려 불합리한 일일 것이다.

다만 두 가지 기제가 문화시장에서 충돌하게 된다는 점을 명심해야 한다.

- 예술 작품에는 어떤 전문 분야든 오랜 기간에 걸쳐 형성되고, 서로 다른 예술학과 예술사적 분야(예술사, 음악학, 문예학)의 전문가와 예술가들의 평가 기준이 큰 역할을 하는 예술적 · 미학적 평가가 존재한다.
- 어떤 분야이든 시장은 본질적으로 수요에 의해 결정된다. 이러한 수요는—예를 들어 적합한 마케팅을 통하여—일시적으로 조정된다. 그리하여 수요가 눈에 띄게 높은 경우 높은 가격이 형성되거나 생산물은 본질적으로 더 자주 판매될 수 있다.

그런데 이 두 가지 기제가 충돌하면 시장 법칙이 균형을 잃게 된다. 이러한 방식으로 예를 들어 알렉산드라 리플리의 소설『스칼렛』(마거릿 미첼의 책『바람과 함께 사라지다』의 후속 작품)은 완성되기도 전에 수요가 폭발했었다(이를 회고하면서 출판사는 바랐기보다는 오히려 더 두려워했어야 했다고 나중에야 깨닫는다). 움베르토 에코의 소설『장미의 이름』에 대해서도 상황이 유사하였다. 그의 첫 번째 작품이 예술적 질에 근거하여 (천재적으로 서술된 역사적 범죄소재의) 확고한 위치를 차지하였다면 두 번째 소설(『푸코의 추』)은 첫 번째 소설의 성공에 마케팅이 매우 능란하게 결합되면서 베스트셀러로 발전하였다. 그런데 비평가들은—많은 독자들 역시도—두 번째 작품에 대해 오히려 실망했다고 평가하였다.

미술시장이 그때그때 소그룹의 작품을 (부족한 상품의 규칙) 매우 높은 가격으로 거래하는 데 큰 관심을 갖고 있는 형상예술 분야에서의 상황도 유사하다. 높은 가격을 달성하기 위해 예술가가 시장성이 있다는 점을 전면에 내세운다. 그의 작품이 다른 관심 있는 사람들에게 사고픈 욕망을 불러일으키게 하기 위해서이다. 슈투트가르트 기업 스폰서 매니저는 '현재 누가 가장 유명한 예술가인가'라는 스스로 제기한 물음에 어이없게도 다음과 같이 간단하게 대답하였다. "게오르크 바셀리츠입니다. 왜냐하면 그가 최고의 판매가격을 달성하기 때문입니다." 여기에서 아주 명확하게 시장의 법칙(판매의 성공)과 예술적·미학적 가치의 규칙(누가 최고인가)이 뒤바뀌고 있다.

잡지 《캐피털》은 1970년부터 해마다 100명의 가장 성공적인 예술가들을 발굴하는 동시에 예술 시장에서 예술에 대한 가치평가를 야기하는 기제에 대한 조망을 제공하고 있다. 각각의 예술가들은 중요한 그룹전시회 참여, 유명한 박물관이나 화랑에서의 개인전, 국제적으로 명망 있는 예술잡지에 비평이 실리는 것에 특정한 점수를 받는다. 가령 도큐멘타에 참여한 경우 500점, 베를린 국립화랑에 개별 전시한 경우엔 400점, 상대적으로 덜 유명한 기관에 전시한 경우엔 보다 낮은 점수가 주어진다. 미술잡지에 실린 경우에도 유사하다. 예술 잡지의 표지관련 기사는 150점, 그림이 들어 있지 않은 단순한 비평은 50점을 받게 되는데 그때 비평이 어떤 가치평가를 하느냐는 중요하지 않다. 중요한 것은 예술가가 비평의 대상이 된다는 사실이다.

'1992년 미술나침판'의 '승리자'는 부루스 나우만이었다. 그는 프리데리시아눔의 출입구 부분에 커다란 설치 작품을 통해 제9회 도큐멘타를 아주 중요하게 표현했다. 카셀에서의 성공이 '미술나침판'에서의 성공에 날개를 달아 주었다. 박물관에서 구매와 전시회 결정을 고려하는 한 예술적·미학적 평가에도 작용하며, 특히 그러한 결정은 가격평가의 척도가 된다. 그래서 경제잡지 《캐피털》은 주식의 평가에서와 마찬가지로 나우만의 경우 가격평가를 '매우 유망함'으로 기입하는 것을 잊지 않았다. 그것은 바로 구매의 요구로서 이해해야 할 것이다. 물론 예술 《캐피털》은 '주식'이 얼마나 위험부담을 갖는지도 스스로 분명히 하고 있다. "부루스 나우만과 같은 예술가가…… 50년 후에도 세계적 가치와 시장 가치를 갖게 될지는 아무도 예견할 수 없다. 유행 트렌드와 시장 트렌드가 예술에도 진입한 것으로 간주된다. 이에 대한 두드러진 실례가 이른바 청년 야수파이다. 이들은 1980년대 논의의 여지없이 시장과 박물관을 지배하였으나 지금은 예술 동향에서 아무런 역할도 하지 못한다……"(캐피털 1992년 11월: 140). 이러한 점이 예술적 혹은 사회 정치적 근거를 갖고 있는지는 이 맥락에서는 전혀 문제되지 않는다.

시장의 규칙과 '예술 주식'의 가치가 가장 중요하다. 여기에서 전시회 기획자와 박물관장의 예술적·미학적 평가는 시장성을 위한 수단으로 이용된다. 그런데 예술가 대다수가 그러한 기제에 기꺼이 지배되길 원한다는 사실을 숨길 수 없다. 조각가 위르겐 베버는 1981년 그의 (격노한) 책 『예술가의 금치산』에서 예술 거래와 박물관의 공생(Weber 1981: 149)에 관해 언급하였고, 박물관장, 비평가, 화랑경영자들이 예술가를 어떻게 '만드는지'를 상세하게 지적한 바 있다. 대학 학장조차도 질책받기를 염려하지 않는 오늘날, 예술가들은 '무성 생식'되고 있다고 할 때 시장의 법칙이 예술운영에 어떠한 위상을 갖는지 짐작하고도 남는다.

유감스럽게 음악에서의 상황도 다르지 않다. 멕시코 가수 프란시스코 아라이자는 위대한 테너가 되기 위해서 한 음색 이상이 요구되는지 질문을 받은 적이 있었다. "현대적 관점에 따라 출세하기 위해서는 무엇보다도 매체활동을 해야 합니다. 다시 말해 매체를 이용해야 합니다. '로마의 3인'(호세 카레라스, 플라시도 도밍고, 루치아노 파바로티)의 한 선행자는 비통하게 말한 바 있지요. 광고에 의해서가 아니라 능력으로 도달되는 시대라면 최고가 되었을 것입니다. 가수의 이미지가 얼마만큼 뛰어난 능력으로 생성되는지, 얼마만큼 뛰어난 광고로 만들어지는지 우리는 알아야 할 것입니다. 가수의 능력에서 보자면 제가 이미 성취한 것 이상을 저는 더 추구할 수 없습니다. 저는 저명한 지휘자와 감독과 첫 공연을 하였고, 음반, CD, 비디오를 취입하였으며, 유명한 테너 중의 한 사람으로 꼽히고 있습니다.

그런데 최고가 되는 것은 매체의 도움으로만 도달 가능합니다. 그리고 매체는 다른 사람들이 아직 왕위에 앉아 있는 한 특별히 후임자들에 대해서도 관심을 갖지 않습니다."[8]

이와 동일한 위험이 모든 전문 분야에서 확인된다. 즉 시장의 법칙이 예술이 갖는 예술적 미학적 가치에 우선할 위험이 존재하는 것이다. 오랜 기간을 두고 형성된 미학의 가치보다 마케팅, 이미지, 물질적 이익에 대한 전망이 예술작품의 위상을 좌우하는 요인이 되고 있다.

이러한 잘못된 상황이 쉽게 극복되리란 희망을 갖기는 힘들다. 희망을 갖는 일은 지극히 어려운 상황을 너무 단순하게 판단한다는 비난을 면치 못할 것이다. 수요와 공급의 상호관계 속에서 합리적으로 진행되는 문화시장과는 달리 예술적·미학적 가치는 전혀 비교 가능한 기제를 가지고 있지 않거나, 가지고 있다 하더라도 불완전한 기제일 따름이다. 예나 지금이나 서로 다른 전공 분야의 예술가와 문화학자들은 무엇이 예술인지를 말하는 것 자체를 대단히 어려워한다. 하물며 무엇이 위대하고 중요한 예술인지에 대해 언급한다는 것은 말할 필요조차 없다. 단지 역사적으로 회고하는 가운데 특정한 예술작품을 그 시대의 뛰어난 작품으로 일컫는 일종의 협약이

8) 프랑크푸르트 알게마이네 차이퉁 1992년 11월 27일자

생겼다.

그러나 현재 그와 같은 판단은 전반적인 문화사업의 도움으로만 가능해 보인다. 한 실례를 든다면, 예전에 크레펠트 카이저 빌헬름 박물관장이었던 파울 뱀퍼의 1950년대와 1960년대 아방가르드에 대한 지대한 관여는 그의 구매가 비평가들과 화랑경영자들로부터 상당한 가치를 인정받았기 때문에 가능하였다. 박물관의 후원자이자 박물관장의 상급관청인 크레펠트 시가 볼 때 그의 구매는 오히려 의아하게 작용하였다. 그러나 이브 클라인, 장 탱글리, 하인츠 마크, 오토 피네, 귄터 우에커 등의 작품을 아주 싼 가격에 구매하여 얼마 지나지 않아 아주 높은 가격에 거래하였기 때문에 시는 그를 용인하였다.[9)]

이 실례를 보면 겉보기에 예술적·미학적 관점에 따라 결정되어야 하는 곳에서도 예술시장의 규칙이 견고한 보조근거로 받아들여지고 있다는 점이 드러난다. 특히 합리성의 영향을 받는 우리의 행동이 예술과 문화에서도 주관적 결정을 벗어나고자 한다. 공급과 수요의 규칙으로 이루어지는 문화시장이 이 점에서 유혹적 해결책을

---

9) 나는 그것을 가장 가까이에서 관찰할 수 있었다. 1960년대 중반 일시적으로 크레펠트 시 회계감사실에서 행정관 후보로 활동하였고, 거기에서 특히 박물관을 검사할 수 있었기 때문이다. 회계 감사실은 파울 뱀버의 구매를 의아해 하였으나 호의적으로 주시하였다. 계속 상승하는 시장 가격이 그의 구매결정을 추후에 정당화하였기 때문이다. 이러한 점에서 나는 파울 뱀버의 태도에 대한 위르겐 베버의 지나치게 격렬한 논박에 동감하지 않는다(Weber 1981 : 149~153).

제공하고 있다. 많은 예술가, 문화 애호가, 수집가 혹은 문화 매개자가 이와 같은 유혹에 굴복하는 점이 유감스럽기는 하지만 꼭 매도할 필요까지는 없다.

모든 예술 형태가 한 시대의 특수한 존재 상태에 대한 저널이고, 아직 분명하지 않은 것을 암시하며, '예언적으로' 미래를 준비하는 지진계적 변화를 찾아내는 과제 역시 갖고 있다는 점에서 그와 같은 사실이 유감스러울 따름이다. 예술은 미학적이며 다른 기능과 함께 항상 우리 시대의 표현이자 휴머니즘 역사에서의 이정표이기도 하다. 그런데 예술과 문화가 다른 무엇보다도 시장의 법칙에 종속될 경우 그와 같은 기능은 관철되기 어렵다. 그러한 기능으로서의 예술은 흔히 불편하게 만들기도 하고 이해도 쉽지 않기 때문이다.

그런데 시장은 눈에 띄게 혁신적 능력도 제시하므로 문화시장을 매도해서만도 안 된다. "시장에서 거래되는 현대 예술은 종종 박물관에서 수집하고 전시하는 예술을 훨씬 앞서간다. 요셉 보이스, 로베르트 라우셴버그, 로이 리히텐슈타인, 앤디 워홀의 작품은 많은 박물관들이 사려고 고려해 보기도 전에 이미 인정을 받았고 높은 가격을 받을 수 있었다. 완전히 새로운 예술적 표현형식을 발전시켰던 몇몇 비범한 혁신적 예술가들은 시장의 지원이 없었다면 결코 그러한 상황에 도달할 수 없었을 것이다"(Pommerehne/Frey 1993: 19).

그러나 문화예술경영은 상업적 목표와 별도로 문화를 가능케 하는 일이(도표 2 참조) 가장 우선적 목표이다. 시간이 흐를수록 문화가 점점 더 민간 문화사업의 일이 된다면 민간 문화사업 또한 문화가 갖는 그러한 기능에 대한 책임을 떠맡아야 할 것이다. 공급과 수요, 가격, 히트곡 리스트, 마케팅 전술이 민간 문화사업에서도 문화사업의 수익성에 보탬이 되는 보조수단이 되어야 하지만, 문화를 가능케 하는 일을 우선에 두어야 한다.

정치·경제·법적 한정조건

Politische, rechtliche und ökonomische
Rahmenbedingungen

문화예술경영은 우선 직접적인 전략적 행위 혹은 실제적 행위에 집중된다. 구체적으로 문화를 가능케 하는 일이 중요하기 때문이다. 그런데 아무것도 문화적 행위에 영향을 끼치지 않는 중립적 공간에서 그러한 행위가 이루어지는 것은 물론 아니다. 반대로 한편으로 긍정적으로 작용하면서 문화를 후원할 수도 있고, 또 다른 한편으로 경쟁하며 방해로 작용할 수도 있는 연관관계가 문제된다. 문화적 행위의 이러한 연관관계를 한정조건이라 부른다. 그 자체가 문화 행위의 일부는 아니면서도 문화 행위에 개입하는 상황이 문제되기 때문이다. 이러한 한정조건은 본질적으로 (문화) 정치·경제·법적 특성을 갖는다.

문화예술경영자는 이러한 한정조건을 결코 무시할 수 없다. 문화예술경영자는 최소한 그것에 대해 잘 알아야 하며, 구체적 발전과 관련하여 주의깊게 고찰해야 한다. 예술가 사회보험의 실례가 보여 주었듯 구체적 사회법의 발전을 무시하는 경우 심각한 재정적 결과를 초래할 수 있다(152쪽 '예술가 사회보험' 참조) 또한 아는 데에만 머물러 있을 수 없고, 직접적 혹은 간접적으로 한정조건을 만드는 데에도 영향을 미칠 수 있어야 한다. 가령 세법의 한정조건이 문화예술경영에 대해 갖는 중요성과 관련하여 볼 때(1997년 7월 연방 재무부의 스폰서 제정 참조) 모든 문화예술경영자들은 이 주제를 결코 무시해서는 안 될 것이다.

문화정책

정치란 한편으로 국가에 관한 학(제도적 정치개념)으로 이해되며, 또 다른 한편 공공의 관심사(규범을 정하는 정치개념)를 조정하기 위한 담론(소송적 정치개념)으로 이해된다. 공공의 관심사는 최소한 사회의 일부가 관심을 갖는 그러한 일이며, 이때 사회는 특정한 사회적 그룹이 아닌 언제나 개인 혹은 그룹의 불특정한 집합을 뜻한다. 담론에는 특히 시의회의 위임을 받고 있고 (정치가), 직업적으로 그러한 과제와 결부되어 있거나 (공무원과 공공직에 고용된 사람, 외교관 등), 다른 이유 때문에 공적 관심사의 조정에 흥미를 갖는 사람들(가령 이른바 로비, 출판 대표자 등)과 그룹 등이 참여한다.

문화정책에는 특히 규범을 정하는 문화개념이 중요하다. 기관의 측면(예를 든다면 문화위원회의 투입)이나 과정적 측면(예를 들어 의회에서의 의견 형성)은 문화정책의 특수한 이해와는 별도로 광범위하게 규정되기 때문이다. 규범을 정하는 정치개념 내에서 문화정책의 체계적 차원과 내용적 차원을 구분할 수 있다(Heinrichs 1997: 48ff.).

체계적 차원은 문화적 행위의 법·조직·재정적 한정조건과 관계된다. 존재하지 않는 직접적인 법적 규정보다는 오히려 간접적으로만 문화 분야에 영향을 끼치는 법규들과 규정들이 그에 속한다. 저작권법을 생각해 보자. 저작권법은 기술적 특허와 실용신안의장의 경우와 마찬가지로 예술작품에 통용되고, 이용권과 사용권을 통해 예술가들의 경제적 상황과 문화행사 비용에 직접적 영향력을 갖는다(게마 사용료와 비교). 세법의 경우를 보면 그것은 예술적 성과물에 대한 과세에서도 아주 중요하며 (예를 들어 축소된 총 과세법령을 통하여), 문화재원에도 결정적 영향을 끼친다(예컨대 기부와 스폰서를 세법으로 다룰 경우)(143쪽 '세법' 참조). 다시 내용적 차원은 구체적인 공급들, 즉 문화적 시설물(극장, 박물관, 도서관 등), 문화적 행사(콘서트, 전시회, 소연예 등), 문화적 후원(협회 후원, 가격, 장학금 등)과 관련된다(67쪽 '공공기관의 문화행위' 비교).

이미 언급하였듯 공공 문화사업 분야에서는 다양한 법적 형태가 가능하기 때문에 집중적인 이용이 권장된다. 결국 이러한 이유에서 문화는 정치적 행위가 특히 잘 입증되고 구현되는 과제 영역에 속한다. 우리의 공공 문화가 우리의 생활방식과 생활조건에 밀접하다는 점에서 공공 문화작업이 갖는 위상 역시 중요하지 않을 수 없다. "어디에서나 개인의 삶은 정치의 영향을 받습니다. 문화 또한 정치입니다. 이는 문화정책이 권력에 종속된다는 뜻은 아니지요. 제가 의미하는 생활방식으로서의 문화란 다른 생활형식들과 접하고, 호기심과 애정을 담아 그것들에 마음을 열어 놓는 것입니다"(1985년 9월 21일 슈투트가르트 국제 음악축제에 즈음한 리차드 폰 바이체커의 연설에서. 출처: Von Weizsacker 1987: 110).

그런데 이러한 담론 과정은 문화적 내용, 예술·미학적 판단과 평가에 영향을 미칠 수 없고 (미쳐서도 안 되며), 그야말로 문화정책적 목표에 국한될 일이다. 실례를 든다면 지방의회는 어떤 박물관이 중점적으로 수집할 물품에 관해 언급할 권리와 의무가 있다. 물론 지방의회는 전시품목의 구매에 필요한 자금을 대주어야 할지 말아야 할지를 다수결로 결정할 수 있다. 그렇지만 전시품목의 예술·미학적 질을 다수결로 판단하는 일은 그들의 과제가 아니다.

이와 같은 일은 예술상 시상에서도 동일하게 적용된다. 이 경우 정치적 심사위원들은 예외 없이 비례 배분제에 따라 지정된다. 이와 관련하여 힐마 호프만은 다음과 같이 적절하게 경고한 바 있다. "국가나 시가 위임을 조종하는 실제는 …… 공적 시상의 원칙적 정당화 문제뿐만 아니라 예술의 객관화라는 문제도 발생시킨다. 하지만 예술은 객관화될 수 없고, 민주적 정당화는 대부분 다수결의 결정을 필요로 하기 때문에 공적인 예술관여와 공적인 구매활동은 흔히 공통분모를 토대로 삼는다. 하지만 이 공통분모는 당연히 가장 협소한 공통분모로 표기되므로, 결과를 희석시키는 데 적지 않게 기여한다"(Hoffmann 1990: 223).

아래의 세 번째 실례를 통해 이를 재차 밝혀 보자. 즉 정치위원회는 시·읍·면이 시립회관에서 추진하는 극장 객원공연 사업기구의 목표를 아주 집중적으로 다루어야 한다. 재정계획, 거론될 수 있는 목표그룹에 대한 정의, 내용 구상의 기준 등이 다루어야 할 과제에 속한다. 그렇다고 정치위원회가 (정치적 고문단의 형태로) 개별 객원공연들을 선택하는 데 영향력을 행사해서는 안 된다. 그러한 일은 어디까지나 일을 위임받은 사람들의 몫이다. 그럴 때만이 예술·미학적 측면들이 정치적 영향을 받는다는 의심에서 벗어날 수 있다. 그러나 그와는 달리 공연이 끝날 시기가 되면 정치위원회는 설정했던 문화정책적 목표가 달성되었는지 반드시 면밀하게 검토해야 한다. 문화정책은 다수결로 결정할 수 있으나 예술은 그렇게 할 수 없다!

일반적 정치 문제를 위해 적지 않은 사회 그룹들이 담론에 참여한다는 사실이 이미 지적되었다. 재차 언급되었던 법적 활동 여지의 관점에서 볼 때 그러한 참여는 특히 문화정책에 중요하다. 그림 7은 본질적인 면에서 그러한 담론에 참여하거나 간접적으로 영향을 미치는 그룹들과 기관들을 밝히고 있다.

그림 7. 문화정책 담론의 참여자들

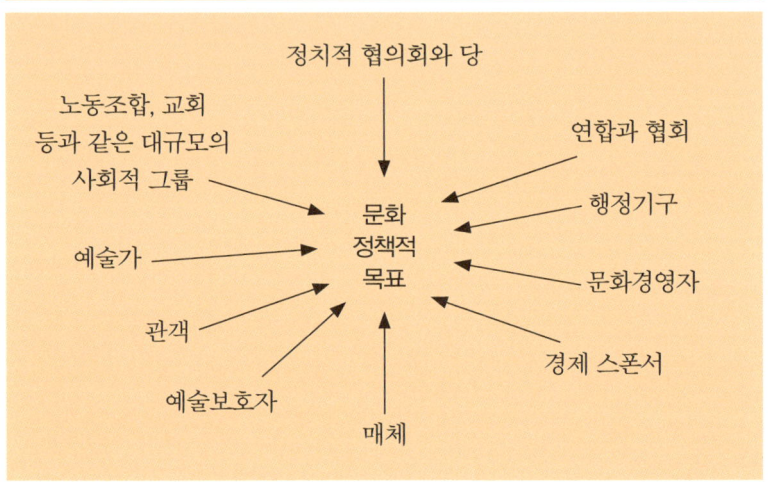

여기에서는 폭넓은 의미의 문화사업에 속하는 사람들, 예를 들어 예술가, 문화예술경영자, 관객 모두가 공적으로 중요한 문화적 담론에 참여하고 있다는 사실이 드러나고 있다. 뿐만 아니라 독일 문화위원회와 같은 단체들 혹은 독일 산업연방단체의 문화 모임과 같은 협회들도 문화정책적 목표를—그것이 연방 차원이나 주 정부 차원에서 이루어질 때—논의하는 데 관계한다. 담론에 어떻게 참여가 이루어지고, 개별적으로 그 참여를 어떻게 평가할 수 있는지에 대해 상세하게 다룰 필요도 없이 (Heinrich/Klein 1994: 52ff. 참조) 그림을 통해 알 수 있다. 즉 문화정책은 논리적 귀결에 따르는 직선적 연속이 아니라 규정하기 어려운, 그렇기 때문에 끊임없이 긴장된 결과와 관련된 매우 생동적인 과정이다.

문화예술경영자로서 문화정책적 목표에 영향력을 갖고자 하는 사람은 이와 같은 복잡하고 일목요연하지 못한 연관에 늘 주목하고, 넓은 아량을 갖고 담론에 참여할 자세를 취해야 한다. 모든 권위적인 영향력을 행사하는 형태는 담론을 파괴하고, 그 결과 문화정책의 민주적 요소를 박탈시킬 우려가 있다.

서독은 1949년 이래로 개방적이며 민주적인 담론 속에서 문화정책적 목표를 결정하는 좋은 전통을 갖고 있다. 되돌아보면 이러한 담론은 시대마다 아주 다른 결과를 가져왔다는 사실을 알 수 있다(1945년부터 1974년까지는 Schwencke 1974, 1968년에서 1988년까지는 Wagner 1988, 전 시기를 포괄하는 것으로는 Frank 1990, Göschel 1991, Mosbach/Göschel 1991, Heinrichs 1999를 참조). 정치 · 경제 · 사회적 상황의 차이에 따라 서로 다른 데 우선권을 두었고, 담론에 참여한 기관이나 관심 그룹의 이런저런 영향이 강화되기도 하고 약화되기도 하였다. 오늘날 공공 문화사업에서 일하고자 하는 사람이나 다른 문화예술경영 과제의 틀 내에서 공공 문화사업을 이용하는 사람은 이러한 변화과정을 무시해서는 안 된다. 이 과정에서 더 오래된 단계들은 아직도 변형된 형태로 새로운 발전과 함께 실재하고 있기 때문이다. 조금 축약하여 표현하면 문화보호, 문화작업, 문화예술경영의 단계에 관한 언급이 그것이다.

첫 번째 단계는 1950년대와 1960년대 초의 문화정책의 특징이며, 이것은 이른바 '슈투트가르트 원칙', 즉 1952년 독일 도시협의회에 의해 결의된 '자치단체의 문화작업을 위한 지도 원칙'에 매우 잘 기록되어 있다. "오랜 역사 속에서 독일 문화의 보호자이고 보존자이며, 시민들의 복지를 위해 활동할 의지가 있는 독일의 각 도시는 우리 시대의 물질적 궁핍에도 불구하고 바로 그렇기 때문에 문화의 과제에 충실할 의무를 느낀다. 사회적 상황의 변화를 통하여 지금까지 문화를 추진한 세력들이 뒷전으로 밀려나거나 몰락한 만큼 그것에 대한 소명을 한층 더 갖게 된다. 문화 보호는 보호해야 할 문화적 가치를 위해서만이 아니라 보호 속에서 나타나는 정신적 태도와 그러한 보호가 공동체 생활에 부여하는 중요성 때문에도 각 도시의 중요하고 절박한 과제이다"(도시의 문화정책 1971: 104).

'보호'라는 단어가 여러 번 사용된 점이 두드러진다. 여기에서 문화 유산을 보존하는 일이 문화정책의 중심 목표임이 나타난다. 전쟁으로 인한 황폐화 이후 문화기관들은—흔히 기념비 보호의 형태로—건물상의 복구가 우선 과제였다. 그렇기 때문에 당시 문화정책의 특징적 개념은 당연히 '문화보호'였다.

1960년대 중반에 이르러서야 그것이 변화되었다. 전통적인 문화보호는 한층 강화된 사회정책적 목표설정에 의해 중첩되었다. 1968년의 학생 소요와 1969년의 정권 교체와 함께 새로운 개념 및 새로운 정치·문화적 목표가 등장하였던 것이다.

"1960년대 초 문화정책이 축제문화와 같은 긍정적 문화 이해에 최고의 발전가능성을 보장하는 데 기여하였다면 1970년대 초 이래로 진보적 문화정책가들은 유유히 즐기는 나태함을 극복하였다. 즉 그들은 공론적 여행 비축물을 통합하였고, 계획과 공공기관을 통해 그것이 오랫동안 지속되기를 바랐다. …… 학교와 교육을 둘러싼 논쟁, 특히 교육개혁을 둘러싼 몇 년간의 논의 끝에 사람들은 '문화 시민권'에 소송을 제기하기 시작하였다"(Glaser 1991: 365f.).

문화는 소수를 행복하게 하는 데 그치는 것이 아니라 모두를 위한 권리의 요구가 되어야 했다. '모두를 위한 문화'(Hoffmann 1979)가 이제는 하나의 표어가 되었다. 문화는 더 이상 향유하는 소비로서 존재하지 않고, 정치적이며 사회적으로 작용하여야 했다. 빌리 브란트는 1969년 그의 첫 번째 정부 성명에서 "더 많은 민주주의를 감행한다"라고 말했다. 많은 문화정책가들과 예술가들은 그러한 요구를 문화적으로 구현해야 하는 것으로 인식하였다. 이와 동시에 문화의 의사소통·사회적 가능성들이 철저하게 이용되었다. 사회문화적 의사소통의 센터들과 체계적인 전체 구민 문화가 새로운 차원을 창출하여야 했다. 이러한 차원에서 문화는 예술이 갖는 전통적 차원에서의 소비가 아니라 사회적 의사소통이자 '더 많은 민주주의'로 인도되는 것으로 체험되어야 했다. 문화정책은 "내일의 국내정책"(Silkenbeumer 1980)이자 상당 정도 정치적인 일이 되기도 하였다.

문화 유산을 보호하고 문화적 전통을 수호하는 일은 뒷전으로 밀려나고 대신에 민주사회의 교양작업이 전면에 등장하였다. 문화는 어떤 것을 유지하지 않고, 무언가를 만들어 내야 했다. 결과적으로 1950년대와 1960년대의 '문화보호'라는 개념이 '문화작업'이라는 말로 대치되었다.

1980년대 중반, 문화정책에 또 다른 변화가 일어났다. 이제 문화를 사회 정치적 맥락보다 경제 정치적 맥락에서 보게 되었다. 공공기관의 모든 문화작업은 문화경제라는 보다 광범위한 연관 속에서 인식되었다. 이 무렵 다른 무엇보다도 문화와 경제 간의 상호의존성이 명확하게 드러났다(174쪽 '문화와 경제' 참조). 문화가 산업의 현소재지를 보장하고 도시나 주 정부의 이미지를 결정하는 데에도 영향을 미치는 경제요인으로 간주되었던 것이다.

국민경제적 연관만이 아니라, 직장과 여가활동 간에 존재하는 관계까지도 인식하게 되었다. "창조성, 팀 정신, 연관 속에서의 사고, 의사소통 능력, 지속적 학습준비의 의미에서의 유연성"이 직장에서의 중요한 도전들로 받아들여졌다(바덴뷔르템베르크의 수상청 1990: 5). 1980년대 후반 문화정책적 목표를 공식화하는 데 결정적으로 관여한 로타 스페스는 이렇게 말했다. "우리는 창조적 상상력을 가진 사람들을 필요로 합니다. 그러한 사람들은 미래 지향적 이념을 갖고 현재의 문제를 대합니다. 그러한 특성을 얻는 데는 적극적 활동 혹은 예술적 형상화와 예술적 내용과의 고투가 아주 본질적으로 도움이 됩니다"(같은 곳).

그때 이래로 문화는 개인의 개성을 발전시키는 여가시간에도, 직업적 가능성을 촉진하는 직무에도 도움이 되는 창조성과 상상력의 잠재성으로 이해된다. 그런데 특히 사회 정치 중심의 문화환경을 중시한 문화정책가들은 여기에서 도구화의 위험을 간파한다. 즉 문화는 창조적 잠재성을 촉진하며, 그러한 방식으로 촉진된 잠재성은 작업장의 생산성에 이용된다는 것이다. 그런데 사회 정치적 목적을 위한 시기인, 1970년대에도 문화가 상당히 도구화되었다는 사실이 지적되어야 할 것이다. 도구화에 반대하는 저항 가운데 유일하게 설득력 있는 이른바 문화를 가치 그 자체로 드높이는 저항은 올라프 쉬벤케와 같은 문화정책가들에 의해 거부당하고 말았다. "예술은 가치 그 자체를 갖고 있지 않고, 문화정책은 의사소통적 자기 목적을 충족시키지 못한다. 즉 양자는 사회적이며 기능적 의미를 지니고 있다"(Schwencke 1974: 36).

경제적 측면에 대한 고려는 문화공급이 갖는 국민경제적 합법성뿐만 아니라 경영적 조정 방식과 양식까지도 강화시켰다. 공공, 공익, 상업적 문화공급이 더 큰 범주로 연관되어 인식되고, 총괄적 문화사업 부분간의 융통성이 장려되면 통일적인 경영 조정 역시 필요해진다. 다시 말해 그것은 현대적 조정, 유연성의 면에서 상업적 요구들도 충족시키는 조정으로 경영학 중심의 문화예술경영일 수밖에 없다.

1990년대 초가 되면서 1970년대 공급중심의 문화정책이 더 이상 유지될 수 없다는 사실도 분명해졌다. 관객은 더 이상 문화정책가의 추천이나 공급을 추종하지 않고, 오히려 자신들의 바람과 기대에 부응하는 문화를 찾게 되었다. 이제 문화가 전통과 신념 속에 확고하게 자리하고 있다고 보는 사람은 소수일 뿐이고, 체험성격이나 개인적 생활양식과 결합된 것으로 보는 경향이 우세하다. "소비자가 어떤 가능성을 결정하느냐는 '이제 더 이상' 생산자의 일에 의존하지 않고, 체험의 수요라는 합리성에 의존한다"(Schulze, Gerhard 1992: 507).

1990년대 초부터 문화적 유산의 보호와 문화 작업의 사회 정치적 목적이 중심에서 밀려나고, 이용자의 욕구와 다른 공공 및 상업적 공급에 바탕을 둔 문화예술경영이 중심적 위치를 차지하게 된다. 그래서 1990년대에는 '문화 보호'와 '문화작업' 시기 이후 '문화예술경영'이 주도개념으로 제기된다.

목표에 대한 정의와 함께 문화정책은 공공 문화사업에서의 문화적 행위를 아주 중요하게 결정한다. 다른 정책 분야와 연관하여 문화정책은 개인·조직·재정적 한정조건들까지도 본질적으로 결정한다. 서로 다른 사회적 필요성 때문에 각기 다른 방식과 과제들의 이해가 충돌하고, 재정·조직적 이유로 인하여 모든 것을 동시에 할 수 없는 곳에서 문화 역시 부족한 자금을 가장 유용하게 사용하려는 일반 정책적 경쟁에 참여할 수밖에 없다. 이 경쟁은 본질적인 면에서 문화정책으로 이루어진다.

문화와 법

이 장의 서두에서 문화정책은 내용적 차원과 체계적 차원으로 구별해야 한다고 지적했다. 후자는 특히 문화의 한정조건으로 나타난다. 이 체계적 차원의 한정조건은 공공, 공익 문화사업만이 아니라 민간 문화사업에도 유효한 주목할 만한 특수성을 지니고 있다. 사용법을 포함한 저작권법, 예술가 사회보험법, 문화사업에 대한 세법과 같은 여러 가지 법적 영역의 법규와 규정이 그에 속한다. '문화예술경영 입문서'라는 틀 내에서 이 모든 법적 한정조건을 다룰 수는 없기에 여기에서는 최소한 그것에 대한 목록이나마 작성하는 데 의미를 두겠다.

문화헌법

두말할 여지 없이 가장 중요한 한정조건은 다음과 같은 기본법 5조 3항이다. "예술과 학문, 학설과 연구는 자유이다. 이러한 자유의 보증은 '예술' 생활 영역과 국가와의 관계를 규정하는 객관적인 기본법 규범인 제도적 보장이자, 예술 주체자들의 주관적이며 개인적인 자유권이기도 하다"(Bischoff 1990: 81f.). 연방헌법재판소가 이 예술자유의 보장을 '국가의 목표규정'으로 이해한다는 점은 이미 다른 곳에서 언급하였다.

예술의 자유를 보장하는 일은 의견과 출판의 자유라는 중요한 기본권과 결부되어 있다(기본법 5조 1항). 이 첫 번째 조항은 두 번째 조항의 제약을 받는다. 즉 의견의 자유와 출판의 자유는 '일반적 법규의 규칙, 즉 청소년 보호를 위한 법 규정과 개인적 명예의 법'(기본법 5조 2항)의 제약을 받는다. 예술자유의 보장이 3항에 뒤따르나 그럼에도 2항의 제약을 받지 않는다는 점이 주목할 만하다. 이로써 예술에 극히 중요한 형상의 여지가 보장된다. 그런데 이 점은 풍자화와 패러디와 연관하여 아주 중요할 수 있다. 오직 기본법 1조 1항의 인격권("인간의 가치는 침해될 수 없다")이 저촉되는 데에서만 예술자유에 제약이 가해질 수 있다. 그런데 연방헌법재판소는 예술작품을 통한 인격권의 침해는 특수한 경우 신중한 검토를 거쳐 해명될 수 있다는 점을 늘 지적하고 있다. 그런데 아주 일반적인 규정은 항상 이 점을 거부하였다.

또한 법 규정자와 연방헌법재판소는 사려깊게도 '수준 통제'를 포기하였다. 그러할 경우 헌법상 원치 않는 내용 통제의 형태로 질적 평가를 내릴 수 있기 때문이다. 법정 투쟁의 경우 재판소는 기본법 1조 1항에 의거하여 예술이 문제되고 있는지, 아닌지만을 결정할 수 있을 뿐이다. 그와는 달리 좋은 예술이냐, 나쁜 예술이냐의 의미에서 가치 평가를 시도하는 일은 재판소의 관할이 아니다(그 이상의 헌법적 측면에 대해서는 60쪽 '공공 문화사업'을 참조).

세법

세법은 예술이 문제인지 아닌지가 예술자유라는 기본법 외에서도 중요할 수 있다는 점을 보여 준다. 예술적 활동은 영업세 의무와는 무관하나 부가가치세 원칙을 정하는 데 (16% 혹은 7%) 영향을 미친다. 그래서 연방세무관청은 기본원칙에서 납세의무자가 예술적 활동을 수행한 경우를 다음과 같이 확정하여 놓았다.

- 독창적인 성과물을 성취하였을 때
- 이 성과물에서 개인적 견해와 형상력이 표현되었을 때
- 그리고 이 성과물이 충분히 숙달된 기법을 넘어 예술적 형상화의 수준에 도달하였을 때(1980년 8월 14일 연방 세무관청의 판결이 연방조세잡지 1981: 171에 발표됨.)

당연한 말이지만 이 판결이 모든 개별 경우에도 타당한 예술이나 예술적 활동에 관한 정의를 제공해 주는 것은 아니다. 그래서 국세청은 개별 경우를 결정할 때 어디에도 예속되어 있지 않은 전문가

나 전문적 지식이 있는 단체의 적합한 진단을 통해 안전 장치를 취하고 있다.

판매세법이 두 가지 서로 다른 과세 표준율을 인정하고 있다는 사실은 이미 언급하였다. 일상적 거래(예를 들어 가구를 사거나 옷을 살 때)의 경우 16%라는 통상적 판매세법이 적용되는 반면, 저작권법이 허용되는 성과물(가령 도서나 예술작품)의 경우 할인된 7%의 판매세법이 청구된다. 공공기관의 문화제공자(극장, 박물관, 도서관, 시민대학 등)는 판매세법과 전혀 무관하다. 더 나아가 자유극단, 재즈클럽 혹은 음악그룹들도 신청을 통해 판매세법 면제 대상이 될 수 있다. 다만 해당 주 정부 관청(일반적으로 정부의장단)의 증명서를 통해 자신들 역시 공공기관의 문화 제공자와 동일한 과제를 대변하고 있다는 사실을 증명해야 한다.

독일에서 활동하고 있는 독일인 예술가들과 문화매개자들의 근로소득세와 수입세는 납세의무를 지는 모든 노동자나 자영업자와 동일한 규정의 적용을 받는 반면, 프리랜서 외국인 예술가들과 앙상블이 독일에서 경제활동으로 얻는 수입에 대해서는 특별규정이 적용된다. 이른바 '외국인 근로소득세'는 1996년 세법 이래로 통일적으로 25%가 적용되고 있다(일체감 가산금을 포함하여, 극장과 같은 몇몇 분야에는 예외 규정이 있다). 또한 외국인 예술가들과 앙상블이 외국에서 행한 활동을 독일에서 독자적으로 이용하는 성과물에도 '외국인 근로소득세'가 적용된다. 독일의 개최자로부터 그것은 준수되어야 한다. 국내에 고용된 사람들의 비독립적 활동의 경우엔 (예를 들어 어떤 오케스트라의 단원 혹은 어떤 극장의 고정 앙상블 구성원으로서) 독일 노동자들과 마찬가지로 근로소득세나 수입소득세의 적용을 받는다.

법인세법은 수입세법과는 달리 문화사업의 특수한 상황을 고려하고 있다. 우선 모든 공공기관의 문화시설들 예컨대 시립박물관, 시립극장, 자치단체의 시민대학 등은 법인세 면제 대상에 속한다. 그 외에도 음악협회와 가요협회, 미술협회, 문화재단 등과 같이 공익으로 인정되는 민간 법인, 협회와 재단도 법인세 면제 대상에 속한다. 물론 법인세 면제는 직접적 목적사업(입장권의 판매)에서 나온 수익에만 해당될 뿐, 경제적 영업사업 수익(협회의 축제 동안 음식과 음료를 판매한 것 등)의 경우에는 해당되지 않는다. 경제적 영업사업의 경우 1년 총수입 6만 마르크가 면세의 경계를 이룬다. 즉 수익이 6만 마르크를 넘어서면 이익금은 총매상고에 따른 법인세 대상이 되는 것이다.

그 밖의 공익 단체 경제사업 운영의 잉여에 대한 법인세 의무가 1997년 격렬한 논쟁을 불러일으켰다. 연방 정부가 1997년 7월 9일자 법령으로 스폰서 수익금을 납세의무를 지는 경제사업 운영의 수익금으로 가산하였기 때문이었다. 이로써 스폰서로 등장한 경제기업은 생산물 세액을 경감받을 수 있었던 반면 도움을 받은 공익 단체는 스폰서 수익금을 납세해야 하는 이상한 상황이 발생하였다.

1998년 2월 9일 보충 법령으로 그러한 어처구니없는 규정은 적어도 부분적으로 다시 폐지되었다.

  이미 문화공급자의 공익성과 관련한 여러 세법의 측면이 지적되었다(103쪽 '문화협회' 참조). 여기에서는 무엇보다도 기부자 측에게 세금 혜택이 돌아가는 기부금을 거두어들이는 공공 혹은 공익 문화 기관의 법이 문제된다. 특히 지원할 만한 가치가 있다고 인정된 문화적 목적을 후원하기 위해 행해지는 기부는 기부자가 수입세 중에서 수익 총액의 최고 10%까지 특별지출로 공제받을 수 있다. 1990년 협회후원법이 생긴 이래로 보다 강화된 이 원칙은 음악협회와 가요협회에도 적용된다. 그 이전까지 민간 문화사업에는 최고 5% 원칙이 통용되었다. 경제기업들은—경미한 수익에 있어서—그것이 자신들에게 더 유리한 경우 지난 여러 해 동안에 지출한 사례금과 급료 중에서 0.2%라는 최대 한계를 선택적 기반으로 삼을 수 있다.

  문화사업과 관련한 세법상의 한정조건에서 귀결되는 이러한 간단한 단면은 세법이 문화를 가능케 하는 조건에 대단히 중요한 영향을 미친다는 사실을 보여 주고 있다. 이러한 사실은 독일의 상황을 다른 나라들과 비교해 보면 특히 두드러진다. 동시에 이 지점에서 기부와 스폰서를 통한 문화후원과 기부에 대한 세법상의 조건들이 다른 나라들에 비해 본질적으로 더 유리하다는 점이 확인되어야 한다(Heinrichs 1997: 73~159). 그렇기 때문에 한정조건을 넘어서 문화를 더 광범위하게 후원할 수 있는 주목할 만한 잠재성 또한 존재하고 있는 것이다.

저작권법(사용법과 저작권 보호법을 포함하여)

예술 활동의 토대인 예술자유 보장과 더불어 국가는 예술가의 활동과 예술작품의 중개를 법·사회적으로 보장하는 한정조건도 만들었다. 사용법과 저작권보호법 및 예술가 사회보험법이 그에 속한다.

'저작권법과 동류의 보호법'에 규정되어 (1965년 9월 9일 법, 연방법률 공보〔관보〕1, 1273쪽, 1994년 7월 25일 판) 있는 저작권법은 저자의―여기에서는 예술가―작품과 작품 이용에 대한 이익을 보호한다. 저작권의 의미에서 작품이란 형식상이나 내용상으로 혹은 이 둘의 결합이 독특하고 새로운 무언가를 만들어 낸 문학, 학문, 예술의 개성적인 정신적 창작을 말한다(저작권법 조항 1). 개별적으로 어떤 작품이 그에 속하는지는 저작권법 2조 1항에 목록이 작성되어 있다. 저작권법은 예술가에게 발표의 권리를 보장하며(저작권법 조항 12), 그의 작품이 왜곡당하거나 침해당하는 것으로부터 보호한다(저작권법 조항 14). 기술적 발견의 경우 저작권 보호의 혜택을 받기 위해 국가가 특허를 인정해야 하는 반면, 예술적 성과물인 경우 정신적인 창조행위로 충분하다.

예술작품(소설이나 조각 등)은 창작과 동시에 자동적으로 예술가에게 그것에 대한 정신적인 소유권이 인정된다. 완성된 작품은 기본법 조항 14에 따른 소유물보장을 받게 된다. 이것은 정신적 소유물에도 기본법 14조 2항의 공익을 위한 의무가 통용된다는 뜻이다("소유물은 요구한다. 그것의 사용은 일반의 안녕에도 기여해야 한다"). 따라서 저작권법은 일반적으로 작가·예술가의 사후 70년으로 한정되어 있다(이른바 공민권).

정신적 소유물의 인격권과 예술작품에 대한 물건 소유 간의 경계설정은 법적으로 대단히 중요할 수 있다. 예술가가 예술작품을 팔면 그것은 구매자의 물건 소유물로 넘어간다. "예를 든다면 양도된 조각품이 소유자에 의해 파괴되는 일은 야만 행위이긴 하지만 그것은 물건소유권에 근거를 둔다. 이에 비해 물건 소유자를 통한 예술 작품의 변형은 작가 본래의 정신적 창조행위에 개입하는 것이며, 원칙상 물건 소유자에게 허용되지 않는다"(Bischoff 1990: 130).

유럽연합의 협약 틀 내에서 저작권법이 크게 변하게 될지는 아직 알 수 없다. 유럽연합 국가들간의 서로 다른 법 전통으로 인해 2000년대에는 조화에 대한 요구가 발생할 수 있을 것이다. 이를테면 독일에서는 작가 혹은 예술가가 자신의 작품에 대한 저작권을 갖는 반면, 영어권 나라들에서는 첫 이용자가 그러한 권리를 갖고 있다. "그래서 표준원칙을 규정하여 유럽연합 차원에서의 개별적인 저작권법 분야의 조화가 시작되었다. 이 규정은 직접적으로 유효하지는 않으나 지금까지의 법이 그러한 기준에 못 미치는 한에서 그때그때마다 각 구성원 국가들에 의해—독일 역시도—국가적인 법으로 전환될 수 있다"(Schulze, Gernot 1994: 7).

저작권법은 이른바 사용법도 규정하고 있다(저작권법 조항 15ff.). 복사권(조항 16), 유포권(조항 17), 전시권(조항 18) 및 영상과 음반, 라디오 혹은 텔레비전을 통한 공공의 복사권(조항 19에서 조항 22까지)이 이에 속한다. 저작권법의 의미에서 어떤 작품을 사용하게 되면 그 사용에 대해 저작자에게 적합한 방식으로 사례를 하는 이용자의 의무가 발생한다. 저자의 권리를 보장하기 위하여 저작권법과 그와 유사한 보호법을 대표하는 법의 토대하에 국가에 의해 이른바 사용협회(VG)가 구성되었고, 이 사용협회는 특허청의 감독하에 있다. 현재 독일에는 다음과 같은 사용협회가 있다.

- GEMA(음악 공연의 복사권과 기계적 복사권협회): 작곡, 작사, 음악 출판자를 위한 저작권법상의 음악작품 이용권
- 언어 VG: 작가, 언론인, 서적 출판인과 무대작품 출판인, 번역가들의 언어작품에 대한 이용권
- 형상예술VG: 형상예술작품의 재생산권 대리
- VGL(저작권보호법 사용협회): 실연 예술가와 녹음 운반 생산자를 위한 음반, CD의 발송과 공적 재현에서 생기는 보상 요구
- IMHV(음악학 발행인과 출판사 이해집단): 비평적 판본과 유작에

대한 저작권보호법 대리

-GUFA(영화상영권의 인수와 대리 협회)

-VFF(영화와 텔레비전 제작자들을 위한 사용협회)

-VGF(영화작품 이용권을 위한 사용협회)

-GWFF(영화법과 텔레비전 법의 대리 협회)

-ZPU(개인 녹화권을 위한 중심 부서): 개인적 사용을 목적으로 한
복사 요구 대리를 위한 사용협회 연합

무대공연권에는 특별한 규정이 통용되고 있다. 이 법규는 일반적
으로 사용협회를 통해 대리되지 않는다. 그 대신에 무대작품의 작가
들과 작곡가들 내지 그들의 위임을 받은 도서출판사와 음악출판사
가 공연에서 나오는 배당금을 직접 극장에 요구한다. 배당금의 수준
과 산정의 토대는 (일반적으로 입장권 판매 수익금의 10%) 독일 연극
협회와 연극작가와 연극출판사 유한책임회사의 중심부서 간의 협
의를 통해 조정된다. 그런데 이미 저작권법을 상실한 연극작품(예
를 들어 특정 연출가가 쉴러의 〈도적떼들〉을 번안한 경우 혹은 셰익스피
어 작품의 새로운 번역)의 번안 혹은 새로운 번역에 대한 배당금 수준
이 늘 논쟁이 되곤 하였다. 이에 대해 1990년대 초 연극출판사와 연
극협회는 이른바 새로운 규범 수집을 통해 합의된 해결점을 찾았다
(Schulze, Gernot 1994: 166f.).

독창적 예술작품이 갖는 권리와 함께 저작권법은 이른바 저작권

보호법(저작권법 조항 72ff.)을 인정한다. 이를 통해 행위예술가들의 성과물, 배우, 가수, 음악가들의 작업도 보호를 받는다. 가령 어떤 슈퍼마켓에서 '배경음악'이 흘러나오면 그때그때 작품의 작곡가나 작사가만이 아니라 실연 음악가들도 적합한 보수를 요구할 수 있다. GEMA가 작곡가와 작사가의 요구와 관계하는 반면, 음악가의 저작권 보호법은 저작권 보호법 사용협회(GVL)에 의해 보장된다(두 협회가 협조협약을 맺었기 때문에 실제에 있어서는 항상 사용협회, 즉 GEMA와 관련된다). 밴드가 음악을 연주하는 협회 축제나 손님들에게 라이브 콘서트의 녹음을 배경음악으로 제공하는 재즈 술집에도 그것은 유사하게 적용된다.

저작권, 사용권, 저작권 보호법은 예술가의 법적 생활조건뿐만 아니라 사회적인 생활조건도 보장한다. 매체 문화사업이 점점 더 광범위해지고 예술작품을 수백만 개씩 복사하는 것도 너무나 쉬운 시대에 사용자뿐만 아니라 정신·창조적 성과물의 원저작자도 물질적 이익에 참여할 필요가 있는 것이다. 모든 출판사가 해적판으로 부유해질 수 있는 반면 작가는 가난해야 하는 시대는—우리의 머릿속에서도—지난 일이 되어야 한다.

저작권은 예술가, 저널리스트, 도서 발행인들의 권리와 수입을 보장하는 데 기여할 뿐만 아니라 현대 문화예술경영에서 재원경영을 위하여 관심이 증대되고 있다. 허가라고 하는 모든 것, 즉 라이센스와의 매매계약이 그것에 해당된다. 어떤 극장이 오페라 공연 녹화를 텔레비전 방송국에 팔거나 콘서트의 녹음을 라디오로 내보내는 경우 허가의 문제와 관련된다. 허가란 어떤 예술작품에 대한 저작권과의 매매계약, 포스터, 머플러, 술잔과 같은 상품화 계획과 관련한 매매계약을 뜻한다. 이러한 상품화 계획은 박물관 매장에서 볼 수 있는데, 영어권에서는 이미 오래전에 보편화되었고 독일에서도 점차 늘어나고 있는 추세이다. 어떤 문화상표(예를 들어 젬퍼 오페라)가 제3의 생산물(가령, 드레스덴 젬퍼 오페라 크리스트스톨렌)을 위해 이용되는 경우에도 허가와 관련된다. 영화와 텔레비전 분야에서 이미 몇 년 전부터 대단히 중요하게 된 허가는 협의의 문화 분야에서도 점점 중요해지고 있다. 영화 분야에서의 경험을 토대로 할 때 이 협의의 문화 영역에서도 적지 않은 재정적 가능성이 나타나리라는 점을 예상할 수 있다(Heinrichs/Schafer 1999).

예술가 사회보험

1983년에 만들어진 예술가 사회보험 역시 사회적 생활조건 보장에 속한다. 이 보험은 프리랜서 예술가들과 저널리스트들의 의료, 간병, 연금보험에 관한 규정이다. 예술가 사회보험의 실행을 위해 제일 먼저 독립적인 예술가 사회조합이 설립되었다. 이 조합은 1988년 공익 보험회사 올덴부르크 브레멘에 편입되었으나 소재지는 빌헬름스하벤에 그대로 있다. 예술가 사회조합은 보험자의 분담금과 사용자의 세금을 거두어들이고, 총 분담금을 기여금에 대한 권한이 있는 연금보험 또는 의료보험에 넘겨준다. 이러한 분담금 흐름과 기여금 흐름을 보면 다음과 같다(그림 8).

그림 8. 예술가 사회조합의 분담금 흐름과 기여금 흐름

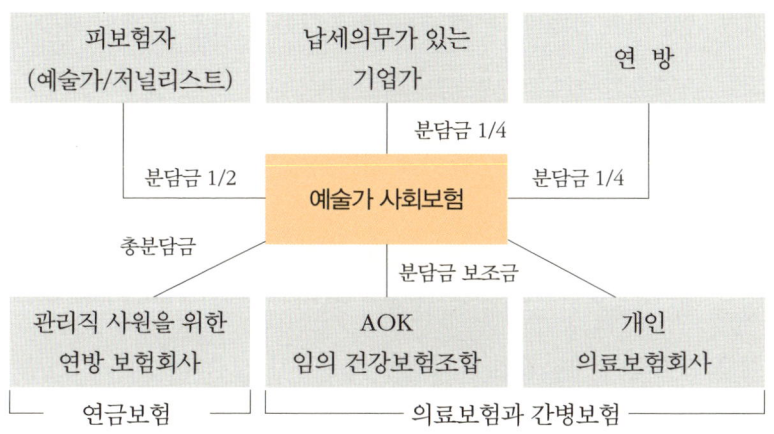

이 보험의 자금 조달은 예술가 자신의 분담금이 50%, 연방보조금이 25%이며—노동자와 관리직 보험의 경우 사용자 몫에 비례하여—나머지 25%는 '판매자'. 즉 문화예술경영이 추진하는 기업들과 기관들의 몫으로 이루어진다. 특히 이 예술가 사회분담금은 격렬한 법정 투쟁을 야기하였으나 1987년 4월 8일 연방헌법재판소는 위의 분담금 요구를 인정하는 원칙을 결정하였다. 이 중요한 결정에서 재판소는 예술가와 '판매자' 간의 특수한 관계에 관여하였고 그것으

로 문화사업에서의 연관을 다음과 같이 지적하였다.

"프리랜서 예술가들과 저널리스트들의 사회보험 비용 일부 재원을 위해 판매자들이 갖는 사회분담금 부담은 한편으로 프리랜서 예술가들과 저널리스트, 또 다른 한편으로 판매자들간의 문화사적으로 발전한 특별한 관계 속에서 그 정당성을 찾을 수 있다. 이러한 관계는 생산자와 상품의 거래 혹은 산출자와 소비자 간에 존재하는 단순한 상호의존을 넘어선 특수한 성격을 지니고 있다. 예술가와 저널리스트는 대표할 수 없는, 다시 말해 극히 개인적인 성과물을 제공하는데 이 성과물은 관객과 구매자를 찾기 위해 특별한 방식의 시장을 필요로 한다. 이러한 상황은 일정한 공생적 특징을 지니고 있다. 즉 고용주가 고용인에 대해서 갖는 책임과 마찬가지로 전형적으로 경제적 약자들인 프리랜서 예술가와 저널리시트의 사회 보장을 위해 판매자의 특별한 책임이 발생하는 문화사적 특별 영역이다"(신 법률 주간신문 87/3115 ff에서 인용).

예술가와 판매자 간의 매개자로서 혹은 판매자로서 문화예술경영자에게도 특별한 책임이 부여되는 극히 중요한 이 결정이 일련의 프리랜서 문화 발의자들에게 참담한 결과를 초래하였다. 모든 행사개최에 대해 소급 적용하여 1983년 1월 1일부터 예술가 사회분담금을 추가 지불하여야 했기 때문이다. 브라이스가우 프라이부르크의 《바덴 신문》은 1992년 12월 30일자에서 "문화를 지원해야 하는 …… 법이 문화 개최자들의 기반을 빼앗고 있다"고 한탄하였다.

그런데 그것은 국제적으로 모범적 법규의 귀결이 아니라, 프리랜서 문화 발의자들이 공익 협회의 법 형태로 축제공연까지 분담금을 면제받으려는 속기 쉬운 (하지만 부당한) 희망에서 나온 것이었다. 곧 연방헌법재판소의 최종 결정이 반포되었을 때 개최자들은 적지 않은 추가 지불을 준비하지 못하여 아주 심각한 재정적 어려움을 겪었다.

1998년까지 지불받은 모든 사례금과 급료 총액의 5%가 단일화된 예술가 사회분담금으로 징수되었다. 이때부터 분담금 의무를 지는 사용자를 위한 할인율은 해마다 노동 및 사회질서 연방장관에 의해 분야별로 그때그때 요구에 따라 결정되고 있다. 1992년에서 1996년까지 해당 할인율이 도표 8에 총괄되어 있다.

도표 8. 사례금과 급료 총액 백분율로 표기된 예술가 사회분담금 원칙

분야	1992	1993	1994	1995	1996
언어	0.0	0.6	0.0	0.8	3.0
형상예술	2.0	3.6	0.0	2.1	6.9
음악	0.0	0.0	0.0	0.0	1.1
공연예술	3.4	4.8	0.3	0.3	0.7

이 도표가 보여 주듯, 할인율은 편차가 두드러진다. 수요에 맞는 할인율 결정이 바람직하지만 지속적인 할인율의 상승과 하강은 사용자에게 산정을 어렵게 한다.

저작권법, 사용권과 저작권 보호법의 요구, 예술가 사회보험법, 세법에 관한 지식, 다른 무엇보다도 예술자유 보장에 대한 고려는 ―계약체결권과 같은 일반적 법 규범과 함께―특별한 한정조건으로서, 이러한 조건 없이는 어떤 문화사업 분야에서도 문화예술경영은 가능하지 않다. 이 한정조건은 극히 세분화된 문화사업, 즉 서로 다른 이해에 기반하고 있는 공공 및 민간 문화사업 일반이 기능할 수 있게 하는 데 아주 본질적으로 기여한다. 이것이 없다면 문화사업은 곧 더 강한 자 혹은 더 빠른 자의 권리에 지배될 것이며, 그렇게 될 경우 직접적으로 예술가의 작업에 부담이 되리라는 것은 뻔한 일이다. 예술가의 작업에 부담을 주는 일은 문화사업과 문화예술경영의 이해가 될 수 없다.

법 형태와 운영 형태

효율적 법 형태들과 운영 형태들에 대한 문제 역시도 최근 개별 문화사업의 관심사로 떠오른 법 문제에 속한다. 몇 년 전까지만 해도 그와 같은 문제는 전혀 주제가 되지 않았다. 상업적 문화사업은 상법상의 인문집단이나 자본집단으로, 공익 문화사업은 협회로, 공공 문화사업은 국영으로 운영되었기 때문이다. 공공 시설물의 사유화를 둘러싼 논쟁(114쪽 '문화사업 상호간의 연관' 참조)이 시작되면서 비로소 이 주제도 중요해졌다(여기에서 19세기 문화 분야의 법 형태와 운영 형태는 훨씬 더 다양했다는 점이 유보적으로 지적되어야 하겠다. 이런 점에서 1990년대 초의 논쟁과 함께 몇 십 년 동안 잊혀졌던 가능한 형태들이 재발견된 것이다).

문화예술경영에 가장 중요한 법 형태와 운영 형태는 국영, 자가경영, 협회, 재단 그리고 유한책임회사이다. 자가협회 혹은 목적연합은 변이된 형태이거나 민법전 회사와 주식회사와 같이 문화사업에는 그다지 중요하지 않다.

▌국영

국영이란 공공의 행정 내에 "편입되어 있고, 그러한 행정을 통해 공동으로 관리되는 법적·조직적·개인적·예산상이나 계정 기술적으로 비독립적인 경제 기업"을 말한다.(Gern 1994: 398). 이로써 국영은 행정관청의 성격을 가지며 중앙관리본부, 인적관리본부, 재정관리본부와 같은 횡단면 관청의 조종관리의 관할하에 있고 법인의 위계질서에 편입된다. 시·읍·면에서 국영으로 운영되는 전형적인 예는 묘지정원 가꾸기와 건축자재 저장소 같은 것이다. 문화 분야에서는 다른 법 형태와 운영 형태가 합의되지 않는 한, 모든 자치단체 혹은 주 정부의 시설, 즉 모든 국립극장, 시립극장, 시민대학, 도서관, 박물관, 음악학교 등이 국영이다.

국영이 일정한 비유동성이란 단점이 있다는 점은 의심의 여지가 없다. 부기도 일반적인 행정론도 국권 행정 외부 운영에는 특별히 적합하지 않기 때문이다. 그러나 국영은 다른 한편으로 장점 또한 갖고 있다. 그것은 국영이 관청의 기관에 특히 '가까이' 있다는 점이다. 지방의회나 시장은 법적으로 먼 위치에 있는 협회보다 '자신들의' 국영에 본질적으로 더 관여한다. 더구나 국영에서는 경영학적 조정 요소를 도입할 수 있기 때문에 (예를 들어 예산을 세울 때 기관의 체포권은 보조금 수요의 총액을 넘어서는 경우에만 발생한다) 상당히 구식으로 여겨지는 국영에도 장점이 전혀 없는 것은 아니다.

▌자가경영

자가경영 역시 공공 행정의 운영 형태이다. 한편으로 자가경영은 법 인격체가 없는 법 형태, 다시 말해 행위가 오직 기관에게만 귀속되기 때문에 혼합 형태와 관련된다. 다른 한편 경영 형태로서 자가경영은 광범위한 면에서 독립적이다. 즉 경영학적 관점에서 (대차대조표를 포함한 부기와 이익과 손실계산을 포함하여) 구축될 수 있는 독자적 예산편성과 부기가 자가경영의 권한에 속한다. 지방의회의 구성원들로 구성되고, 다른 모든 위원회처럼 활동하는 경영위원회가 만들어짐으로써 민주적 결정조직체와 관리조직체가 결합(예를 들어 지방의회)된다. 자가경영은 이사진에 의해 운영된다.

공공관리법에서 한동안 승인하지 않은 자가경영은 이미 신용을 얻은 상태이다. 왜냐하면 자가경영은 협회와 비교할 때 기관의 책임성에 대해 더 많은 결합 가능성을 허용하는 동시에 경영학적 관점에 따른 유동적 기업 운영의 모든 기회도 허용하기 때문이다. 자가경영이 최소한 50%까지 독자적 수입으로 재원을 조성해야 하는 본래의 규정이 그 사이에 적지 않은 자가경영법에서 삭제되었기 때문에 자가경영은 공공기관 문화사업에 이상적 법 형태와 경영 형태로 발전되고 있는 듯하다.

█ 협회

민간 공익 분야에서 가장 널리 퍼져 있는 법 형태는 등록된 협회이다. 시민법령의 의미에서 본 협회란 지속성을 갖고 있고, 법인으로 조직되어 있으며, 구성원의 교체와는 무관하게 여러 사람들이 결집되어 존속되는 것을 말한다(Friedrich 1994: 40~88). 이런 점에서 협회는 구체적으로 행동하는 사람들과는 무관하게 도달하고자 하는 목표 추구에 이상적인 법 형태이다. 예를 들어 1830년대 이미 몇몇 사람들이 민요를 보호하려는 목표를 세우고 협회를 만들었다. 현재에도 그러한 목표를 따르고자 하는 사람들이 충분히 있기 때문에 이 협회는 170년이 지나서도 문제없이 존립할 수 있는 것이다. 이렇게 협회는 특히 공익을 위한 목적에 적합하며, 대개 개별 사람들과는 무관하게 추구할 만한 가치가 있고 후원에 적합한 목표가 중요하다.

기관으로서 협회는 회칙의 문제를 결정해야 하는 회의와 실제적 일을 추진하는 이사진을 승인한다. 아주 소수의 예외를 제외하고 협회 운영에 대한 법규는 다른 어떤 규정도 두지 않는다. 이는 협회가 어떤 형태로 부기를 운영하든, 어떤 원칙에 따라 협회 내부의 경영을 관리하든지 간에 협회에 선택권이 주어진다는 의미이다. 그래서 유동성이 충분하고 거의 무제한적 발전의 여지가 협회에 주어진다. 이런 점에서 볼 때 소규모의 가요협회뿐만 아니라 엄청나게 큰 분데스리가 클럽도 협회법에 따라 운영될 수 있다는 사실이 놀랄 만한 일은 못 된다.

경제적 의미에서 볼 때 공익협회에는 두 가지 장점이 존재한다. 즉 면세의 범위가 넓고, 기부금을 받아도 되는 법이 그것이다. 공공기관이 기본적으로 모든 납세를 면제받는 것과 달리 민간 협회와 재단은 원칙적으로 납세의무를 진다. 특히 법인세, 영업세, 토지세, 상속세, 특전세 의무가 그것이다. 그렇지만 기관은 회칙이나 재단의 증서에 "직접적이며, 전적으로 공익의 …… 목적에 기여한다"(법인세법 5조 1항, 9번)고 명시한 한, 면세 대상이 되거나, 세를 감면 받게 된다. 하지만 세를 감면받기 위해서는 해당 세무서에 신청서를 제출하여야 한다(Bischoff 1990: 49ff.).[1]

공익성의 인정은 면세라는 장점만 갖는 것이 아니다. 더 흥미로운 점은 기부자에게 세금 혜택이 있는 기부금을 받을 수 있는 권한이 생긴다는 데 있다. 이때 이른바 대규모의 공익성과 소규모의 공

---

1) 주 정부 재무부는 협회법에 대한 안내서와 함께 공익협회와 관계된 모든 세법상의 문제에 대해 일목요연한 정보를 제공하는 소책자를 준비해 놓고 있다.

익성이 구분된다. 대규모의 공익성은 학문과 연구기관에 해당되며, 소규모의 공익성은 예술, 문화, 기념비 보호 영역과 관련된다. 이 차이는 구체적으로 다음과 같다. 대규모 공익성의 주인(예를 들어 학문과 관련된 대학이나 연구소)은 기부증명서를 직접 발행할 수 있는 반면, 예술, 문화, 기념비 보호에 관한 민간 기관과 공적 기관은 기부증명서를 발행하려면 중간 단계로서 공공기관의 법인을 필요로 한다.

즉 미술협회에 현금을 기부하려면 지방회계 창구에 지불해야 한다. 이 지방회계 창구에서 기부증명서가 발행되고 기부금이 미술협회에 넘겨진다. 이것이 법·재정적 귀결을 뜻하지는 않지만 덧붙여진 빗장을 의미하기도 한다. 기부자만이 아니라 기부를 받는 측에서도 자신의 '의도'를 내보이는 것을 기꺼워하지 않기 때문이다.

공익성의 법적 지위가 가져다주는 재정적 장점 때문에 (그와 결부된 국가에 끼치는 재정적 단점) 세무서는 협회 활동이나 재단 활동이 실제로 공익의 목적에만 기여하고 있는지 면밀하게 살피게 된다. 법인세법 5조 1항 9번의 제한 사항은 "경제적 사업운영이 유지되고 있는 한 면세는 제외된다"는 것이다. 그러한 경제적 사업운영은 협회가 협회의 축제나 상품 제작물의 판매로 일년 총수입 6만 마르크 이상이 될 때에 해당된다. 경제적 사업운영의 총이익은 법인세와 영업세 의무를 지게 된다.

경제적 목적이 기관의 주요 목적이 될 정도가 되면 공익성이 손상될 우려가 있다. 이 경우 공익성을 띠지 않는 다른 협회나 유한책임회사에 대한 교육을 통해 경제적 사업 분야를 공익 분야와 법적으로 분리하는 일이 긴급하게 요청된다(좀더 상세한 내용은 Heinrichs 1997: 233ff.를 참조).

협회에 제한이 가해지는 경우는 상당 정도의 적립금과 자산이 형성되었을 때이다. 협회에는 가까운 시일의 자금사용원칙, 즉 일반적으로 연내에 수입이 재사용될 수 있다는 원칙이 적용된다. 용도가 지정된 (예를 들어 협회 건물의 건축을 위한) 적립금 및 목적적 적립금은 많아야 연이윤의 25%까지로 제한을 받는다. 그 밖에도 자산을 형성하거나 큰 규모의 기부 혹은 유산을 불분명한 차후의 사용을 위해 적립해 두는 일은 협회에 허용되지 않는다(공공 문화사업의 형식적인 사유화를 위한 협회 형식의 적합성에 대하여 107쪽 '형식적 사유화'와 비교하라).

▌재단

협회가 가까운 시일의 자금사용원칙에 지배를 받는 반면 재단은 자산의 조성과 유지를 목표로 한다. "기증이란 특정한 목적을 위해 자산을 항구적으로 헌정한다는 뜻이다"(Strachwitz 1994: 41). 개인이든 공익이든 모든 재단은 다음과 같은 특징들로 이루어진다.

- 기부자의 의지

- 재단의 목적
- 재단의 자산
- 지속성
- 재단에 대한 국가의 감사

재단은 항구성, 즉 연속성을 목표로 하는 조직체를 통해 더 광범위한 보장이 가능하다는 점에서 일회적 목적으로만 도움을 주는 기부와는 구별된다. 경우에 따라서 기부자의 사후에도 기부자의 의지가 지속되기 때문에 모든 재단은 국가의 감독하에 있다. 기본이 되는 민법의 법 규정(BGB 80ff.)과 여러 주 정부의 규정은 그로 인하여 생겨났다(Strachwitz 1994와 Seifart/von Camphausen 1998).

재단은 어떤 기관의 후원자가 될 수 있고, 프로젝트와 기관을 후원할 수도 있다. 실례를 든다면 본에 있는 공공 재단인 '독일 역사의 집'은 박물관을 운영하는 목적에만 관여한다. 이와 같은 재단은 일반적으로 전혀 자산을 소유하고 있지 않으며 (기관의 자산을 제외할 경우), 자금조달은 공공기관이 재단에 기부함으로써 이루어진다('역사의 집'의 경우 법적으로 보장된 연방의 의무를 통하여). 이러한 점에서 이와 같은 재단의 재정적 보장은 국영 재단이나 다름없거나 형식적으로 협회로 사유화된 공공문화기관이나 다름없다. 그럼에도 불구하고 재단의 기관법 형태를 통해 적지 않은 장점이 동반된다. 재단은 누구의 소유도 아니기 때문에 독립성의 정도가 특히 크다는 점이 그것이다. 이것이 얼마나 중요한가는 '역사의 집'의 예에서 알 수 있다. '역사의 집'은 재단의 구조 때문에 정부가 교체되어도 아무런 영향을 받지 않는다. 두 번째 장점은 경영에서 나타난다. 협회와 유사하게 재단은 경영·경영학적 조정을 독자적 판단에 따라 결정할 수 있다.

그런데 공공기관은 다른 무엇보다도 재단이 적합한 자산을 유지하고 있고, 진행되고 있는 사업수요를 포괄적인 면에서 자산의 수익금 내지 재단의 분배금으로 조달할 수 있는 경우에만 재단의 기본 생각에 동조한다. 가령 브라이스가우 프라이부르크의 모라트 재단에도 그 사실이 중요하다. 이 재단은 중요한 전시회와 주목할 만한 예술품 수집을 위해서만 재단의 수익금을 사용한다.

이 밖에도 자산 수익금을 제삼자의 활동 후원을 위해 사용하는 후원재단이 있고, 다른 기관과 공동으로 프로젝트를 수행하는 프로젝트 재단(실질적 재단이라고도 함)도 있다. 두 재단에 불가결한 원칙은 후원이든 협동 작업이든 그것이 재단의 의지와 부합할 때만 가능하다는 사실이다(297쪽 '제3의 자금' 참조).

▌유한책임회사

유한책임회사는 독자적 법 인격체를 갖고 있는 자본회사이다. 더 정확히 말하면 이 법인체는 자산을 갖고 있는 회사로서 무한 책임을 진다. 이 경우 회사에 대한 동업자의 책임은 단지 자산출자액 수준에 한정된다(그래서 유한책임회사라고 한다). 유한책임회사의 자본금은 최소한 5만 마르크이고, 출자액은 최소한 5백 마르크인데, 이때 서로 다른 동업자들의—동업자만이 중요하다—지분은 각기 다를 수 있다.

유한책임회사의 주도 기관은 회의, 감사기관, 경영진이다. 가장 상위의 기관으로서 회의의 과제는 협회에 있어서 회원들의 집회가 갖는 그것과 동일하다. 그 밖에도 회사의 회의는 스스로 권한을 누릴 수 있고, 경영진과 결부되어 개별 지시를 내릴 수 있다. 다시 말해 회의는 직접적으로 사업을 이끄는 데 영향을 미칠 수 있다. 감사기관의 구성은 유한책임회사법에 강제적으로 규정되어 있지는 않지만 회사의 조약에는 규정될 수 있다. 특히 규정의 준수와 경제성의 관점에서 경영진에 대한 감독이 감사기관의 일이다. 지방 기초자치단체가 단독으로 참여하거나 혹은 주된 사업 참여자인 유한책임회사 문화사업에서는 감사기관을 이용하게 된다. 그것으로 가령 민주적 의지의 형성기관이자 감독기관인 지방의회와의 결합을 보장하려는 것이다. 즉 독점적으로든 압도적으로든 지방의회의 구성원에 속하는 감사기관이 구성된다. 상업적인 총책임은 경영진이 짊어지고, 특히 문화사업 분야에서는 예술 분야의 총책임을 경영진이 짊어진다. 그런데 유한책임회사의 경영진은 독자적 권한 영역을 법적으로 보장받고 있지 않다. 즉 회사조약과 회사규약은 경영진의 행위의 자유를 제한할 수 있다는 것이다. 회사의 대표, 진행되는 사업의 관리, 경제계획의 수립, 연례 결산 및 인적 계획이 경영진의 과제에 속한다.

유한책임회사는 상업적 문화사업에서 선호하는 법 형태이자 경영 형태이다. 이익을 목표로 한 상업적 활동을 목표로 하기 때문이다. 유한책임회사는 자본금 내지 개별적 출자지분에 대한 책임 한정을 통해 동업자들에게 언제나 조망 가능한 위험부담을 제공한다. 공공기관과 공익기관이 문화기관을 유한책임회사로 운영하려는 조짐이 있지만 그것은 그다지 설득력이 있는 해결책이 못 된다. 일반적으로 유한책임회사로 주어지는 행위의 유동성은 전적으로 자가 경영 혹은 재단을 통해 도달될 수 있다. 특히 적지 않은 유한책임회사의 공적 동업자들은 강력한 감사기관을 통해 경영진이 갖는 법적으로 가능한 행위의 자유에 중요한 제한을 가할 수 있다. 근본적으로 유한책임회사는 독자적 수익금으로 자금조달을 할 수밖에 없다. 평균적으로 보아 독자 재정비율이 15% 이하인 극장의 경우 그러한 목적에 전혀 미치지 못한다. 그러므로 유한책임회사의 법 형태는 공공 극장의 경우에는 맞지 않다. 게다가 공공 분야에서는 자본금에 대해서도 거의 관심을 기울이지 않는다. 자본금은 한편으로는 유한책임회사가 지나치게 위험부담이 높은 사업으로 유인되지 않도록 낮게 책정되어야 하고, 또 다른 한편으로는 지속적으로 지불능력의 애로가 발생하지 않을 정도의 수준이 되어야 한다. 그런데 시립극장 유한책임회사가 자본금 5십만 마르크만을 소유하고 있을 경우 이 금액은 보통 정도의 비용이 드는 오페라공연의 비용보다 더 적다. 이 자본금은 유한책임회사의 매상고와는 아무런 관계가 없기 때문에 위험부담자본 일반으로 진지하게 받아들이기 위해 현저하게 증액되어야 한다. 공공·공익 분야의 경우 법 형태와 운영 형태로서 유한책임회사는 적지 않은 총 수익금이 기대되고 자본금이 실제 위험부담자본으로 투입될 수 있을 때에만 (예를 들어 문화 유한책임회사와 관광 유한책임회사의 경우) 고려되어야 한다.

총괄적으로 볼 때 어떤 경우에나 해당하는 이상적 법 형태와 경영 형태는 존재하지 않는다. 다른 분야와 마찬가지로 문화사업 분야에서도 개별적 경우를 면밀히 검토해야 한다. 이때 영리 경영이냐 비영리 경영이냐의 근본적 방향, 독자 재정의 비율, 추구된 행위의 유동성 및 공공 분야인 경우 민주적 조정과 관리가 가장 중요한 선택과 결정의 기준이다.

문화와 유럽

유럽연합의 탄생, 단일화폐 도입 이후 유럽 또한 정치·경제·법적 한정조건으로서 독일어권 문화예술경영에서 그 중요성이 점차 커지고 있다. 물론 단기간 내에 유럽의 통일된 문화정책은 기대하기 힘들며 바람직하지도 않다. 그러나 법의 조화(경쟁법의 조화의 틀 내에서 책 가격의 결합을 둘러싼 논쟁의 경우를 생각해 보라)와 국가들 간의 문화 활동의 후원(이를테면 수많은 유럽연합 후원함)은 요즘 아주 중요한 요소가 되고 있다. 이러한 이유에서 문화예술경영이 유럽적인 구성요소를 다룰 필요가 있는 것이다.

문화 체험은 공간적 근접성과 직접성에 매우 본질적인 영향을 받는다. 문화를 매체에서 체험하지 않는 경우 우리는 문화를 지역적 혹은 지방적 관계, 기껏해야 민족적 관계에서 찾는다. 아주 당연한 듯 우리는 서양의 문화전통에 관해 언급하지만 유럽문화는 개인적 관심사로서 쉽게 우리에게 다가오지 않는다. 그런데 이러한 모순은 세계 경제적 경쟁과 관련하여 극동, 북미 혹은 유럽을 구분할 때 놀랍게도 사라지고 만다. 유럽의 문화가 일차적으로 세계시장분할의 표징이라는 위험은 이러한 연관에서 아주 분명하다. [2]

그러면 문화와 유럽 혹은 유럽의 문화정책과 문화작업을 어떻게 이해할 수 있을까? 경계를 넘어서는 문화사업, 즉 국제적 문화작업이 중요한가, 아니면 우리의 예술, 음악, 문학 그리고 일상의 기호에 담겨 있는 문화전통의 보존이 중요한가?

마스트리히트 조약(1991년 12월 9, 10일)의 '문화약관'(조항 128)을 읽어 보면 다음과 같은 것이 문제된다.

---

2) 이에 대해서는 헌팅턴(Huntington 1996)의 유사한 논증과 비교.

1. 공동체는 구성원 국가들의 민족·지역적 다양성을 보장하는 동시에 공통의 문화적 유산을 강조하면서 각 구성원 국가들의 문화를 발전시키는 데 기여한다.

2. 공동체는 자체 활동을 통해 구성원 국가들간의 공동작업을 후원하고, 필요한 경우에는 다음과 같은 분야를 지원하고 보충한다.

 - 유럽 민족의 문화와 역사에 관한 인식을 개선하고 알리기

 - 유럽적 의미의 문화적 유산의 유지와 보호

 - 비상업적인 문화교류

 - 시청각 분야를 포함한 예술 · 문화적 창작

3. 공동체와 구성원 국가는 제3세계와의 공동작업을 후원하고 문화 분야에 속하는 국제적 조직체, 특히 유럽협의회와의 공동작업을 후원한다.

4. 공동체는 다른 계약의 규정을 기반으로 자신들의 활동에서 문화적 측면을 고려한다.

5. 이 조항의 목표를 구현하기 위해 협의회는 다음의 과정을 따른다.

 - 조항 189b의 절차에 따라 지역위원회의 도움을 얻어 구성원 국가들의 법 규정과 행정 규정의 조화를 제외한 상태에서 후원조처를 공포한다. 협의회는 조항 189b의 절차의 범위 내에서 일치된 결의를 한다.

 - 전문위원회의 제안을 만장일치로 결의한다.

서두에 제기된 모든 문제의 표제어들이 이 조항에서 반복된다. 즉 '민족 · 지역적 다양성' 및 '공동의 문화적 유산', '활동에 대한 지원 (문화작업)'과 함께 '예술 · 문화적 창작'에 관해서 언급되고 있다. 그 런데도 재차 구성원 국가들과의 조정이 조심스럽게 환기되고 있으 며, '민족 · 지역적 다양성의 유지'가 고려된다. 부득이하게도 유럽 문화와 문화정책보다는 오히려 문화후원을 위한 새로운 행정적 측 면이 중요시된다.

사실 유럽의 문화정책 중에는 부분적으로 복잡하고 지출이 많이 드는 관리규정으로 이루어진 일련의 후원 프로그램이 눈에 띈다. 유 럽연합의 문화후원 프로그램은 상대적으로 자주 변화하기 때문에 여기에서는 현재 진행되고 있는 프로그램에 대해 아주 일반적으로 만 조망해 보겠다.

- 만화경(개인이 아닌 조직에 의해 최소한 유럽의 세 나라에 의해 수행 되는 예술 · 문화적 프로젝트 후원)
- 라파엘(가동적 문화유산과 비가동적 문화유산의 유지와 이용을 위한 후원)
- 아리안느(동시대의 문학과 번역, 참고서적에 대한 후원)

2000년부터는 '문화 2000'이라는 이름으로 새로운 후원 프로그 램이 기획되었다. 이 프로그램은 기존의 개별 프로그램을 상당 부분

보충하고 있다. 규모도 6천 7백만 마르크에 달한다. 그러나 이 문화 프로젝트는 참여 권리가 있는 29개국을 후원해야 하므로 눈에 띄게 제한을 받을 것이다. ('문화 2000' 유럽 프로그램의 규모는 하이델베르크, 아우크스부르크, 뮌스터, 킬과 같은 도시의 1년 문화 예산과 맞먹는다.)

유럽연합의 후원 프로그램이 행정적으로 복잡하여 적어도 절반 정도라도 알 수 있게 하기 위하여 1999년 독일 문화위원회로부터 '문화 접촉점'이라는 이름의 정보 및 접촉 제공처가 만들어졌다. 이 정보 사무실은 본에 위치한 '문화의 집'에 있고, 물론 인터넷 접속 (www.kulturrat.de/ccp)도 가능하다.

이러한 후원 프로그램이 개별적인 경우에 제아무리 유용할지라도 '문화사회 유럽'이 이것을 통해 도달될 수는 없는 일이다. 그래서 '청각매체, 정보, 의사소통, 문화' 부문의 이전 유럽 총재였던 코레트 플레쉬는 그러한 행정적 한정조건을 훨씬 넘어서는 요청을 하고 있다.

"저는 …… 아주 폭넓고, 포괄적 의미에서의 문화에 관해 말하고 있습니다. 왜냐하면 유럽의 미래의 담론은 다음과 같은 것이 될 것이기 때문입니다.

- 역사의 담론
- 생태학 및 경제담론
- 기술 및 학문의 담론

- 이주와 이민의 나라로서 유럽에 관한 담론
- 독자적인 것과 낯선 것에 대한 담론, 문화접촉과 문화교환 그리
  고 종교 및 관용에 관한 담론"(Flesch 1992: 14).

코레트 플레쉬는 같은 글의 다른 곳에서 이렇게도 언급한다. "서
유럽의 모델이 생태학·경제·기술·정신적으로 확장시키고 싶지
않다는 데 대해 작용을 가해야 할 것입니다. 질적으로 변해야 합
니다"(같은 곳 14).

여기에서 아주 다른 요구, 즉 유럽적 관련 내에서의 고유한 특질
을 지닌 문화의 차원이 표현되고 있다. 독자적인 정치·경제·사회
적 전통을 갖고 있고, 언어의 장벽이 두드러지고, 수많은 전쟁 부담
을 안고 있는 각기 다른 민족들로 이루어진 유럽에서 플레쉬에 의
해 언급된 포괄적 '미래의 담론'을 이끌 수 있는 길은 많지 않을 것
이다. 아마도 이러한 방향의 유일한 길이자 마지막 기회는 문화 중
심의 담론이 될 것이다.

유감스럽게도 마스트리히트 조약에는 이에 관한 언급이 없다. 국
제법 전문가들은 그것에서 어떠한 행위의 요구도 인식할 수 없기
때문인 듯하다. "유럽경제공동체 기관의 (정치 관련) 기능적 관할 규
칙에 의거하여 자유로운 상품 교류, 개업 및 서비스업종 자유 구축
과 같은 개별적인 대상에 있어서 유럽공동체가 민족적 문화정책에
개입하는 일은 전적으로 가능하고 허용된다. 반면 유럽공동체는 통

상적인 문화권한을 소유하고 있지는 않다. 아니 그 권한은 예나 지금이나 구성원 국가들에 속한다. 기능 유지를 위한 조처를 도외시한다면 유럽공동체가 갖는 문화권한은 통일적인 유럽문서 조항 1에 따라 유럽연합을 구축하기 위한 구성원 국가들의 의무와 '점점 더 긴밀한 결합'이라는 목표 설정을 설명해 주지 못한다. 그것이 중요하지 않을 수도 있다. 그래서 유럽문화 공간의 창출은—존재하고 있으나 유럽공동체의 규약을 요구하지 않는—경제공동체의 과제가 아니다"(Ress 1990: 5).

이러한 특수한 상황을 아주 정확하게 인식한 가운데 1988년 독일 문화위원회는 공동작업에서의 관대함, 자발성, 개방성과 상호간의 특수성에 대한 인정을 네 가지 유럽문화 활동의 원칙으로 추천하였다(Austen/Cornel 1989: 14). 이러한 관대함과 개방성이야말로 한계를 구체적으로 극복하는 것은 아니지만 플레셔가 말한 "미래의 담론"을 가능하게 할 것이다. 동시에 이것은 "지방주의, 모든 종류의 소시민 생활로의 퇴각, 자기도취의 재고, 이방인 적대감, 민족주의, 불확실함에 대해 문을 닫으려 하거나 잘못된 예언에 미혹되는 모든 형태의 불합리성에 대한 투쟁"에 가장 좋은 수단이다(Picht 1992: 32).

이러한 방식의 개방적 문화정책은 문화예술경영의 수행에도 중요한 변화를 요한다. 유럽적 문화예술경영은 협조행위나 공동행위를 위한 한정조건만을 준비할 수 있다. 차이를 극복하기 위한 조정행위나 국가들간에 정의된 문화정책을 실현하기 위한 조정행위는 실패할 확률이 높다. 그렇다고 그것을 제약으로 느껴서도 안 된다. 오히려 "차이를 풍부함으로 받아들이는 능력을 발전시켜야 한다" (Biedenkopf 1989: 21). "즉 우리는 이러한 문화적 차이를 연구하고 표현하며, 총체적인 문화적 실체 속에서 그것을 재차 제공하고 분명히 해야 한다. 그렇게 하지 않으면 우리가 필요로 하는 관용에는 도달할 수 없다"(같은 곳 22).

이와 관련하여 문화를 가능하게 하려는 문화예술경영은 제약에 지배되지 않고 그 대신 분명하게 확대된 요구를 눈앞에 두고 있다. 몇 년 전까지 독일 대학들의 로만어 학과는 프랑스 문학사와 문화사 연구에 한정된 채 만족하였다면, 요즘 프랑스 연구를 위한 연구소(브라이스가우 프라이부르크)나 독일·프랑스 연구소(루트비히스부르크)는 아주 다른, 그것에 그치지 않는 요구에 직면해 있는 것이다. 학문 연구에 중요한 것이 문화예술경영에도 중요함에 틀림없다. 문화정책과 유럽의 문화작업은 '차이의 풍부함'이 인식될 수 있고, 이미 언급한 문화 중심의 담론이라는 의미에서 이득을 불러들일 수 있도록 전환되어야 할 것이다.

문화와 경제

문화와 경제 간에 관련이 있을 수 있다는 사실이 부정되지는 않았지만 독일어권에서는 오랫동안 간과되어 왔다(문화사업에 대한 호르크하이머와 아도르노의 부정적인 논평을 참조 Horkheimer/Adorno 1971: 108~150). 1980년대 중반에 들어서야 이 주제가 처음으로 거론되었고, 문화정책적 관심의 중심 대상으로 떠올랐다. 무엇보다도 이 주제를 다루고 있는 상대적으로 많은 숫자의 학문적 저술에서 그것이 드러나고 있다.[3] 연대기적으로 유럽에는 특히 다음과 같은 연구가 있었다.

- 오스트리아의 경제에서 연방 극장의 위치(Abele/Bauer 1984)
- 취리히 문화연구소의 경제적 의미(취리히 은행 베어의 위임에 따른 평가, Bischof 1984)
- 암스테르담 예술의 경제적 의미(Van Puffelen 1986)
- 브레멘 문화 공급의 경제적 영향력(Taubmann/Behrens 1986)
- 잘츠부르크 지역을 실례로 본 축제, 전문 박람회, 공항의 경제적 이용(Kyrer 1987)
- 예술과 문화의 국민경제적 의미. 연방 내무부의 위임에 따른 평가(이른바 이포 연구, Hummel/Berger 1988)

---

3) 추가로 미국에서 나온 두 개의 오래된 연구들 또한 언급할 만한 가치가 있다 (W. J. Baumol 과 W. G. Bowen : Performing Arts - The Economic Dilemma, Cambridge/Mass. 1966). 그리고 The Port Authority of New York and New Jersey: Die wirtschaftlichen Auswirkungen der Künste auf die Stadtregion von New York/New Jersey, New York 1983.

- 지역과 지방의 이익 재단의 측면에서 본 엠던 아트홀에 대한 공공기관의 투자(Hensmann 1988)
- 경제 요인으로서의 문화. 본 오페라의 경우(Heinrichsmeyer/Britz/Rau 1989)

유럽에서 '문화와 경제'를 주제로 한 최초의 연구가 가까운 이웃나라 오스트리아(Abele/Bauer 1984), 스위스(Bischof 1984) 그리고 네덜란드(Van Puffelen 1986)에서 있었다는 사실이 눈에 띈다. 1970년대 서독의 문화정책적 목표 설정은 아직 그러한 주제에 대한 포문을 여는 데 장애로 작용하였다. "자본주의 비판의 시기 이후"(Fohrbeck/Wiesand 1989: 13)에야 비로소 3, 4년 주저한 끝에 (Taubmann/Behrens 1986, 훔멜과 베르거의 이포 평가[Hummel/Berger 1988] 이후)야 광범위하게 그 주제에 관심을 돌리기 시작하였다.

한번 포문이 열리자 "우회경제성"(Hummel/Berger 1988), "소재지 선정 요인 문화"(Weilepp 1988), "경제 요인으로서의 문화" (Taubmann/Behrens 1986과 Heinrich smeyer/Britz/Rau 1989), "확대재상산자", "스폰서십"(Bruhn 1987/1991), "패트론으로서의 자세" (Fohrbeck 1988)와 같은 표현들이 집중적으로 문화계의 논의를 지배하게 되었다. 예전에는 거의 상상할 수 없는 일이었다. 이러한 의미 변화의 원인을 상세하게 다루지 않고도 (이에 대해서는 Fohrbeck/Wiesand 1989: 11ff.와 31ff.를 참조) 1988~89년부터 '문화사업' 혹은

'문화경제'와 같은 개념이 비주체자의 역할을 벗어나게 되었다는 사실을 확인할 수 있다.

경제 요인으로서의 문화

이러한 연구의 가장 중요하고 지금까지도 논의의 여지가 없는 성과는 문화가 경제 요인이라는 것을 검증했다는 점이다. 다른 모든 경제 분야와 마찬가지로 문화사업에서도 국민경제적 의미에서 잉여생산을 제공하는 총매상고가 이뤄진다. 또한 다른 모든 경제 분야처럼 문화사업도 일자리를 제공한다. 학문적 이해 이전에도 이러한 확인은 논의의 여지가 없는 사실이었지만 언급된 연구들의 도움으로 문화사업이 사람들이 이전에 추측하였던 것 이상으로 경제의 요인이자 노동시장의 요인이라는 점이 드러나게 되었던 것이다.

물론 이와 관련하여 사용할 수 있는 자료를 획득하기는 그리 쉽지 않았다. 상업·비상업적분야를 포함한 문화사업이 국민경제적으로 파악되기에는 상당히 문제가 있는 것으로 드러났기 때문이다. 경제학자들이 선택한 해결책이 문화사업의 새로운 이해에 많은 것을 이야기해 주고 있으므로 문화 분야의 국민경제적 경계 구분을 둘러싼 논의를 간략하게 환기할 필요가 있다.

이 논의에서 중요한 이포 연구는 다음과 같은 사실을 밝힌다. "예술 분야와 문화 분야를 이해하기는 부분적으로 대단히 어렵다. 기존의 자료는 불완전하고 파악된 분야를 구분하는 관점에서 볼 때 일부 극히 차이가 있다"(Hummel/Berger 1988: 55). 이 점은 특히 직접적으로 예술과 문화를 만들어 내지는 않으면서도 문화사업과 긴밀하게 결합되어 있는 (도서사업 같은) 분야에 해당된다. 작업 전 분야와 작업 후 분야를 구분하는 것(Hummel/Berger 1988: 106ff.)과 마찬가지로 좁은 의미와 넓은 의미의 문화경제를 구별하는 것(Fohrbeck/Wiesand 1989: 44f.)은 당혹스런 해결책에 지나지 않는다. 재정통계와 경제통계가 다시 다른 관점에 따라 분류되기 때문에 이 주제에 대한 두 출판물을 서로 비교하는 일은 거의 불가능하다.[4]

비교 가능성은 흔히 서로 다른 경제적 측정 가치를 사용함으로써 더 어렵게 된다. 홈멜과 베르거(1988: 115)가 생산가치와 총잉여생산을 우선시하는 반면 포르벡과 비잔트(1989: 44f.), 그리고 홈멜과 브로트벡(1991: 45)은 총매상고를 척도로 삼고 있다. 이러한 세 가지 분류 중에서 하나를 선택하는 고민은 특히 경제기업의 자료를 공공 문화사업의 그것과 비교하는 어려움과 결부된다. 즉 공공 예산계획에서 문화적 지출에 대한 순지출을 민간 문화사업의 경영학적 가치 등급과 어떻게 대비해야 하는가? 하지만 두 분야가 서로 긴밀하게 결부되어 있기 때문에 여기에서 중요한 비교 자료를 획득할 것이라

---

4) 홈멜과 베르거(Hummel/Berger 1988: 267)의 경계 구분조차도 노력을 기울여서야 홈멜과 브로드벡(Hummel/Brodbeck 1991: 37)의 그것과 비교할 수 있다. 물론 경제 연구를 위한 이포 연구소가 두 경우에 책임을 떠맡고 있기는 하다.

는 바람을 갖는 것은 당연하다.

매상고는 연내에 외화된 상품과 서비스의 가치를 특징짓는다. 매상고는 경영적 회계제도와 수익성 계산의 토대이지만 국민경제적 평가에서는 제한적으로만 사용 가능하다. 공공기관은 서비스와 재화를 외화하는 부분이 적기 때문에 매상고의 크기를 비교의 기준으로 삼기에는 적합하지 않다.

생산가치는 총매상고를 훨씬 넘어서며, 그와 함께 반제품과 완제품(재고)에서의 재고 변화 및 스스로 만들어 낸 시설(가령 새로운 프로덕션 홀)도 포함된다. "국가의 성과물에는 일반적으로 시장가격이 존재하지 않는데, 국가의 생산가치에는 국가의 비용(국가의 재료 구매 비용 및 공공 공무원들에 대한 임금과 급료)이 책정된다"(Mentzel/Wittelsberger 1977: 319).

총생산가치로도 표현되는 생산가치에서 다른 분야에서 조달된 이전 생산물(원료, 경영의 재료, 반제품, 다른 곳에서 조달된 임금노동 등)을 공제하면 순생산가치가 남는다. 이 순생산가치를 흔히 총잉여생산 혹은 "개별경제 분야의 경제적 성과물"(Gabler 경제사전 1993: 3756)이라고 한다. 이 순잉여생산은 "어떤 분야의 독자적 경제 성과물에 대한 측량 단위로서 다음과 같은 것이다.

 - 의존 노동의 수입
 - 기업가 활동과 자산의 수입

- 감가상각

- 보조금(생산을 위해 지속되고 있는 보조금 등)을 제외한 생산세(영
  업세, 토지세, 자동차세 등)의 잔액

이익을 목표로 하지 않는 공공 극장과 같은 공공기관의 경우 순
잉여생산은 감가상각, 생산세, 의존 노동의 수입만을 포함한다. 손
실과 공공기관을 통한 손실의 보충은 여기에서 포착되지 않고, 분리
된 채 양도의 형태로 장부에 기입된다"(Hummel/Berger 1988: 55).

1988년 옛 서독의 공공, 민간 분야를 통틀어 전체 문화사업에 대
한 생산가치, 총잉여생산(총생산가치), 생업 활동자들의 수가 아래의
도표 9에 나타나 있다(Hummel/Waldkircher 1992).

그 사이에 낡아 버린 자료들을 상세하게 검토할 필요없이 상당히
놀랄 만한 인식이 서독 문화사업의 새로운 국민경제적 관점과 결부
되어 있다는 점을 확인해 볼 수 있다. 500억 마르크가 넘는 순잉여
생산은 에너지 공급의 그것과 유사하며, 80만이라는 종사자 수는 식
품영업의 비교 수치를 능가하고 있다. 이 결과 분석은 1980년대 말
이후 문화사업 외부에서도 문화사업을 전혀 다른 관점에서 보게
하는 데 결정적으로 기여하였다(109쪽 '민간 상업적 문화사업' 참조).

특히 1988년 홈멜과 베르거, 1992년 홈멜과 발트키르허에 의해
탐구된 전반적 문화사업의 국민경제적 범주는 각기 다른 문화사업
들의 직접적 총매상고만을 고려하지 않고, 후속 효과까지도 포함시

도표 9. 문화사업 전 분야의 생산가치, 총잉여생산, 생업 활동자 (1988)

분야	생산가치	총잉여생산	생업 활동자의 수
	(단위: 백만 마르크)		
핵심 분야(예술가, 극장, 오케스트라, 박물관, 전시회, 시민대학, 음악학교, 기념비 보호, 출판, 영화/비디오, 라디오, 문화관리)	59,150	25,050	382,400
작업 전 분야(종이나 영화 재료와 같은 원료를 공급하는 기업, 음악 기구, 사진기, 종이기계처럼 생산물을 만들어 내고 시장화하기 위한 기구를 만드는 기업)	36,890	13,140	203,800
작업 후 분야(도서, 잡지, 레코드, 음악 기구 및 도서관)	54,220	12,320	202,000
문화사업 전반	150,260	50,510	788,200

킨다. 이 효과는 문화사업과는 전혀 다른 경제사업에서 발생한다. 확대재생산의 효과라고도 일컫는 이 후속 효과는 이른바 우발 분석에서 산출된다. 예를 들어 여행, 주차, 저녁식사, 숙박을 위한 비용도 극장 방문의 총매상고로 함께 고려되는 것이다. 몇몇 산정들은 이보다 더 나아가 미용실 방문, 옷과 장식품을 위해 지출한 몫까지도 고려한다(Bischof 1984). 이를 통하여 200%까지 경제적 확대재생산 효과가 유발된다. 다시 말해 공공기관의 극장에 소용되는 비용의 두 배가 극장 운영의 후속 효과로서 국민 경제에 추가로 전환되

는 것이다. 이러한 관점에서 볼 때 문화 기관들은 엄청난 외부 효과들을 파생하는 생산의 저장고인 셈이다.

이와 같은 외부적 효과가 다시금 다른 곳에서 총매상고와 수입으로 귀결되고 (호텔, 자동차산업, 미용업 등), 그와 관련한 세금과 사회보장 분담금이 지불되므로 국가에 역류되는 결과를 낳는다. 이를 문화 분야에서 국가에 대한 순양도 혹은 경영학적 재생산 관점에서의 우회생산성이라 부른다.

하인리히스마이어, 브리츠, 라우(1989)는 본의 오페라를 실례로 오페라 운영이 민간경제와 공공 예산에 미치는 효과를 다음과 같이 산정하였다.

오페라의 고정지출	610만 마르크
오페라 종사자들의 소비 지출	1,940만 마르크
오페라 관객의 부수적 지출	280만 마르크
관련 생산물[5]	1,770만 마르크
확대재생산 효과	2,480만 마르크
총매상고	7,080만 마르크
오페라 운영이 공공 예산에 미치는 효과는	
순잉여생산에 상응한다	3,330만 마르크
공공 기부	3,420만 마르크
세금의 역류	1,100만 마르크
순부채	2,320만 마르크

5) 생산 분과에서 상품과 서비스가 소비되었다.

순잉여생산 의미의 총매상고와 수입에서 1천 1백만 마르크가 세금과 보험료로 다시 국가에 역류된다는 결과가 나타난다. 결과적으로 국가는 본 오페라의 보조금으로 순수하게 2,320만 마르크만을 (3,420만 마르크 대신에) 지불한 것이다.[6]

이와 같은 사실을 전반적 문화경제와 관련시킬 때 그 결과는 훨씬 더 인상 깊게 나타난다. 국가보조를 전혀 받지 않는 사업(가령 출판사)도 순양도에 포함되기 때문이다. 이포 연구가 제시했듯 1988년 공공기관의 87억 7천만 마르크의 기부금에 대해 전체 문화사업에서 역류된 금액은 191억 3천만 마르크에 달하였다. 이로써 문화 분야의 국가에의 순양도는 103억 6천만 마르크에 해당하였다(Hummel/ Waldkircher 1992: 14).

예술가들과 예술 매개자들이 이러한 숫자에 대해 가졌던 당연한 흥분은 벌써 가라앉은 지 오래다. 심사숙고한 끝에 이 결과는 유명무실한 성공에 지나지 않다는 사실이 드러났기 때문이다.

- 순양도나 우회생산성은 공공 문화사업과 민간 문화사업이 공동으로 국민경제적 산정을 도입할 때만 긍정적 총성과에 도달한다. 공공 기업들은 매상고세와 법인세를 지불하지 않고 세금

---

6) 이러한 만족스러운 결과는 본의 시 재정국장에게 별로 깊은 인상을 남기지 않았을 것이다. 왜냐하면 그것은 도시 본에 덜 유리하고, 연방과 주 정부들에 유리한 세금과 공과금이 문제되기 때문이다.

에서 나온 보조금을 수취한다. 반면 민간 기업들은 공공 보조금을 받지 않고 세금과 공과금을 지불한다. 이른바 순양도는 민간 기업들의 경우 세금과 공과금의 잔고이며, 공공 기업들의 경우에는 공공 보조금의 잔고이다. 결국 순양도는 보조금을 지급받지 않고, 납세의무를 지는 민간 문화사업이 전체 계산에서 차지하는 몫이 크면 클수록 더 높게 된다. 그러므로 순양도를 높이는 것이 정책적 목표가 된다면 공공 문화사업을 축소시키고, 민간 문화사업을 더 확대해야 한다. 모든 극장과 도서관 혹은 박물관이 그렇게 되길 원치 않는다면 이와 같은 유혹적인 우회경제성의 논거를 빨리 공식석상에서 제거해야 할 것이다.

- 순양도와 경제적 부수 효과(우발 분석에서의 확대 재생산 효과)의 관점에서 문화에 대한 기부는 본래 보조금이 아니라 경제에 대한 투자라는 논증을 자주 들을 수 있다. 그런데 이러한 논증은 술책이 없지 않다. 만약 실제로 경제적 촉진을 위한 투자라고 하면 그 투자가 갖는 효과가 검토되어야 한다. 즉 투자가 의도 했던 경제적 효과(일자리, 수입)가 다른 분야에 대한 투자에 비하여 본질적으로 더 나은 결과를 낳았는지의 문제를 재차 새롭게 제기해야 할 것이다. 가령 문화예산으로 1억 마르크를 설정하고 있는 어떤 대도시가 그 금액을 문화 대신에 고도기술산업에 투자한다면 아마도 그것을 통하여 더 많은 일자리와 문화 영역과 비교해 훨씬 더 높은 순잉여가치를 얻을 수 있을 것이다.

이와 같은 한계에도 불구하고 문화가 경제의 요인이자 노동시장의 요인이라는 점은 논의의 여지가 없다. 우회경제성의 논증 자체도 그것을 정확하게 투입할 경우에 중요해진다. 가령 문화 공급이 손님들을 도시나 지역으로 끌어들이고, 다른 지역에서는 행하지 않을 지출을 하도록 할 경우가 그러한 실례에 속한다. 그 대표적 예가 잘츠부르크 축제이다. 1998년의 분석(Gaubinger 1998)에 따르면 방문객 중 81.9%가 호텔이나 여관에서 숙박하였고, 평균 체류기간은 7.5일이었다. 결국 축제방문객들이 숙박과 음식값만으로 해마다 5억 3,800만 실링을 지불한다는 데 놀라지 않을 수 없다. 축제 입장료와 함께 경제적 부산물은 당연히 전체 산출을 유리하게 한다. 이와 관련한 개별적인 수치는 다음과 같다.

축제 운영의 직접적 총매상고	2억 9,300만 실링
축제 방문객들의 직접적 총매상고(숙박 등을 포함)	7억 2,500만 실링
간접적 확대재생산 효과	11억 1,300만 실링
경제적 총매상고 효과	21억 3,100만 실링
이로부터 귀결되는 세금과 공과금	3억 3,000만 실링
국가와 시의 기부금 (관광후원기금포함)	1억 5,300만 실링
차액	1억 7,700만 실링

이에 따르면 오스트리아 연방, 잘츠부르크 주 정부, 잘츠부르크 시는 축제에 기부한 금액 그 이상인 1억 7천 7백만 실링(혹은 2천 5백만 마르크)을 세금과 공과금을 통해 수취한다. 이와 같은 '참된' 우회 경제성은 외국 방문객들이 그들의 고향이나 다른 곳에서는 하지 않을 지출을 잘츠부르크에서 할 경우에 더 부가된다.

결론적으로 문화와 전혀 무관한 근거로 문화지출을 꾀하는 일도 충분한 근거가 있다. 그렇지만 논증을 수미일관되고 세심하게 검토한 후에 그와 같은 일이 행해져야 할 것이다.

소재지 선정 요인과 이미지 요소로서의 문화

국가와 경제 간의 관계를 다룰 때 1980년대 말부터 두 가지 주제가 더 거론되고 있다. 그 중 하나가 '소재지 선정 요인인 문화'이고 두 번째가 '이미지 요소인 문화'이다. 소재지 선정 연구의 범위에서는 늘 강한 소재지 선정 요인과 약한 소재지 선정 요인이 열거된다. 기업가에게 직접적으로 물질적 장점이 되는 (부동산 가격, 고속도로 연결 혹은 영업세율 등) 측면이 전자에 해당하며, 물질적으로 파악되기 어려운 측면이 후자로 간주된다(현지의 주거와 생활의 질, 여가 시간, 문화, 교육의 제공) (Lüder/Küpper 1983과 Grabow/Henckel/Hollbach-Grömig 1995).

이러한 맥락에서 문화 또한 약한 소재지 선정 요인으로 불린다

(Weilepp 1988). 어떤 소도시가 환경 친화적 산업과 영업, 즉 고도기술 관련 기업을 정착시키려는 경우, 능력 있는 직원들이 소도시 자체에 매력을 느낄 수 있도록 문화와 교육을 전면에 내세운다. 고도기술 관련 기업들과 서비스사업은 특히 교육 수준이 높은 직원들을 필요로 하는데, 그들은 대개 자신과 가족들을 위해 평균 이상의 문화와 교육 혜택을 요구한다. 그에 적합한 제공물 없이 위에서 언급한 분야의 사업에 요구되는 질 높은 직원들을 소도시로 스카우트하는 일은 성공할 수 없다. 따라서 문화는 소재지 선정 요인으로서 도시만이 아니라 (환경 친화적 일자리의 보장과 세수의 목적 달성을 위해) 이주해 오려고 하는 기업에게도 중요하다.

물론 이 지점에서 두 가지 한계가 분명하게 밝혀져야 할 것이다. 우선 한 가지는 그 직원들에게 문화적 제공물이 결정적 영향을 미치지는 않는다는 점이다. 여가시간, 스포츠 제공, 주거의 질, 아이들을 위한 교육시설, 국민 보건시설과 휴양의 가능성이 문화와 동일한 의미를 차지한다. 그러므로 문화적 소재지 선정 요인은 다른 사회적 기반 시설의 약한 요소와 연관하여 보아야 한다. 그러나 그것을 과소평가해서는 안 된다.

두 번째 소재지 선정 요인으로서 문화는 인적 경영(예를 들어 직원들의 모집과 결합) 및 제한적으로나마 기업의 마케팅 속에 표현되어 있다는 사실을 확인할 수 있다. 1995년부터 1997년까지 루트비히스부르크 문화예술경영학과가 함부르크 경제·정치학과와 공동으로 독일의 12개 중간도시들을 경험적으로 분석한 바에 따르면, 소재지의 선택에서나 확보에서 문화가 그다지 중요한 역할을 하지 않는다는 점이 명백하게 드러나고 있다(Wüstenrot Stiftung 1999). 또 다른 연구들에서 제시되고 있듯, 문화 요소는 "기업의 소재지 결정에서 제한적으로만 중요하다. 문화 요소는 기업의 관점에서 볼 때 가장 중요하지 않은 요인 중의 하나이기 때문이다"(Grabow/Henckel/Hollbach-grömig 1995).

이와는 달리 '이미지 요소로서의 문화'는 아주 다르게 평가될 수 있다. 위에서 언급한 경험적 연구에서 증명되었던 대로 문화 공급은 한 도시의 가장 중요한 이미지 형성 요소에 속한다. 무엇이 도시를 특징짓는가라는 질문에 12개의 독일 중간도시에 사는 응답자 2,400 명은 도시의 이미지로 다음의 요소들을 꼽았다(Heinrichs/Klein/Hellmig 1999: 125).

도시의 상	28.4%
경치	25.6%
문화	15.5%
살기 좋음	15.0%
여가	8.3%
손님에 대한 환대	7.2%

변화될 수 있는 이미지 요소 중에서 (도시의 상과 경치는 변화되지 않거나 매우 제한적으로만 변화된다) 문화가 가장 우위를 차지하고

있다. 타인이 갖는 이미지(다른 도시 거주자를 통한 도시 이미지의 평가)와 고정 이미지(어떤 요소가 한 도시의 이미지에 결정적일 수 있는가?)에 대한 물음에서도 유사한 결과가 도출되고 있다.

더 나아가 문화공급이 한 도시에 대한 타인 이미지에 영향을 미치는 한 거의 92.1%에 육박할 정도로 긍정적 영향과 관련된다는 점도 이 분석에서 밝혀졌다. 즉 문화가 대표하는 경우 거의 전적으로 긍정적 대표에 속한다. 이에 반해 비문화적 이미지 요소(여가, 살기 좋음, 스포츠 등)에 대해서는 응답자의 71.8%만 긍정적으로 평가하고 있다. 이와 같은 평가에 따르면 한 도시가 문화적 이미지를 시의 이미지로 택해 부각시킬 경우 어떠한 위험부담도 동반하지 않는다는 것이다. 극히 드문 경우에만 문화적 이미지가 부정적 평가를 야기한다(같은 곳 129).

이러한 이유에서 시와 주 정부는 문화공급을 의도적으로 마케팅 활동에 이용하고 있다. 즉 문화도시 마케팅은 적절한 표제어이다(84쪽 '공공 문화사업의 현실적 경향과 도전' 참조). 그런데 경제기업들도 문화가 갖는 이러한 긍정적 이미지 작용을 이미 간파하였고, 그것을 마케팅 조처로 이용하고 있는 점이 문화사업에서 더욱 흥미롭다. 결과적으로 그것은 이미 언급된 문화적 이벤트에 해당된다. 이는 경제기업들에 의해 새로운 홍보 전략의 틀 내에서 투입되고 있다. 또한 그것은 문화의 긍정적 이미지를 경제 생산에 이전시키는 일이 목표인 문화 스폰서와도 관련이 있다(297쪽 '제3의 자금' 참조).

문화 요인으로서의 경제

문화와 경제의 관계에 관해 언급할 때 지금까지 서술한 관점에만 한정시켜서는 안 된다. 경제에 대한 문화의 관계만 존재하는 것이 아니기 때문이다. 문화에 대한 경제의 관계 역시 존재한다. 그리고 경제에서 출발하여 문화에 작용을 미치는 중요한 상호관계도 성립된다. 그것의 도움으로 다양한 문화 일반이 비로소 가능하게 되는 문화스폰서뿐만 아니라, 산업생산과 같은 것도 그와 관계한다. 즉 적지 않은 산업 혁신이 문화사업과 예술가의 구체적 작업에 직접적인 영향을 끼친다. 가령 라디오 방송의 발견은 방송극을 고유한 문학형식 일반으로 가능하게 하였다. 텔레비전으로 인해 연속극과 텔레비전 토론(토크쇼)이 생겨났다. 가장 최근의 발전은 비디오와 새로운 매체들에서 나타나고 있다. 산업에서 아주 다른 목적으로 만들어진 컴퓨터가 없다면 예술적 표현형식으로서 새로운 매체들은 도움이 되지 못할 것이다. 디자인과 선전그래픽의 영향도 아주 유사하게 볼 수 있다. 이와 관련하여 로이 리히텐슈타인을 언급하는 것이 적절할 것이다. 문화사업이 산업과 경제 정도에 놀랄 만한 이득을 보고 있다는 점은 쉽게 간과된다. 우리는 "경제 요인 문화"만이 아니라 "문화 요인 경제"(Scheytt 1990: 119)와도 관계하고 있다.

문화와 경제의 관계는 아주 다양하므로 단편적으로 판단해서는 안 된다. 넓은 의미에서의 문화는 경제의 본질적 토대에 속한다. 생산과 거래에서의 노동 분업적 조직, 욕구의 환기와 만족의 관계, 그리고 시장 자체도 문화적 성과물이다. 인간관리와 그 관리를 공통 목표로 하는 경우 문화에 제약을 받게 된다는 사실(경제 행위를 다른 문화공간과 비교할 때 드러나는 바)을 의식하지 않고 기업문화란 생각할 수 없다. 이를 달리 표현하자면 문화가 부재한 공간에서는 (물론 이런 것은 있을 수 없는데) 경제 행위가 이루어지지 않는다. 그리고 문화는 (특히 예술의 의미에서) 경제 번영을 필요로 한다. 독일의 경우에서 보듯 세분화된 문화사업은 부유한 사회에서만 가능하고 생존 가능성을 갖고 있다. 하지만 경제도 문화를 필요로 한다. 발전된 문화 없이는 경제 발전에 요구되는 혁신의 잠재성도, 필요한 수요 잠재성도 주어질 수 없다. 문화가 궁핍한 석기시대 사회는 서구의 산업사회와 서비스 사회의 전형에 따른 세분화된 경제체계가 전혀 중요하지 않을 것이다. 구체적인 국민경제적 고찰에서 나타날 수 있는 모든 제약에도 불구하고 문화와 경제, 둘의 관점에서 본래 긍정적일 수 있는 근본적인 관계를 간과해서는 안 될 것이다.

문화예술경영의 중요한 권한

Schlüsselqualifikationen im
Kulturmanagement

매우 복잡하고 극히 이질적인 문화사업을 성공적으로 수행하기 위해서는 여러 가지 중요한 권한에 대한 습득이 불가결하다. 문화예술경영자는 특수한 방식으로 주도면밀하게 새로운 것을 발의하고, 각기 다른 능력과 목표지향점을 지닌 사람들의 동기를 유발하고, 확신에 차 서로 의견을 나누며, 결정을 내려야 한다.

물론 이러한 중요한 권한은 산업경영에서도 전적으로 요구된다. 그러나 이 경우와 달리 문화예술경영에서는 다른 중요한 권한이 문제된다. 예를 들어 예술가들과의 교류에서는 의사소통과 동기 부여의 능력이 훨씬 더 문제된다. 반면에 종업원 수가 많은 큰 기업에서는 종업원에게 과제를 맡기는 능력이 우선시된다. 그럼에도 불구하고 다른 대상, 다시 말해 여기에서 문화가 다른 데 중점을 둔다는 사실을 의식한 사람은 일반 경영학의 지식을 사용해도 될 것이다.

그런데 이와 같은 중요한 권한이 도대체 습득될 수 있는지가 자주 의문시된다. 현대적 경영과의 몇 십년간의 교류 경험 이후 경제 기업에서는 그와 같은 의심이 거의 사라진 반면 공공 문화사업에서는 아직도 그러한 의심이 빈번하게 표출되고 있다. 이에 대해 의심을 갖는 사람도 있고, 갖지 않는 사람도 있다는 것이 거칠지만 적절한 표현이다. 문화예술경영에서 그러한 능력을 특수한 방식으로 아주 손쉽게 발휘하는 사람들도 물론 있다. 유명한 오페라 연출가인 아우구스트 에버딩이 그 경우에 속한다. 어떤 일로 다른 사람들을 감동시키거나 동일한 목표를 두고 서로 다른 예술가들의 동기를 유발시킨 그의 능력은 탁월하였다. 그러한 면은 천부적 재능 없이는 습득될 수 없을 것이다. 그런데 그와 같은 능력은 오히려 예외의 경우에 속한다.

거의 대부분의 문화예술경영자들은 그러한 천부적 재능을 아직 발현하고 있지 않은 상태이다. 그러므로 오랜 훈련을 통해 그 능력을 연마하여야 한다. 다른 사람이 앞서서 한 경험을 이용한다든가, 이미 다른 곳에서 성공적으로 사용되었던 구조화된 기법을 자기 것으로 취하는 것도 해가 되지 않을 것이다. 그런데 하찮은 기본상식과 마찬가지로 종업원들에게 동기를 유발시키는 일은 습득할 수가 없다. 그럼에도 일종의 문법처럼 그러한 권한을 집행할 수는 있다.

즉 문법은 구조를 확정하고, 그 구조 내에서 언어 내지 중요한 권한이 적용된다.

발의

문화예술경영자는 예술적으로 활동하지 않는다는 점이 여러 번 언급되었다. 그러나 그는 예술과 문화를 가능케 한다. 이러한 가능성의 구체적 과정에서 문화예술경영자가 예술가나 다른 사람들, 공공기관에 의해 위임을 받는 경우는 극히 드물다. 문화예술경영자의 본질적 특징은—전적으로 지도력으로 이해될 수 있다—오히려 문화를 가능케 하기 위해 스스로 주도권을 장악하는 일이다.

사실 전시회 제안은 화가나 조각가가 아니라 전시회 기획자나 문화예술경영자가 한다. 가수는 자신이 〈타미노〉를 불러도 되는지에 대해 문의하지 않는다. 〈마적〉을 프로그램에 넣어야 할지, 누가 테너로 고려되어야 할지는 극장장의 일이다. 초고를 들고 행상하는 작가조차 드문 경우에 속한다. 대개 출판경영자가 새 책을 언제 출판할지를 주도한다. 여러 분야, 특히 미술시장이나 전시회 운영에서 예술가 스스로 전시회나 판매 주도권을 장악하게 되면 결과적으로 예술가에게 이롭게 작용하지 못한다.

문화예술경영자들의 행동 여지가 정치협의회와 관청의 위계질서와 결합하면서 겉보기에 상당한 제약을 받는 공공 문화작업 분야에서도 구체적 작업의 경우 문화예술경영자가 주도권을 갖는 데 동의한다. 지방의회나 원내교섭단체에서 제시한 제안이라 할지라도, 그 제안은 흔히 문화예술경영자가 이전에 특별히 입력해 놓은 아이디어나 혹은 원내교섭단체가 문화예술경영자에게서 구하였던 아이디어를 사용한 것이다. 후자는 특히 문화예술경영자가 같은 당의 시행정 공무원에 속하는 경우에 해당된다.

어떤 것을 발의한다거나, 새로운 프로젝트나 계획 설정을 위해 주도권을 장악하는 일은 문화예술경영자의 주된 기능이다. 그가 어떤 것을 성취하고자 할 때 그는 그러한 기능을 적용해야 하며, 사람들은 그에게서 또한 그것을 기대한다. 어떤 것을 발의한다는 것은 행위에 추진력을 부여한다는 뜻이다. 이로써 발의는 활동적 고무로서 이미 행위의 시초에 존재하고 있다. 이를 통해 발의는 단순한 아이디어와는 구별된다. 아이디어는 행위의 표상에만 한정되어 있기 때문이다.

그럼에도 불구하고 발의와 아이디어는 밀접히 관련되어 있다. 종종 발의가 없이 아이디어만 있는 경우도 있지만 발의는 이미 이전에 주어진 아이디어 없이는 불가능하다. 이때 아이디어의 발견은 어려운 문제로 보인다. 그래서 경영학은 아이디어의 발견에만 도움을 주는 일련의 창의성 기법을 제공하면서 이 주제에 세심한 주의를 기울이고 있다.

문제해결의 기법으로도 표현될 수 있는 창의성 기법은 개별중심 혹은 그룹중심의 방법이다. 이 방법은 체계적 규정에 따라 진행되고, 가능한 한 많은 아이디어를 내는 데 우선적인 목적을 둔다. 창의성 기법 적용을 위해서는 여러 가지 전제가 요구되는데, 이러한 전제는 선택된 기법과는 무관하게 주어져야 한다. 첫째 참여하는 사람들이 가능한 한 창의성의 장애와 다른 일상적 장애에서 벗어나는 일이 그에 속한다. 둘째 창의성 기법이 투입되어야 하는 기업에는 창의성을 촉진하는 분위기가 지배적이어야 한다. 특히 상관은 종업원의 제안을 받아들일 준비가 되어 있어야 하며, 종업원들 역시 서로 시기와 질투로 반목해서는 안 된다. 셋째 창의성 기법이 그룹에 적용될 경우 그 일에 공동으로 책임을 떠맡을 준비(팀 능력)가 팀에 존재해야 한다. 또한 팀 구성원들이 문제를 공동으로 해결하려는 의지를 갖고 있고, 경쟁에서 최고 아이디어의 승자로 나서려는 의도를 남 몰래 숨기고 있지 않아야 한다.

아이디어의 발견과 평가를 구분하는 일이야말로 모든 창의성 기법의 철칙에 해당된다. 막 떠오르고 있는 아이디어가 곧바로 (부정적으로) 평가를 받게 되면 그것은 다른 아이디어의 발견에 상당한 장애로 작용한다. 그런데 새로운 아이디어를 발견하는 것보다 기존의 아이디어를 버리는 일이 훨씬 더 쉽다. 어떻든 제안된 아이디어의 대부분이 소용없게 된다는 사실을 인정해야 한다. 그러므로 아이디어를 발견하는 단계에서 개별 아이디어를 분리해 낼 필요는 없다. 아이디어의 평가는 언제나 다음과 같은 세 가지 범주에 따라 행해진다. 즉각적으로 사용할 수 있는 아이디어, 나중에 (수정 후에) 사용할 수 있는 아이디어, 전혀 사용할 수 없는 아이디어로 분류된다.

셀 수 없이 많은 창의성 기법을 모두 문화예술경영에 적용시킬 수는 없다. 그 중 많은 것들은 기술적 문제 해결에 중심을 두고 있다. 그룹에서는 무엇보다도 브레인스토밍과 브레인라이팅(방법 653)이, 개별 인원들이나 소그룹에는 형태론적 격자를 적용하는 것이 바람직하고 성공적일 수 있다. 물론 이때 이러한 방법간에 존재하는 근본적 차이를 잘 알아야 한다. 브레인스토밍과 브레인라이팅은 직관적인 방법이다. 다시 말해 이 방법은 아이디어 발견에 도움을 주고 특히 여러 연상을 거쳐 새로운 발견에 도달할 기회를 제공한다. 이에 반해 형태론적 격자는 아이디어를 정리하는 데서 출발하지만 그럼에도 매우 유용한 결과를 획득할 수 있는 분석적 방법이다(Kniess 1995와 Heinrichs 1999: 185ff).

아이디어의 평가로부터 발의를 위한 제안이 발생한다. 발의에 어떤 제안을 택할지는 아이디어 발견 그룹이나 아이디어 평가 그룹에 속하지 않는 사람이나 전문 위원회의 결정에 맡긴다. 그렇다고 이것이 창의 그룹에 대한 후인 설정이나 금치산을 뜻하는 것은 아니다. 오히려 (매우 긍정적으로 평가될 수 있는) 더 복잡한 문제의 연관으로부터 일시적 해방이 될 수 있다. 아이디어의 발견 과정과 평가 과정에 이어지는 발의는 재차 더 복잡한 연관을 고려해야 한다. 그렇지 않을 경우 모든 발의가 이미 시초에 좌초되기 때문이다. 가령 도서관의 아이디어 발견 그룹은 재원, 건축법, 집회장소의 규정문제를 고려하지 않고 출입구를 멋있게 조성할 제안을 할 수 있다. 그러나 지방의회의 협의와 결정을 위해 도서관의 발의로 그 제안을 공식화하는 도서관장은 재원, 법적 조건과 같은 더 복잡한 관련을 고려해야 한다.

그러므로 발의는 언제나 더 복잡한 연관을 통찰하고, 평가할 수 있는 입장에서 시작된다. 위계질서의 구조하에서 이러한 관련을 관리인들만 알 수 있게 하고 일을 수행하는 종업원들은 배제하는 것을 방지하려면, 협조적 조직구조와 관리구조를 이용해야 할 것이다(235쪽 '조직화' 참조).

동기부여

동기부여는 문화예술경영의 성공에 결정적 전제가 된다. 동기부여란 "우리를 다른 식이 아닌 그러한 식으로 움직이게 하는 우리 안에 있고, 우리를 둘러싸고 있는 것"이다(Graumann 1974: 1). "동기부여 자체는 태도에 대한 능동적이며 수미일관한 조정이다. 따라서 동기부여의 과제를 지각하는 일은 복잡한 관리의 도구이다"(Wöhe

1993: 131).

관리의 도구로서 동기부여는 무엇보다도 경영 분야의 종업원들과 관련하여 적용된다. 이러한 점에서 문화예술경영에서의 동기부여는 다른 모든 산업경영이나 서비스경영과 일치한다. 그런데 문화예술경영에서는 이에 그치지 않는다. 종업원으로서 기업에 속하지 않는 프리랜서 예술가들과의 교류에서 동기부여가 중요한 역할을 한다. 가령 생활고에 허덕이며 사는 화가가 아니라면 전시회의 목표설정에 대해 확신을 갖고, 책임감 있는 문화예술경영자가 자신의 적합한 파트너라는 인상을 가질 경우에만 전시회에 흥미를 느낄 수 있을 것이다. 출세한 예술가들에게는 재정적인 면보다는 자신의 예술이 자신에게 적합해 보이는 환경에서 제공될 수 있느냐는 점이 더 중요하다. '구축 중인 예술'의 형상자로, 콘서트의 음악가로, 아니면 연극작품의 배우로서 '그들의 최고'를 보여 줄 것이라고 예술가를 설득시키고자 하는 사람은 그들의 동기를 유발할 수 있어야 한다. 오랜 작업관계로 이루어져 있고, 철저하게 조직된 기업과 결부되어 있는 정규 종업원들은 배치나 제재의 위협만으로도 (적어도 일시적으로는) 동기 유발이 가능하다. 그런데 프리랜서 예술가들에게 그러한 조처는 전혀 작동하지 않는다. 그렇기 때문에 문화예술경영자는 동기부여가 어떻게 발생하고, 그것이 어떻게 조정되는지를 잘 알아야 한다.

1950년부터 심리학에서는 노동세계에서의 인간의 성취용의를 밝

힌 수많은 이론들이 발전되었다.[1]

"동기부여 이론의 목표는 행동과 그것의 방향, 집중, 지속성에 대한 구축과 보유, 그리고 해체를 기술하고 설명하는 것이다"(Staehle 1994: 204). 이 동기부여의 목표는 대개 두 개의 그룹, 즉 과정이론과 내용이론으로 구분된다.

"과정이론은 행동방식에 관한 발생, 방향 설정, 에너지 적재의 과정을 형식적으로 설명하려 한다. 이 이론은 상대적으로 높은 일반 정도의 변수 분류(보상, 촉진, 충동 등)를 채택하고, 변수의 공동작용을 통해 동기유발이 어떻게 발생하는지를 보여 준다"(Steinmann/ Schreyögg 1991: 409). 가장 잘 알려진 과정이론은 브룸에 의해 발전되었고 포터와 로울러에 의해 계승 발전된 기대 발렌츠 모델이다 (Vroom 1964와 Porter/Lawler 1968). 이 모델의 의하면 보상에 대한 개연성(기대)이 주관적으로 높으면 높을수록, 기대되는 보상(발렌츠)의 가치가 주관적으로 높게 평가되면 될수록 충동은 그만큼 더 효과를 발휘한다.

결론적으로 이 이론은 성취용의가 이성적 계산의 문제라는 데서 출발한다. 즉 '냉정한 계산기'의 동기유발인 것이다. 그런데 이러한 동기유발은 문화예술경영에서는 그다지 중요한 역할을 하지 못한다. 그럴 경우 문화센터, 박물과, 시민대학 등에서 지불되지 않은

---

1) 이에 대해 심리학의 관점에서 상세하게 다룬 Zimbardo 1992: 344~397과 경영학의 관점에서 상세하게 다룬 Staehle 1994: 204~228을 참조하라.

많은 초과시간은 없어야 하기 때문이다.[2]

"이와 달리 내용이론은 한 개인의 태도를 결정하는 구체적 동인 (안전, 인정, 올바른 보수에 대한 욕구 등)을 다룬다. 내용이론은 어떤 적재된 동인이 인간을 움직이게 하는지를 보여 주고자 하며, 조직적인 활동성과의 연관을 만들어 낸다. 이 내용이론은 조직이나 상관이 어떻게 긍정적으로 '동기유발'을 할 수 있는지에 대해 더 직접적 방식과 방법으로 응답한다'(Steinmann/Schreyögg 1991: 409f.).

요약하여 다음과 같이 구분할 수 있다. "내용이론이 개인 혹은 개인의 주변 환경에서 무엇이 태도를 야기하고, 보유하게 하는지"를 설명하려 한다면 과정이론은 "특정한 행위가 어떻게 발생하고, 조정되고, 유지되며, 중단되는지"를 설명하고자 한다(Staehle 1994: 206).

가장 잘 알려진 내용이론은 매슬로우의 욕구 피라미드이다(Maslow 1954).[3] 이 이론은 다섯 가지 기본적인 인간의 욕구를 구분하고 있는데, 그 욕구는 피라미드 모양으로 배열된다(그림9).

매슬로우는 가장 기본적인 욕구로 먹고 마시는 것과 같은 생리적 욕구를 중요시하였다. 이러한 욕구가 만족될 때 비로소 인간은 약

---

2) 다른 과정이론으로서 로크의 목표이론(Locke 1968), 아담스의 동등이론적 동기부여 모델(Adams 1963), 또한 부가이론적 동기부여 모델(예를 들어 Weiner 1976)을 언급할 수 있다.
3) 다른 내용이론으로는 성장연속(Argyris 1957), 두 가지 요소 이론(Heraberg 1959), 동기부여 모델(Richards/Greenlaw 1966), 매슬로우 모델의 확장(Alderfer 1972)이 있다.

그림 9. 매슬로우의 욕구 피라미드

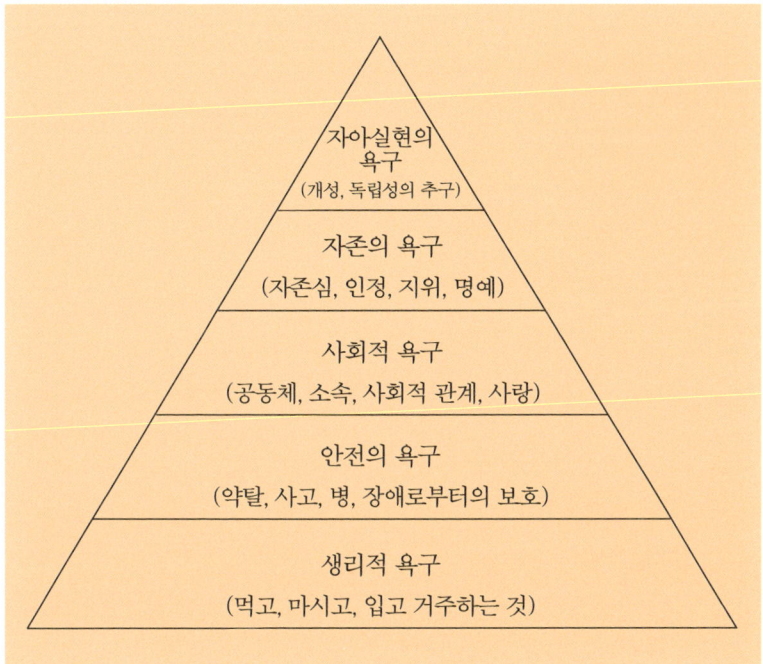

탈, 사고, 병 등으로부터의 보호와 같은 일정한 안전의 욕구에 관심을 갖는다. 세 번째 위치에 공동체, 사랑, 소속에 대한 소망이 표현되는 사회적 욕구가 뒤따른다. 욕구 피라미드의 네 번째에는 다른 사람에게서 인정받고 싶은 욕구나 자존심과 같은 가치 평가의 욕구, 지위에 대한 욕구가 자리한다. 피라미드의 제일 꼭대기에는 개성의 자유로운 확대와 독립성에 대한 욕구와 같은 자아실현의 욕구가 형성된다.

"매슬로우에 의하면 위계질서의 낮은 면에 위치한 욕구는 그것이 불만족스러운 한에서만 인간의 동기유발을 결정한다. 그러나 그 욕구가 적합한 방식으로 만족되면 인간의 주의와 추구는 더 높은 단계에 쏠린다"(Zimbardo 1992: 352). 이러한 이유에서 매슬로우는 결점원칙(기본욕구의 만족)과 전진의 원칙(더 높은 욕구를 겨냥)이 함께 작용한다는 것을 지적하고 있다. 피라미드의 꼭대기에서만 포만에 도달할 수 있는 것은 아니다. 매슬로우는 여기에서 특수한 방식의 욕구 유형을 인식한다. 그는 그것을 성장의 욕구라고 일컫고 있으며, 이 모델에서 종종 열린 꼭대기로 암시되고 있다.

"배고픔에 고통받고 있는 사람(욕구 단계 1)은 예술 세계에서 일어나고 있는 가장 최근의 사건에 전혀 관심이 없으며(욕구 단계 5), 다른 사람에게 자신이 어떻게 보이든, 어떤 인정을 받을지(욕구 단계 3 혹은 4)조차도 관심이 없다. 자신이 숨쉬는 공기가 깨끗한지(욕구 단계 2)에 대해서도 관심이 없다. 그때그때의 가장 중요한 욕구가 만족될 때에야 비로소 그 다음으로 절박한 욕구가 중요해진다"(Kottler/Bliemel 1992: 264).

특정한 생산물을 목표로 어떤 기업이 종업원에게 동기유발을 해야 할 경우 결점의 원칙과 발전의 원칙이 언제나 동시에 적용될 수 있다.

1. 넘어서야 할 욕구 단계에서 종업원이 아직 결점을 느끼고 있는

가? 그 결점을 만족시키고자 하면 무엇이 행해져야 하는가?

2. 다음 더 높은 욕구 단계에 관심을 갖고 거기에서 바람직한 생
   산물을 이루어 내게 하려면 어떤 자극이 필요한가?

이에 대한 두 가지 구체적 사례가 있는데, 이 사례는 결점 원칙과 진보 원칙이 함께 작용한다는 사실을 보여 준다. 먼저 세 번째 단계에서 네 번째 단계로의 이행을 보여 주는 사례이다.

세 명의 행사 담당자 그룹이 몇 년 전부터 한 도시의 극장 프로그램과 콘서트 프로그램 담당하고 있는데, 한 여종업원이 2년 기한으로 도시 기념 프로그램 프로젝트 관리자로 고용된다. 이 여종업원은 별도의 공간에 자리를 옮기고 적합한 보수를 받는다. 며칠이 지난 후 이 여종업원은 자신이 그 새로운 과제에 맞지 않는다고 판단해 자신의 동료들이 일하고 있는 이전 작업 분야로 재배치해 달라는 입장을 밝힌다.

분리된 공간으로의 자리배치가 그 여종업원의 사회적 욕구를 재차 불만족스럽게 하였다. 그 결과 네 번째 단계로의 진전(특수한 능력을 갖춘 여종업원으로서의 인정)이 그녀에게 바람직하지 않게 나타난다.

네 번째 단계의 중요성을 보여 주는 한 가지 사례를 들어 보자.

시장의 개인 비서가 시장을 위해 뛰어난 연설문을 작성하였다. 연설이 끝난 후 시장이 비서와 함께 서 있을 때 한 사람이 다가와 존경

어린 눈빛을 하고 연설이 정말 훌륭했다고 시장에게 찬사를 보낸다. 시장은 그 찬사에 감사해 하며 곧 자신의 비서에게 "자네도 들었지!"라고 말한다. 기분이 상한 비서는 앞으로는 시장의 연설문에 지금처럼 열중하지 않겠다고 작정한다.

다른 그룹에서도 전형적인 (연극평론가와 극장장 혹은 박물관의 전문위원과 박물관장) 이러한 상황은 훨씬 다행스럽게 진행된다. 그 상황에서 시장이 연설문 기초자가 아니라는 사실을 고백하리라고 비서는 기대할 수도 기대하지도 않았을 것임이 분명하다. 그렇지만 시장은 자신이 받은 찬사를 곧 비서에게 넘겼어야 하고 스스로도 인정하는 말을 덧붙였어야 한다.

매슬로우의 욕구 피라미드는 동기유발 문제를 재현하는 데도 적합하다. 그 문제는 특히 문화사업에서 자주 등장하고 있다.

극장에서의 첫 공연은 언제나 성황리에 개최된다. 모든 참가자들은 고된 몇 주간의 연습, 지나친 과잉 작업, 여러 번의 좌절을 겪은 후 첫 공연을 마치고 나면 오랜 긴장으로부터의 해방감을 느낀다. 공연이 끝난 후 극장장은 축하 파티를 개최하고, 간단한 연설을 통해 예술가, 연출가. 무대 장치가들을 재삼 칭찬한다. 앙상블 구성원들은 여러 번의 인정에 만족해 하며 즐거워한다. 그런데 도구계와 작업장의 수공업자들, 무대감독, 프롬프터, 조명담당은 축하 파티에 초대받지 못한다. 대신에 그들은 극장 구내식당에서 만나 서로를 '위로'한다.

관객에게는 예술가만이 행위하는 자들이다. 극장장은 (정확하게) 예술가들의 가치평가에 대한 욕구(단계 4)를 인식하고 공개적으로 감사를 표한다. 이때 극장장은 뒤에 남아 있는 종업원들의 가치평가에 대한 욕구(인정, 성취한 작업에 대한 감사)는 완전히 간과하고 만다. 그들은 실망하지만 그렇다고 집으로 돌아가지는 않고 극장 구내식당에 자리를 잡는다. 그들이 기대하였던 인정의 단계(단계 4)가 거부되었기 때문에 이제 그들은 사회적 보호에 대한 적지 않은 욕구(단계 3)를 갖게 된다. 유감스럽게도 이러한 상황은 대체로 문화예술경영자에게도 해당된다. 가치평가(박수, 언론보도)는 대체로 예술가들에게 해당되지, 뒷전에 있는 경영자의 몫은 아니기 때문이다.

매슬로우의 욕구 피라미드를 예술가의 상황에 직접 적용하려 할 때 충분한 설득력이 부족하다. 피라미드의 다섯 번째 단계(자아실현의 욕구)는 개인적 학식과 능력의 구체화와 발전, 그와 함께 잠재하고 있을 뿐인 잠재성의 실현에 대한 모든 욕구를 포괄하고 있다. 예술적 완성 역시 그에 속함이 분명하다. 욕구 피라미드의 내적 논리에서 볼 때 자아실현이라는 의미에서의 예술적 활동은 그 아래 단계의 모든 욕구(특히 생리적, 사회적 욕구)가 전부 만족될 때만이 가능하다. 그런데 '가난한 시인'과 보헤미안 예술가 기질은 낭만적 환상에만 기인하고 있지 않다는 점에 대해 논의해 볼 수 있다. 그뿐만 아니라 예술가들은 물질적으로 지극히 어려운 상황에서도 놀라운 예술적 성취 능력이 있다는 사실 역시 논의의 여지가 없다. 전용된 의미에서 자아실현의 형식이기도 한 예술의 수용에도 이 점은 마찬가지다. 매슬로우의 욕구 피라미드에 따르자면 사회복지기금 수여자, 실업자, 집 없는 사람들은 결코 문화 공급의 수용자가 될 수 없다. 이러한 추론은 일상에서 벌어지는 문화적 실제와는 무관한 일이다.

사실 매슬로우의 욕구 피라미드는 생각할 수 있는 모든 상황을 그럴듯하게 설명해 주지 못한다. 결국 일정한 모델만이 문제되며, 이 모델은 축소된 현실에 기반을 두고 있다. 다른 모든 동기부여 이론도 이와 유사하다. 그 이론은 특정한 상황에서만 들어맞는다. 즉 모델의 축소된 현실이 우선적으로 실제 현실과 부합되는 곳에서 그러하다. 그렇다고 매슬로우의 욕구 피라미드 모델의 도움으로 이러저런 상황을 설명하지 못한다는 것은 결코 아니다. 적어도 처음 세 가지 사례는 충분한 설득력을 갖고 있다.

그런데 그러한 방식으로 인식된 동기부여 연관을 어떻게 구체화시킬 수 있을까. 이를 위해서는 구체적인 개별 경우의 "동기부여 주체"를 주시하는 일이 무엇보다 중요하다(Bestmann 1992: 122). "실제의 성과물은 '의지'의 문제일 뿐만 아니라 '능력'의 문제이기도 하다. 종업원이 수미일관된 행위를 하기 위해서는 그에 걸맞은 능력이 요구된다. 즉 지각적 능력(능숙함), 인식능력(기술적 인식 능력과 문제해결의 능력), 나아가 부분적으로는 재능에 속하고 부분적으로는 기초지식, 직업교육, 재교육으로 이루어지는 학식이 요구된다"

(Reichard 1987: 203).

　더 높은 성과물로의 동기부여가 적합해 보이는 종업원의 경우에는 두 번째 단계에서 동기가 유발되고 창출되어야 한다. 그러한 동기가 그로 하여금 다음 욕구 단계로의 상승을 꾀하게 한다. "그 방법은 능력에 맞는 과제 설정의 어려움의 정도에, 행위 그 자체의 중요성을 강조하고, 동시에 기업 전체의 틀 내에서 목표에 도달할 경우 특히 긍정적 방식의 귀결로 카탈로그를 배치하는 데 있다"(Bestmann 1992: 122f.).

　모든 체계적·모델적 규정에도 불구하고 종업원이나 예술가의 동기부여는 상관 내지 예술가들의 파트너가 어느 정도로 동기유발에 나설 준비가 스스로 되어 있느냐가 결정적이다. 이런 점에서 욕구 피라미드와 동기부여 모델을 적용하는 일은 보조수단에 지나지 않는다. 이 보조수단은 동기부여가 개인적 참여와 무언가를 위해 다른 사람을 획득하려는 절박한 요구에 좌우되는 것을 결코 대체할 수 없다.

정보와 의사소통

　노동 분업적 과정에서의 경영은 정보를 통해서만 가능하다. 정보의 교환을 우리는 의사소통이라고 한다.[4]

경영에서의 정보는 아는 것이며, 이 앎을 통해 가능한 한 최고의 행위를 준비해야 한다. 정보가 더 좋고 확실하면 할수록 행위는 더 목표 중심으로 이루어진다. "경영학적 결정이 일반적으로 불완전한 정보의 토대에 봉착해야만 할지라도 결정의 가치는 조건이 같은 경우 품질과 정보의 범위에 의존한다"(Bestmann 1992: 94).

정보는 문화예술경영에 아주 중요하다. 가령 어떤 행사가 좋았는지, 혹은 관객에게 '호응을 얻었는지'는 결국 행사가 잘 진행되었을 때에야 알 수 있다. 그럼에도 불구하고 책임의식이 강한 문화예술경영자는 늘 계약을 체결하기 전에 가능한 한 많은 정보를 통해 과실의 위험을 최소화하려고 시도한다.

정보와 의사소통은 기업 경영에서—문화예술경영에서도—기업 내적으로나, 외적으로 모든 면에서 중요하다. 즉 이것은 기업 외적 정보를 거두어들이거나 기업 내에 적합한 정보의 흐름과 교류를 보장하는 데에도 해당된다. 이때 정보조달의 문제는 정보의 요구, 정보의 수요, 정보의 제공 세 가지가 함께 작용하면서 나타난다(도표 10. Berthel 1975: 30 참조, Schierenbeck 1987: 119에서 인용).

문화예술경영에서의 정보 교류 문제는 이 도표에 간단히 드러나 있다.

---

4) 경영과정에서의 의사소통을 마케팅 도구로서의 의사소통과 혼돈해서는 안 된다(276쪽 '마케팅도구' 참조)

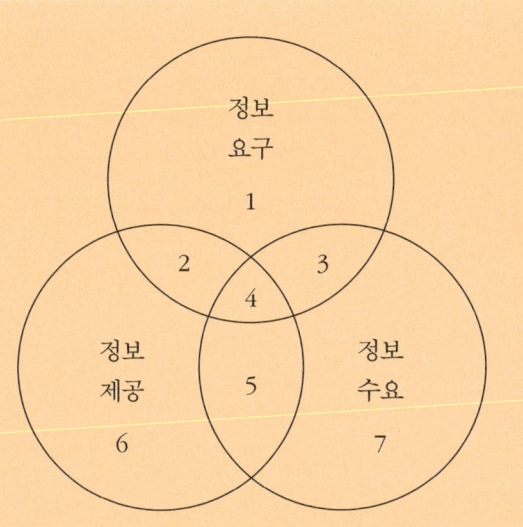

1= 제공되지도 수요되지도 않는 정보
2= 제공되지만 수요되지 않는 정보
3= 수요되지만 제공되지 않는 정보
4= 제공되며 동시에 수요되는 정보
5= 제공되고 수요되지만 필요하지 않은 정보
6= 제공되지만 수요되지도 필요하지도 않는 정보
7= 수요되지만 제공되지도 필요하지도 않은 정보

–수많은 정보(신문의 문예란, 전문잡지, 도서 출판물, 라디오와 텔레비전. 관심 있는 시민/고객 등의 지적)를 접하지만 그 정보에 대한 수요는 없다(2). 정보의 과잉공급이 발생한다. 정보를 소화해 내는

일(이를 테면 매일매일 제공되는 신문 문예란)은 적지 않은 시간적 낭비(상대적으로 적은 성과)를 초래한다.

- 종종 수요되지도 않고, 필요하지도 않은 정보가 문제되는데(6), 이 정보는 있는 것만으로도 현저하게 일을 방해한다. 중요하지 않은 정보(6)와 중요한 정보(2)를 구분하는 일은 상당히 능란한 솜씨와 경험을 요구한다.

- 본래 필요로 하는 정보(예를 들어 음악 중개인이 어느 정도 사례금을 줄이는 데 관여하는지)가 몇몇 소수자의 통치 지식으로 보류되는 불만족스러운 상황이 발생한다(3).

- 심각하게 잘못된 경영은 쓸모없는 여러 정보가 꽁무니를 따라다닐 때 발생한다(5 내지 7). 이 경우에 긴급히 정보 조달의 재고를 권고할 수 있다.

모든 기업에서 외부 정보를 조달해 오는 일은 바람직한 과제로 드러나는 반면, 기업 내적 정보교류는 철저한 관리 원칙에 의존한다. 특히 상관이 정보를 '통치 지식'으로 삼고 직원들에게 공개하지 않으려는 것에서 그러한 점을 느낄 수 있다. 상관은 직원들을 위협하려는 의도로 혹은 자신보다 조금 높은 상관에게 거들먹거리는 거동으로 정보를 이용하려 한다. 그러나 관리의 도구로서 정보는 늘 두 가지 관점에서 보아야 한다. "정보는 목적 중심의 지식으로서 직원들의 활동을 완수시키기 위한 전제가 되며, 한편으로는 '잘 알고 있다'는 의식을 직원들에게 심어 준다"(Wöhe 1993: 134f).

　정보의 흐름과 교환(의사소통)이 어떻게 이루어지느냐는 본질적으로 기업의 조직 구조에 달려 있다. 그 구조가 중간 단계 없이 누가 누구와 교류할 수 있는지를 확정하기 때문이다. 대략적으로 기본 형태는 성좌, 원형, 등근 구조로 구별된다(Bestmann 1992: 96).

- 기본 형태 성좌의 경우 정보는 성좌 형태로 상관으로부터 종업원에게 흘러가나, 종업원들 서로 간의 정보교환은 불가능하다. 이러한 의사소통의 구조에서 통치지식이 연마된다.
- 기본 형태 원형의 경우 모든 사람들은 원둘레에서만 의사소통이 가능하다. 즉 각자 최대한 2명의 인접한 사람들과 의사소통을 할 수 있다. 문화예술경영에서 이러한 의사소통의 구조는 아주 흔하다. 가령 극장의 의상 분과와 작업장은 서로 정보교환이 가능한 반면, 이 두 분과는 관리담당 부서나 극장장 사무실과는 전혀 정보교류를 할 수 없다. 그곳과의 정보는 기술관리를 통해 이뤄져야 한다.
- 정보의 망으로서도 표현되는 기본 형태 등근 구조의 경우 모두 의사소통이 가능하다. 이는 최적의 정보교환을 가져오지만, 불필요하고 수요되지도 않는 정보를 만든다(도표 10에서 6의 경우).

　마지막 기본 형태는 의사소통의 구조가 정보의 흐름과 교환을 조정할 수 있으나 올바른 정보가 올바른 위치에 이르리라는 것을 보장하지는 못하는 것으로 드러난다. 이 모든 경우에 정보조달과 정보가공이라는 중요한 문제가 남는다.

현안 과제를 염두에 두고 있고 프리랜서 예술가들과 늘 긴밀한 공동작업을 한다는 점에서, 문화예술경영에서의 의사소통은 구조적인 면에서 최적으로 기능해야 한다. 더 나아가 의사소통 파트너의 감정적·사회적 측면을 고려하는 규칙을 따르는 것이 바람직하다. 심리적 연관을 충분히 숙고하는 이러한 인식은 일반 경영에서 '변증법'이라는 표어하에 갈수록 더 중요해지고 있다. 루퍼트 레이는 이와 관련하여 플라톤의 세 가지 변증법 원칙을 다시 끌어들이고 있다(1989/1991: 24f),

- 다른 사람에게 중심을 두어라.
- 자신과 타인의 감성에 도달하여라.
- 당신 파트너의 의사소통 욕구에 맞추어라.

이러한 원칙을 실제로 적용시키기 위해 레이(1989/1991: 32)는 의사소통의 상황, '대화'를 위한 몇 가지 '규칙'을 발전시켰는데, 이 규칙은 문화예술경영에서도 성공적인 이용이 가능하다. 이때 대화 상대자에게 접근하는 (대화) 방법과 방식이 결정적 역할을 한다.

- 대화는 현존 욕구나 유발된 욕구에 조준해야 한다.
- 대화는 상대방의 언어적 지평에서 행해져야 한다. 이때 감정적인 면에서 상대방에게 부정적으로 자리하고 있는 어휘를 피하는 것이 꼭 필요하다.
- 대화는 나와 너의 영역(종속)이 아닌 우리의 영역(병렬)에서 이루어져야 한다.
- 대화를 시작한 사람이 듣는 입장이 되었을 때, 듣는 상황과 결부시킬 수 없는 태도를 말하는 사람에게 보여서는 안 된다(다리 흔들기, 연필 굴리기, 식탁보 아래를 내려다보기 등).
- 대화를 통해 두려움의 감정, 수치감, 죄책감, 혹은 저하된 자존심을 없애야 하고, 대화 상대자를 위해서도 그러한 감정을 슬기롭게 다스려야 한다.
- 대화 상대자는 자신이 상대에게 진지하게 받아들여지고 중요하게 여겨진다는 감정을 가질 수 있어야 한다. 이러한 감정은 말을 거는 사람이 상대방을 진지하게 대하고 중요하게 여길 때 전달될 수 있다.
- 대회에 참여한 사람 모두 서로에게 바람직한 목적을 염두에 두고 있다는 인상을 주어야 한다.
- 상대에게 신뢰를 주기 위해서는 말하는 내용이 말하는 방식(언어적·육체적 표현)과 일치해야 한다.

이러한 규칙을 유지하는 의사소통은 성공적 정보교류가 될 수 있다. 적어도 여기에서 정보와 의사소통이 효과를 염두에 둔 경영에서의 중요한 권한일 뿐만 아니라, 기업의 작업 분위기와 직원들과 (프리랜서) 파트너들의 동기부여에도 결정적으로 기여한다는 사실이 밝혀지고 있다.

결정

많은 문화예술경영자들에게 결정이야말로 가장 어려운 문화예술경영의 주요 권한에 속한다. 어려운 결정은 어떤 것에 찬성하는 결정이 아니라 오히려 어떤 것에 반대하는 결정이다. 그것은 잘못된 결정을 하게 될지도 모른다는 두려움 때문이 아니다. 이러한 위험은 모든 경영에 해당된다. 그것보다는 자신의 결정을 통해 정당한 예술과 문화의 실현을 불가능하게 하리라는 망설임 때문이다. 어떤 전시회에 그림 전시를 거부당한 젊은 작가에게 주목할 만한 재능이 숨겨져 있지 않을까? 후원을 거부당한 젊은 바이올린 주자가 마땅한 지원을 받았을 경우 실제로 좋은 음악가가 되지 않았을까? 연습공간 임대료를 지원하지 않았기 때문에 모든 시대를 위한 문화적 발의가 파괴된 것은 아닐까?

언제나 결정의 문제가 남는다. 그리고 이것이 (그 자체로 가장 바람직한) 문화의 가능성을 방해한다는 뜻이기도 하다. 문화예술경영자는 문화를 가능케 하기 위해 요구되는 지원이 빈약한—자금조달만이 아니라 공간과 정확하게 보아 관객도 해당된다—문화의 가능성과 방해 사이에서 늘 결정을 한다.

결정은 경영의 주요 권한이며, 이것은 문화예술경영에서도 매우 중요하다. 즉 조정 기능인 결정의 도움으로 문화예술경영은 아주 본질적으로 수행된다! "결정을 포기하는 것은 저절로 해결되기를 기다린다는 뜻이다. 이는 독자적 행위의 포기이며, 동시에 주변에 내맡기는 것이다"(Bestmann 1992: 88). 문화를 가능케 하려는 문화예술경영은 예술과 문화가 발전할 수 있는 여지를 위해 장애물을 제거하는 데 한정될 수 없다. 물론 그것이 중요하다! 문화예술경영이란 언제나 목표를 구체화시키고, 가능하게 된 것을 목표에 맞추어 세세하게 평가한다는 것을 뜻하기도 한다. 그런데 이것은 적극적인 공동 작업과 행위를 전제로 한다. 그것이 바로 결정이다.

결정은 서로 다른 가능성간의 끊임없는 선택으로 정의된다. 즉 한 가지를 결정하는 데 여러 선택 가능성이 존재한다는 것이다. 어떤 출판사가 제시한 주제에 작가가 한 명인 경우 출판사에 선택의 여지는 없다. 그 해당 작가에게 위임을 주는 것 또한 진정한 결정이라 할 수 없다. 선택하는 사람은 행동의 여지만이 아니라 재량의 여지도 가지고 있어야 한다. 여러 제공자들 가운데 가장 싼 제공자에게 낙찰되는 건축 위탁권의 경우처럼, 미리 규정된 것은 선택의 가능성과 동시에 결정을 눈에 띄게 제한시킨다.

경영학은 결정이라는 중요한 기능 때문에 일련의 보조수단을 만들어 냈다. 그런데 이 보조수단은 문화예술경영에는 거의 적합하지 않다. 문화예술경영에서는 거의 소용되지 않는 측량하고 평가할 수 있는 요소가 상당 부분 포함되어 있기 때문이다(Wöhe 1993: 157~170, Staehle 1994: 491~512, Bamberg/Coenenberg 1996, Kahle 1998 참조). 경영학과 달리 문화예술경영에서는 개인적이며 전적으로 주관적인 결정이 강조되어야 한다. 오페라 역의 어떤 가수에게 필요한 '색깔'을 부여할지는 결정의 막대로 산출되지 않는다.

결정에 있어서 주관성과 개성을 한층 강화시키는 이러한 요구는 경영학의 현실적 경향에 전적으로 부합한다. 베스트만 또한 "형식적이며, 순전히 합리적 입장에 기반을 둔 결정 과정은 이상화된 과정"이라는 점을 인정한다. 그는 "행동 과학과 조직 과학에서의 새로운 지식은 실제의 결정과정이 다음과 같은 요인에 의해 형성된다"는 점을 밝혔다. 이 요인은 결정의 발견에 본질적인 영향을 끼친다.

- 어떤 결정이 복잡하면 할수록 결정의 과정은 그만큼 더 개인적으로 이루어진다.
- 결정의 담당자에게 정보 수용과 정보 소화 능력이 제한되어 있기 때문에 종종 그것이 선입견을 야기시킨다.
- 불완전한 탐색과정에 기초하여 양자택일의 숫자는 대개 제한적

으로 발전된다.

- 이것은 결정문제의 최대한의 해결책은 못 되고, 그때그때 우세
  한 요구 수준을 토대로 하여 만족스러운 해결책이 추구될 따름
  이다"(Bestmann 1992: 92).

문화예술경영은 고도의 복잡한 결정과정과 관련되어 있다. 그 결정과정에서는 재정적·조직적·기술적 측면만이 아니라 미학적·예술사적·폭넓은 의미에서의 사회적 측면까지도 포함된다. 물론 선입견이—편애의 의미에서—적지 않은 역할을 한다는 점을 부인하긴 어렵다. 선입견은 주관적 결정에서 불가피하게 발생하는 부담의 결과이다.

결정이 과장의 견본을 따랐느냐 아니면 주관적이며 개인적으로 이루어졌느냐와는 무관하게 '올바른 결정이었느냐 말못된 결정이었느냐'의 책임은 늘 남는다. 이러한 점에서 문화예술경영에서의 결정은 늘 결정 의지의 문제라고 할 수 있다.

문화예술경영에서의 경영학적 기능

Betriebswirtschaftliche Funktionen
im Kulturmanagement

문 화예술경영의 관점에서 경영학의 모든 측면을 완벽하게 소
개하는 일이 문화예술경영 입문서의 목표가 될 수는 없다. 따
라서 본장은 비상업적 문화사업 자체에도 경영학의 이용을 쉽게 통
찰하게 하는 경영학 기능을 문화예술경영 분야에 전용하는 목표만
을 추구하고자 한다. 이와 동시에 학생들이나 이제 막 문화예술경
영에 입문하는 사람들이 구체적으로 연구하고 열중해야 할 주제도
소개하고자 한다.

이때 경영과정 즉 마케팅과 프로젝트 경영에서도 기본 틀에 해당
하는 목표설정, 계획수립, 조직화의 결합이 중심 논의 대상이 된다.
본장의 두 번째 절에서는 경영학적 조종에 대해 다룰 것이다. 이 조

좋은 통제와는 다른 포괄적인 조정도구로서 시간이 지날수록 더 중요해지고 있다. 문화예술경영이란 수용에서 비로소 완성되는 예술이기 때문에(30쪽 '작가, 해석자, 수용자' 비교) 관객을 어떻게 끌어들이냐가 가장 중요하다. 여기에서는 그 길이 문화마케팅으로 표현될 것이다. 본장의 마지막 두 절은 문화예술경영에서 가장 현실적인 주제와 관련되는데 늘 새롭게 제기되나 결코 만족스럽게 해결되지 않는 문화재원에 대한 문제와 이벤트 문화 내에서 갈수록 포기할 수 없게 된 프로젝트경영에 대한 문제가 그것이다.

계획수립과 조직화

경영기능과 경영기법 사이의 차이는 처음에 언급한 바 있다(14쪽 '문화와 경영' 비교). "노동 분업의 체계 속에서 생산물을 완성하고 생산물을 보장하는 데 제공되어야 하는"(Steinmann/Schreyögg 1991: 7) 조정행위를 기능이라 했는데, 그러한 경영기능의 하나가 계획수립이다. 한편 경영기능을 이용하기 위해 일련의 도구, 방법과 방식을 적용하는데, 이를 경영기법이라 한다(가령 계획수립 내에서 사용될 수 있는 창의성 기법).

이러한 개별 경영기능들은 분리될 수 없고 서로 영향을 주고받는 연관관계하에 있다. 그래서 경영학은 이미 일찍부터 조정행위를 어떻게 정의하고 서로 연결시킬 것인가의 문제에 전념하였다. 1937년 미국인 조직학자 루터 굴릭이 이 부분의 첫 번째 결정적인 성취자로 기록되고 있다. 굴릭은 하나의 분류를 만들어 냈는데 중요 개념의 첫 글자를 따 "포스트코르브(POSDCORB)"라는 인상적인 이름을 붙였다.

포스트코르브는 다음과 같은 활동들의 첫 글자로 결합되어 있다.

- 계획수립(Planning)이란 대상을 구체화하는 데 있어 어떠한 방식으로 행해야 하는지 기준을 세우는 것
- 조직화(Organizing)란 형식적 권위 구조를 만들고, 그것을 통해 대상의 관점에서 작업을 통찰하고, 구분 짓고, 조정하는 것
- 충원(Staffing)이란 인원을 선발하고, 교육시키고, 재교육시키며, 유리한 작업조건을 조성하는 것
- 지휘(Directing)란 결정하고, 그 결정을 특별한 혹은 일반적 지시 형태로 전환시키며, 기업의 관리자로서 임무를 수행하는 것
- 조정(Co-ordination)이란 여러 작업 분야를 결합시키는 극히 중요한 과제
- 보고(Reporting)란 그가 보고할 책임이 있는 사람인 관리자에게 모든 것에 대해 지속적으로 알려 주는 것. 이것은 그 자신과 그의 부하직원이 보고와 검열을 통해 진행되고 있는 일에 유념해야 한다는 뜻이기도 하다.

- 예산(Budgeting)이란 예산계획, 회계, 통제(Gulick 1976: 170)

이러한 기능은 경영학의 점진적 발전과 함께 재차 새로운 그룹들로 총괄되었으나 본질적인 내용이 변화하지는 않았다. 굴릭의 경우 마지막 개념에서 암시하는 데 그쳤던 조종(통제) 분야를 추가하였다. 1955년 쿤츠와 오도넬은 다섯 개로 구성된 체계를 발전시켰는데, 이 체계는 오늘날까지도 원칙적인 면에서 통용되고 있다 (Koontz/O'Donnel 1955, Steinmann/Schreyögg 1991: 8 인용).

- 계획수립(Planning)
- 조직화(Organizing)
- 충원(Staffing)
- 지휘(Directing)
- 조종(Controlling)

한편 다른 분류의 경우에는 '충원'을 독자적 기능으로 두지 않고, '관리' 기능에 포함시키기도 한다(Schierenbeck 1987: 72).
쿤츠와 오도넬에 따르면 경영기능은 분리되지 않고 결합되어 있기 때문에 경영과정이라고 할 수 있다. "경영기능은 상호 과제를 구축하는 연속의 의미에서 경영과정의 역동적 단계로 간주된다" (Steinmann/Schreyögg 1991: 9).

그런데 문화작업에서는 언젠가는 종결되는 경영과정 대신에 경영순환이라고 일컫는 것이 좀더 적절할 때가 있다 경영순환에 따르면 한 과정의 종결은 새로운 과정의 시작이기도 하다. 연작 연극과 연작 콘서트의 경우 실제 그러한데, 관객들은 마지막 공연에서 다음 공연 때 다시 올 것인지를 결정하게 된다. 이로써 통제 단계에서 새로운 경영과정 시작에 중요한 결정이 이루어진다. 다시 말해 새로운 순환은 이전 과정으로 재생되면서 시작된다(Wild 1982: 37).

본장의 서두에서 밝힌 대로 폭넓은 전체 주제로 인해 경영학을 그대로 옮겨 놓을 수 없다는 한계가 있다. 그러므로 문화경영에 특히 중요한 기능인 목표설정, 계획수립, 조직화 기능에 대해서만 간략히 소개하겠다.

목표설정

"목표란 바람직한 상태를 말하며, 미래의 일이고, 목표로의 진입은 자동적으로 이루어지지 않고, 일정한 행위나 부작위(不作爲)에 의존한다"(Bestmann 1992: 98).

문화예술경영의 의미에서 목표에 관해 언급할 때에는 목적과의 혼돈을 주의해야 한다(Heinrichs 1997: 41). 목표는 구체적인 반면에 목적은 훨씬 일반적인 특성을 갖고 있다(가령 문화를 기능하게 한다). 목표설정/계획수립과 통제를 서로 결부시켜 보면 목적이 달성되었는지 확인되지 않거나 확인된다 해도 그 과정이 쉽지 않다는 것을 알 수 있다. 이에 반해 특정한 목표가 실현되었는지에 대해서는 아주 구체적으로 언급할 수 있다. 그래서 경영학에서도 목적과 목표를 명확하게 구분한다. 문화예술경영에서는 목적과 목표가 스텔레(Staehle 1994: 412)와 페로우(Perrow 1970: 135)의 이론에 의거하여 도표 10과 같이 구분된다.

도표 10. 문화경영에서 목표종류와 목표대상

목적/목표종류	목표대상
목적	문화를 가능하게 한다
총생산목표	문화사업의 생산물(극장 혹은 박물관의 조정으로부터 연극공연, 미술전시회, 콘서트 등과 같은 부분 생산물까지)
체계목표	문화사업의 구조와 행위, 가령 성장, 안정성, 적정가격 정도, 시장의 포지셔닝
생산목표	생산물과 서비스의 특징, 예를 들어 양, 질, 외관, 이미지
파생된 목표	일차적인 조직화 목적 내에서의 분야, 가령 경제적·사회 정치적·사회부수적 목적

일반적으로 목표는 목적보다 훨씬 더 구체적으로 표현된다. 또한 목표는 여러 측면에서 행해지며 이러한 측면은 대개 동시에 적용된다. 실례를 통해 이 사실을 입증해 보자. 미술전시회의 총 생산목표가 있다고 가정한다. 그러면 도표 11에서 보듯 가능한 여타 목표의 종류가 밝혀진다.

도표 11. 미술전시회를 실례로 본 목표종류와 목표대상

목적/목표종류	목표대상
목적	문화를 가능케 한다
총생산목표	시 화랑에서의 미술전시회
체계목표	형상 예술 후원의 연속성. 지역 예술의 중심지로서 시 화랑의 포지셔닝
생산목표	그림 50점과 조각 10점 전시, 전시된 소장품의 높은 질, 상업적 목표들과 구별되는 분명한 교양후원과 예술후원을 내세우는 독특한 양식의 주장
파생된 목표	도시가 갖는 매력적 여행 요소 후원, 스폰서를 통해 지방 기초 자치단체와 경제 간의 긴밀한 결합을 명시

이러한 방식으로 언급된 목표가 구현되고 통제된다는 사실이 구체적으로 드러난다. 총생산목표는 미술전시 그 자체이며, 이 목표는 전시회를 개최함으로써 달성된다. 연속성이라는 체계목표는 규칙적으로 전시회를 개최함으로써 이룰 수 있다. 지역 예술로의 포지셔닝 목표는 예술가에 대한 선택에서도 방문객들의 목표그룹이 갖는 폭에서도 표현될 수 있다. 양의 관점에서의 생산물 목표는 분명하게 미리 정해지고 그에 맞게 검토된다. 질이 높았느냐, 양식이 독특했느냐는 전시회의 구상과 적절한 전문가(예를 들어 예술비평가)들의 평가를 통해 입증되어야 한다. 파생목표는 방문객이 여행공급(호텔업, 요식업)을 이용하는 데에서 실현될 수 있다. 지방 기초자치단체와 경제의 공동작업은 그에 상응하는 스폰서를 통해 나타난다.

경영이란 언제나 목표중심적인 행위이다. 그런데 이 목표는 명확해야 하고 조작 가능해야 한다. '예술과 문화를 통해 생활의 질을 높인다'와 같이 불분명한 목표들은 문화사회학이나 문화교육의 관점에서는 생각될 수 있으나 경영의 목표는 될 수 없다. 이러한 목표는 구체적이며, 직접적인 목표중심의 행위를 통해 구현될 수 없기 때문이다. 이러한 구분점을 잘 알아야 하며, 그러할 때 우리가 문화에서 기대하는 모든 것을 문화예술경영이 성취시켜 줄 수 없다는 점도 분명해진다.

목표에 관해 언급할 때 전략적 목표와 실제적 목표를 명확하게 구분할 필요가 있다. 전략적 목표는 상위의 목표인데, 이 목표는 구체적 성과로 귀결되지 않고 상위의 목표를 두 번째 측면에서 가능케 한다. 예를 들어 전략적 문화예술경영은 미래의 성공을 보장할 수 있는 잠재성을 만들어 낸다(Heinrichs 1996). 이에 반해 실제적 문화예술경영은 직접 생산물로 전환시키고, 곧바로 성공이냐 실패냐로 귀결된다. 어떤 도시가 문화행사를 제공하려는 의도로 시립회관을 건립할 경우 전략적 목표가 문제된다. 시립회관 자체는 아직 문화공급이 아니기 때문이다. 시립회관은 미래의 문화공급을 위한 토대를 제공하는 잠재성에 지나지 않는다. 그런데 완성된 시립회관에서 해마다 열 번의 교향악 콘서트를 개최하기로 결정하게 되면 실제적 목표가 문제된다.

특히 실제적 목표가 문화예술경영의 대부분을 이루고 있기 때문에 여기에서는 실제적 목표를 계속 중심에 둘 것이다.

계획수립

목표설정이 '달성되어야 하는 것'을 기술하는 반면 계획수립은 목표가 구체화될 수 있는 길을 확정하는 데 도움을 준다. 그러므로 계획수립은 목표설정과 밀접하게 관련되어 있고, 분명한 목표설정 없이 충분한 계획수립도 이루어지지 않는다.

계획수립의 의미가 아무리 알기 쉽게 되어 있어도 공공, 공익 문화사업의 실제 작업에서는 그 계획이 체계적으로 추진되기 어렵다. 계획을 세우고 있어도 진지한 예측, 대안의 검토 혹은 구상이 없이 상당히 주관적인 '경험의 가치'에 따라 일이 행해진다. 그 결과가 관객 없는 행사나 늘 제기되곤 하는 재정 위기이다. 공공 문화사업 이 전문적 언론작업과 홍보작업은 쉽게 받아들이면서도, 시간이 많이 들고 상당히 지루하기도 한 (직접적·가시적 성공을 가져오지 않으므로) 계획수립에 대해서는 등한시하고 있는 것은 놀라운 일이 아닐 수 없다. 계획수립이 제대로 되면 경영과정과 마케팅과정의 모든 과제들은 쉽게 달성할 수 있다. 계획수립이야말로 성공을 위한 실제적 보증인 셈이다.

모든 경영 분야와 마찬가지로 문화예술경영에서도 계획수립은 4단계로 진행된다.

▌문제분석

계획수립은 문제 해결에 도움을 준다. 목표를 구체화하기 위해 길을 찾는 것이 바로 계획수립이다. 이를 위해서는 제일 먼저 존재 상태를 확인(상황분석)하고 기술하는 일이 중요하다. 두 번째 단계에서는 상태를 가능한 한 부분 문제 혹은 주된 문제로 분류해야 한다. 그렇게 해야 특히 어려운 영역을 빨리 알 수 있게 된다. 세 번째 단계는 부분 문제를 분류하고, 우선순위를 매기는 일이다.

▌대안 찾기

"대안 찾기란 문제인식을 발전사적으로 정리하는 것이다. 대안 찾기 과정에서는 인식된 문제 해결에 적합해 보이는 행위가능성을 찾아내고, 내용적으로 구체화하는 일이 중요하다"(Schierenbeck 1987: 74). 이때 너무 성급하게 해결책을 확정하지 않는 것이 무엇보다 중요하다. 가령 시민대학이 지출에 대한 지불능력을 갖추지 못했다 해서 꼭 기관의 보조금을 더 올린다든가 수강료를 높이는 식으로 결론을 내야 하는 것은 아니다. 조직적, 재정기술적 혹은 구조적 조처로 문제를 해결할 수도 있기 때문이다.

그러므로 대안 찾기에 창의성 기법을 적용하는 것이 좋다. 그것을 통해 늘 동일한 해결 가능성으로부터 벗어날 계기를 마련할 수 있기 때문이다(195쪽 '발의' 비교).

▌예측

목록이 작성된 대안은 예상되는 결과와 관련하여 예측 단계에서 예견될 수 있다. 가령 기업에서는 계획한 생산물이 예견한 시간 내에 실제로 만들어질 것인지, 질 높은 생산물을 만들기 위한 기술적 전제가 되어 있는지 등을 검토한다. 또한 마케팅과 관련하여 후에 그 생산물이 시장을 찾을 수 있을지에 대해서도 검토한다.

이를 위해서는 정확한 견적뿐만 아니라 테스트와 여론조사가 도움이 된다. 경영학은 이와 관련하여 일련의 세분화된 기법을 발전시켰다(Schneck 1995, Rudolph 1998). 그 중에서도 과거에는 양적 방법(예를 들어 트렌드 보외법)이 늘 중요하게 사용되었다. 이 방법에서는 "수학적·통계학적 방법이 중요한데, 이 방법의 실행 내지 성공은 과거의 자료가 제출되고 미래에도 그 구조가 유지되리라는 데에 본질적으로 의존한다. 이와 같은 대부분의 예측방법은 과거에 확인된 관계가 미래에도 유효하다는 생각에 기반을 두고 있다"(Reichard 1987: 90)

바로 여기에서 일반적인 경영학적 경영과 문화예술경영 간의 차이가 뚜렷하게 드러난다. 문화경영은 폭넓은 영역에서의 측정 가능성과 자료, 숫자로 작동하는 양적인 방법과는 관계가 멀다. 문화발전 계획수립의 경우에만, 예컨대 새로운 시구에서 예상되는 발전으로부터 그곳의 문화공급(예를 들어 구립도서관)에 대한 추론을 양적인 수단으로 예견할 수 있을 따름이다.

최근 경영학에서도 질적 방법이 점차 중요성을 더해 가고 있다. 질적 방법에서는 측정할 수 있는 자료뿐만 아니라 측정할 수 없는 주변 환경체계와 주관적 평가도 포함될 수 있기 때문이다. 이러한 방법 중에서 시나리오 기법과 델포이 방법은 문화예술경영에도 적합해 보인다. 이 방법은 전략적 문화예술경영과 실제적 문화예술경영 어느 것에나 사용 가능하다(Heinrichs 1999: 196 ff.).

시나리오 기법에서는 시나리오가 구상된다. 즉 기대해 볼 수 있는 미래의 형태들이 결부된다. "상황 예견 내에서 내부·외부 상황 분석의 주요 영향 요소들이 다음 해에는 어느 정도 변하게 될 것인지 확인하는 일이 시나리오 기법의 목표이다. 현재로부터 출발해서 생각할 수 있는 미래의 상황이 논리적 단계로 표현된다. 시나리오 기법의 중점은 구조적 돌발사건이 발생하였을 경우 단순한 트렌드 보외법을 거부하고, 오히려 보다 포괄적 발전 경향을—특히 사회경제학적·법적·정치적·방식—적시에 수용하는 것이 문제된다는 데 있다"(Franke/Zerres 1992: 72f.).

슈타인만과 쉬레에그(Steinmann/Schreyögg 1991: 143)는 "다양성의 축소 수단"에 관해 언급하는데, 이 수단으로 서로 다른 영향이 "개관 가능하고 납득할 만한 미래의 형태로 농축"된다는 것이다. 그런데 개연성이 낮기 때문에 최소한 두 가지(낙관적이고 비관적인) 대안 시나리오를 함께 발전시키기를 권장한다. 그래야만 의외의 사건으로부터 보호받을 수 있기 때문이다(시나리오 기법에 대하여

Gansemeier/Fink/Schlake 1996과 Steinmann/Schreyögg 1991: 137～
144 그리고 Bea/Haas 1997: 264～270 참조).

델피 방법은 그룹에 대한 예견의 한 형태이다. 하우스만(1983: 22)
의 영향을 받은 이 방법은 다음과 같은 특징을 갖는다.

- 예견은 서로 다른 측면에서 예견 문제를 다루는 전문가들에 의
  해 제공된다.
- 이 전문가들은 서로 익명으로 한다.
- 예견은 여러 회합에서 이루어지고, 이때 통제되었던 정보재생
  은 한 회합으로부터 다른 회합으로 행해진다. 전문가들의 개
  별 예견은 그 사이에 그때그때 적절하게 통계적으로 활용 가능
  하다(Franke/Zerres 1992: 152).

그룹이 회합을 갖지 않으면서도 여러 단계에서 행하는 그룹 설
문조사가 중요하다. 이러한 설문조사는 조직적인 면에서 장점을 갖
고 있으나 너무 빨리 의견 일치를 보는 일은 피해야 한다. 재생을 통
하여―각 단계마다 모든 그룹 직원이 이용 가능한 평가를 한다―
전문가들은 자신의 평가를 다른 사람들의 것과 비교하여 검토할
수 있는 기회를 재차 갖게 된다. "대개 충분한 결과 수렴은 서너 번
의 여론조사 회합을 통해 이뤄진다"(Reichard 1987: 91와 상세하게
Wechsler 1978).

▪ 평가

해야 할 것이 무엇인지에 관한 현안 결정에 영향을 미치게 될 최종적 가능성은 전반적인 계획수립 단계를 완결적으로 평가하는 데 있다.

이와 같은 방식으로 작성된 계획수립의 특징은 다음과 같이 총괄될 수 있다.

- 계획수립이란 위에서 언급한 과정으로 구성된 일정한 시작과 종결이 없는 종합적·다단계적 사고과정이자 정보과정이다.
- 직관적 행위나 임시변통의 결정과 달리 의식적이며 일관된 생각과 방법론상 체계적 과정이 지배한다는 의미에서 계획수립은 이성적이다.
- 계획수립이란 미래의 일을 목적에 맞게 제어하려는 시도이다.
- 계획수립은 늘 미래와 관련되므로 다소간 불확실한 예견에 기반을 두고 있다(Schierenbeck 1987: 77).

계획수립 단계가 마무리되면 대안으로 제안된 여러 해결책이 사용 가능하게 된다. 이 해결책의 효과는 세밀하게 예견되며 목표설정과 일치하는지 평가된다. 그런 후에 제시된 계획수립의 대안 중에서 하나의 제안을 선택하고, 그것을 구체화시켜야 한다. 경영과정에서 이러한 선택을 결정 단계라고 말한다.

물론 이전에도 결정에 직면하곤 하였다. 계획수립의 대안이 기각되었거나 아이디어의 발견 과정에서 제안이 더 이상 받아들여지지 않을 때 그러하였다. 그렇지만 가장 중요한 결정은 지금이다. 이 시점부터 계획수립이 구체화 작업으로 진행되기 때문이다. 다시 말해 지금까지는 생각만으로 준비되었고, 그래서 거의 인원비용만 야기하였던 일이 이제 실행되어야 한다. 이것은 흔히 투자, 고정지출, 부가적 인원비용 등을 초래한다. 늦어도 이때부터 계획과 그 진행과정이 공개되며, 구체적 실현작업에 대한 압박을 받게된다.

조직화

"계획수립은 생각하는 작업일 따름이다. 조직구성원들의 행위를 조정해야 할 경우 계획수립은 전환되어야 할 필요가 있다. 따라서 조직화라는 경영기능은 첫 번째 전환 단계에서 행위의 구조를 만들어 내야 하고, 그 구조는 모든 필요한 과제를 세목별로 기술하고 서로 연결하여 계획이 실현되도록 보장하는 것이다"(Steinmann/ Schreyögg 1991: 9).

모든 조직화 내에 두 가지 성과물이 제공될 수 있다.

－부분 영역에 따른 전반적 스펙트럼의 세분화

-이 부분 영역을 함축성 있는 단위로 결합하는 조정

"이 두 가지 측면 사이의 균형을 유지하는 것이 조직의 근본문제에 속한다"(Ulrich/Fluri 1992: 171). 조직론은 이 근본문제를 두 가지 차원에서 해결하고자 한다. 조직론은 기업의 구조를 규정하는 구축조직과 작업과정에서의 시간적 구성요소를 조정하는 경과조직으로 구분된다(Heinrichs/Klein 1996: 1, 14).

▌구축조직

"구축조직은 부분 단위와 그것을 조정하는 데 있어서 기업의 편성과 관련된다. 이를 위해 과제 분야가 형성되고, 과제 추진자에게 배치되며, 과제 추진자들간의 관계가 규정되어야 한다"(Bestmann 1984: 103).

문화예술경영에서는 무엇보다도 구축조직이 중요하다. 직원들에 대한 동기부여와 잠재된 창의성 이용을 위한 조건이 구축조직에서 나오기 때문이다. 아울러 분야를 포괄하는 공동작업이—연극이든 프로젝트든—실현될 수 있느냐 없느냐가 상당 부분 구축조직에 달려 있다.

여기에서 구축조직의 모든 변이 형태를 소개하기는 어렵다. 그렇지만 최소한 네 가지 기본 유형을 언급하는 일은 중요할 듯 보인다. 이로써 과제에 적합한 구축조직에서 나올 수 있는 기회와 한계를

인식할 수 있을 것이다(이에 대하여 Ulrich/Fluri의 조망 1992: 186 f. 참조)

(1) 선조직

선조직은 분명한 위계질서로 이루어져 있다.

분과의 관리자는 기업의 이사진에 편입되며, 다시 종업원들은 분과의 관리자에 편입된다. 한편 조직 안에서 모든 정보와 의사소통의 길은 수직적으로 뻗어 나간다.

장정
- 분명한 권한과 책임성
- 협조와 조정 용이

그림 11. 선조직

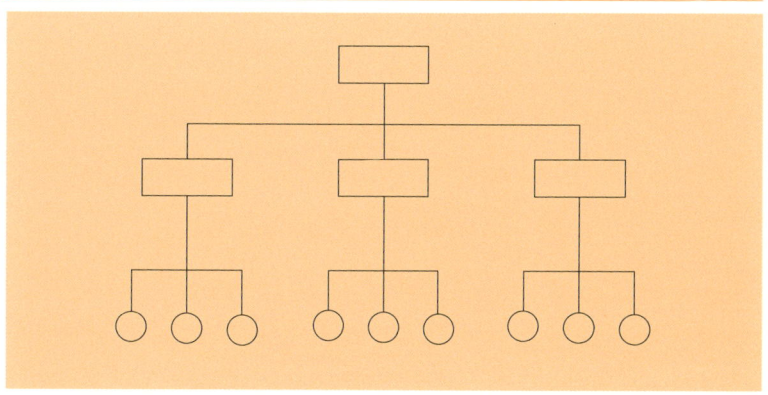

- 상관과 부하직원 관계 안정

단점

- 번거로운 절차, 관료주의적 경향

- 위계질서, 지도부의 과다한 부담

- 정보의 여과, 의사소통의 요구

(2) 막대 – 선조직

기본구조는 선조직의 형태로 유지되나 개별 상관이 편입되는 막대를 통해 선 조직이 보충된다. 이때 막대는 두 번째 조직 영역을 형성한다. 막대의 종업원들은 기존의 조직에서 나오거나 그림에서처

| 그림 12. 막대 – 선조직

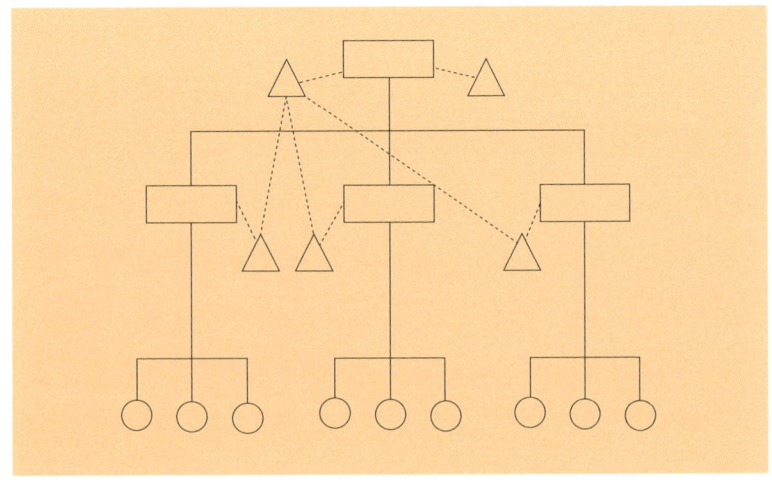

럼 서로 다른 지도부의 위치에 추가적으로 편입될 수 있다.

장점

- 일정한 전문화에도 불구하고 지도부의 단일성은 유지됨.
- 막대 위치를 통해 지도부의 부담이 경감된다.
- 프로젝트의 경우 막대는 협조의 요소로서 기능할 수 있다.

단점

- 막대는 '뇌수종'으로 발전될 수 있다.
- 막대는 쉽게 '막후 실력자'로 작용한다(책임 없는 권력).
- 막대는 결핍된 조직을 은폐할 따름이다.

(3) 다선조직

종업원들이 두 번째 관리자 영역(분과의 관리자)에 고정적으로 편입되지 않고 모든 작업 분야에 투입 가능하다. 이를 통하여 '소속'과는 무관하게 종업원들의 전문능력이 이용될 수 있다. 다시 말해 기능은 위계질서와 중첩된다.

장점

- 전문능력과 소속의 일치
- 의사소통의 길이 단순

그림 13. 다선조직

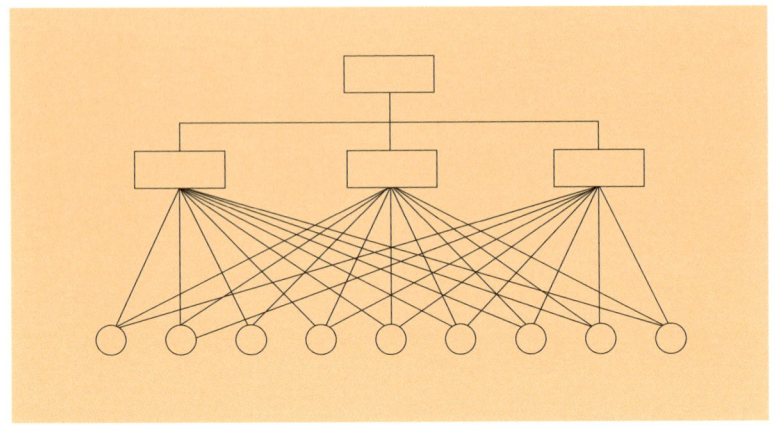

- 풀뿌리 민주주의

단점
- 권한의 월권이 예외라기보다는 오히려 규칙, 상사와 부하직원
  의 관계가 불안정
- 조절의 요구가 큼(업무회의에서)
- 관리자에 대한 조정과 통제가 불가능

(4) 행렬조직

행렬조직은 프로젝트 중심이며, 구축조직의 기본구조를 유지하
면서 동시에 고도의 유연성을 지닌다. 각각의 종업원들은 자신의
분과에서 활동하는 데 머물지 않고, 분과의 위상을 넘어서는 프로

젝트(수평영역)에도 참여한다. 이러한 방식으로 박물관, 도서관, 시민대학 등의 공동 홍보활동 프로젝트가 조직적으로 이루어질 수 있다.

장점
- 전문영역을 포괄하는 프로젝트 작업에 특히 적합
- 기능 중심과 과제 중심의 팀 작업이 가능
- 잠재된 혁신성이 잘 이용될 수 있음

단점
- 권한을 분리하는 데 비용이 많이 듦

그림 14. 행렬조직

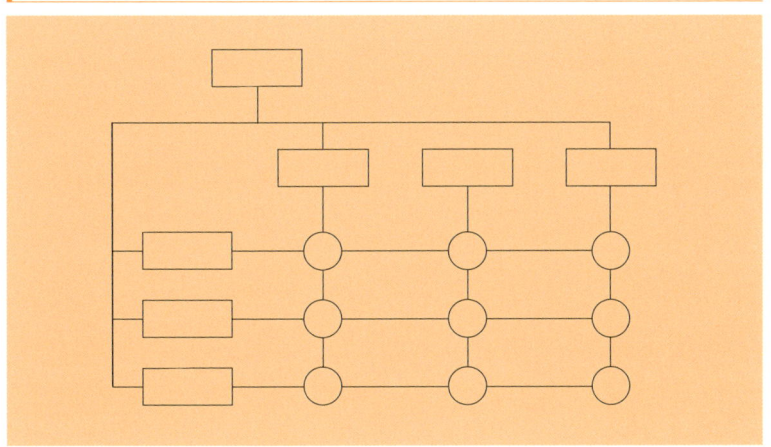

- 의사소통의 요구가 큼
- 분과지도자의 영향이 극소화됨

일반적으로 이러한 모델 중 하나를 선호하는 것은 의미가 없다. 어떤 모델을 결정하느냐는 오히려 개별 경우에 의존하며, 구체적으로 현안 과제와 기업의 크기에 의존하게 된다. 종업원이 다섯 명인 기업에서는 세 번째 모델을 사용해도 된다. 그러나 종업원이 50명인 기업에서는 세 번째 모델을 사용하는 것은 적합하지 않다. 더 큰 단위의 상부 조직에서 유래하는 규정 또한 중요하다. 여러 자치단체의 문화관리국과 공공 문화기관은 선 모델로 조직된다. 이 모델은 공공 행정기구에서 통용되는 조직 형태이기 때문이다. 이러한 규정이 있다고 해서 공공 문화행정 과제에 다른 조직화 모델을 사용하지 말아야 한다는 것은 결코 아니다.

▌경과조직

"경과조직은 부분과정과 그것을 조정하는 데 있어서 운영과정의 편성과 관련된다. 이를 위해 작업과정의 실행이 확정되고, 공간적 시간적 관점이 고려되며, 과제 추진자에게 분배가 이루어져야 한다"(Bestmann 1984: 103).

이러한 경과조직에 문화예술경영자는 항상 지대한 영향을 끼친다. 그것은 문화예술경영자가 실제 경영자의 질을 입증해야 하는 조정행위가 필요하다는 뜻이기도 하다. 소속이 다르다는 이유로 변명할 기회를 엿보아서는 안 된다.

조정행위 의미의 경영기능은 어떤 것에 대한 수공업적 혹은 기술적 실현이 아니다. 경영의 성과물은 오직 경과의 조직화, 즉 예상되는 과제에 미리 구조를 부여하는 데 있다. 구체적인 상황에 따른 임시변통적 결정은 이와 반대되는 일이다. 이를 두고 "고도의 즉흥성의 예술"이라 찬사를 보내기도 한다. 물론 즉흥성이 불가피할 때도 있다. 모든 문화예술경영자는 일정한 "즉흥성의 기술"을 필요로 하지만, 지속적 관행이 된 즉흥성이 전문적 문화예술경영의 본이 되어서는 안 된다.

경과조직은 일반적으로 경과계획의 도움을 받는데, 경과계획은 가능한 한 다음과 같은 성과를 이뤄야 한다.

- 세밀하고, 개관 가능하며, 조작 가능한 작업 단계로 생산과정을 편성
- 시작, 끝, 지속에 따른 작업 단계의 기한 책정
- 중요한 순서대로 작업 단계를 분류
- 전체 과정에 중요하고 필요한 경우 작업 단계를 시간대로 연결
- 개별 작업 단계간의 의존성을 분명히 함
- 개인적, 공간적, 재정적 요소에 대한 고려

문화예술경영에는 특히 다음과 같은 경과계획이 적합하다고 입증되었다.

(1) 점검목록

점검목록은 보다 단순화된 경과계획 수립의 형태이다. 가장 먼저 처리해야 될 모든 작업 단계의 목록이 만들어지고 각 단계마다 조직적 경과에서 나오는 종결 기한이 기입된다. 즉 언제까지 어떤 작업이 마무리되어야 하는지 기한을 정한다. 만약 종결 기한의 확정이 문제된다면 (예를 들어 야간 콘서트의 준비와 조직) 개별 작업과정의 기한을 함축성 있게 종결 기한부터 뒤로 하여 산정한다. 기한뿐만 아니라 소속 종업원들의 이름도 기입할 수 있고, 서류 처리 부호도 미리 정할 수 있다. 이렇게 하여 점검목록의 가능한 수단이 모두 다 사용되지만 개별 과정의 지속성도 개별 작업 단계간의 그때그때의 의존성도 알 수 없게 된다.

그래서 점검목록은 일반적으로 한 작업 단계에서 다른 작업 단계로 연속되는 순차적 경과에 적합하다. 또한 점검목록은 끊임없이 동일한 형태로 진행되는 계획에 매우 유용한 기간 계획 수립기법이자 감독기법이다. 예를 들어 콘서트경영, 시민대학에서의 강연회, 작가들의 낭독회나 규모가 작은 전시회에서 늘 사용되고, 서류카드로 이용되기에도 아주 적합하다(문화예술경영의 점검목록을 위한 실례는 Heinrichs 1988: 195~205에서 참조).

(2) 각목도표

각목도표는 시간의 경과를 이차원적으로 표현한다. 이 각목도표
는 수직선을 따라서 Y축 작업과정이 기입되고 수평선을 따라서 X
축 시간간격(일주일 혹은 한 달)이 기입되는 병렬체계로 이루어진다.
X/Y 기능에 상응하여 모든 작업과정에 대한 수평적 각목은 시간궤
도에 따라 기입된다. 이로써 각각의 각목을 통해 걸리는 과정(각목의
길이에 상응하여) 및 시작 기한과 종결 기한을 알 수 있다.

각목도표는 상대적으로 만들기가 쉽고, 제삼자들도 많은 연습 없
이 읽을 수 있다는 장점을 갖는다. 더 나아가 경과를 구체적으로 납
득할 수 있게끔 해 준다. 이로부터 용이한 계획 극대화라는 과소평
가될 수 없는 장점이 생긴다.

문화예술경영에서 각목도표는 이미 여러 번 적합한 것으로 입증
되었다. 그럼에도 불구하고 상대적으로 조망하기 쉬운 프로젝트(30
번까지의 과정)에서나 추천할 만하다. 30번이 넘는 경우에는 조망하
기 어렵기 때문이다. 뿐만 아니라 개별 과정간의 논리적 의존성을
(다른 과정을 시작할 수 있으려면 불가피하게 어떤 과정을 끝내야 하는지)
직접 알 수 없다는 점이 각목도표의 단점으로 드러나고 있다. 종결
기한 준수를 위해 과정을 시간적으로 연기하는 일이 어떤 결과를
초래하는지 각목도표에서 직접 드러나지 않는 점 또한 유사한 결점
으로 작용하고 있다(Heinrichs 1998b: 4~9).

(3) 이정표 계획수립

이정표 계획수립은 각목도표를 토대로 한다. 이 계획수립은 상대적으로 간단한데 중요한 점은 동일한 과정들의 그룹에 중간휴지(이정표)를 표시한다는 데 있다. 이정표에서 현재의 경과 상태를 조정하는 것이다. 이로써 이정표 계획수립은 최소한 이정표 시점에서의 경과로부터 이정표 시점까지 시간적 연기가 전체 계획의 종결 기한에 어떤 결과를 초래하는지를 알려준다.

(4) 선형계획법

선형계획법이야말로 가장 유익한 경과계획에 속한다. 선형계획이란 일정한 시작 기한과 종결 기한이 있는 프로젝트에서 작업과정에 대한 논리적 연관을 그래픽으로 표현하는 것을 말한다. 이 정의에서 결정적인 면은—각목도표나 이정표계획과 달리—논리적 연관이라는 특징에 있다. 그런데 사실 경과에 대한 논리적 연결은 이 기법이 시작할 때만 존재한다. 시간적 요소는 종결될 때 저절로 나타난다. 그런데 선형계획법은 상당한 비용을 필요로 한다. 그러므로 의존성이 강하면서 개별적으로 기한을 정해야 하는 30개 이상의 과정을 갖고 있는 복잡한 프로젝트에 이용하는 것이 바람직하다.

선형계획을 만들어 내고 다루는 기법은 대단히 복잡하여 구체적 실례 없이는 전달되기 어렵다. 문화예술경영 입문서인 이 책에서는 그 일부만을 언급하고 있는 정도여서 해당 간행물을 지적해 두고자 한다(Schwarze 1990, Altrogge 1996과 Heinrichs 1998b).

결론적으로 이상적 경과 계획수립은 존재하지 않는다는 점을 다시 한 번 강조해 둔다. 올바른 기법의 선택은 계획이 갖는 다양성과 소요되는 시간에 적잖이 의존한다. 아주 드문 경우에만 선형계획법을 사용하고, 일반적으로는 각목도표로도 충분하다. 문화예술경영에서의 권한은 계획에 적합한 도구를 선택하는 데서 드러난다. 결국 계획수립을 하는 데 든 소모가 효과적 계획수립을 통해 절약한 시간보다 길어서는 안 될 것이다.

통제/조종

전통적인 경영과정에서 통제는 마지막 단계에 속한다. "통제는 성취해 낸 결과물을 기록하고 계획 자료들과 비교해야 하는 점에서 마지막 단계를 뜻한다. 할당량/실제 비교는 계획이 실행되었는지를 보여 주어야 한다. 만일의 편차는 수정 조처의 도입이나 근본적인 계획 수정을 요구하는지에 유의하여 검토할 수 있다. 통제는 정보와 동시에 새로운 계획수립을 위한 출발점 및 새로 시작되는 경영과정의 출발점을 구성한다. 통제는 정기적인 의무규정을 갖고 있지 않으므로 계획수립 없는 통제란 불가능하고, 다른 한편으로 모든 새로운 계획수립의 순환은 목표에 도달하려는 통제정보 없이 시작될 수 없

으므로 계획수립과 통제를 쌍둥이 기능이라고도 한다"(Steinmann/
Schreyögg 1991: 10).

통제는 계획수립이 세밀해야 할 필요성을 분명하게 해 준다. "통
제 없는 계획수립은 의미가 없고, 계획수립 없는 통제는 가능하지
않다"(Wild 1982, Schierenbeck 1987: 79). 면밀한 계획수립에 반대하
는 사람은 통제를 면하고자 한다는 의심을 받게 된다. 계획수립에
반대할 경우 어떤 오류가 있었고, 합리적 정정은 어디에서 가능한지
이른바 "편차분석"에서 취할 수 있는 모든 가능성까지도 박탈된다.

통제는 기본적으로 세 가지 유형으로 구분된다.

- 가설통제
가설통제는 계획수립 내에서 획득되고, 기초가 되었던 결정의 토
대가 어느 정도 적합한지, 다시 말해 현재의 상태와 일치하는지를
검토하는 목적에 도움을 준다.
- 결과통제
결과통제는 추구하였던 할당상태와 구체화된 실제 수효를 결부
시킨 후 대략적 편차를 알아낸다.
- 방법통제/태도통제
방법통제와 태도통제는 무엇보다 과정을 중심에 두며, 계획수립
과정에서 사용된 기법과 방법, 더 나아가 결정과정, 관철과정, 수
행과정을 본래 기대하였거나 예상하였던 태도 및 행동 방식과 대

비한다(Schierenbeck 1987: 79).

　가령 약속하였던 만큼 예술적으로 주목받지 못한 일련의 콘서트가 문화국에 의해 개최되었다면 가설통제의 문제와 관련된다. 해당 예술가들을 추천하였던 보증인이 무능한 것으로 입증되었기 때문이다. 편차분석 내에서 다음번에는 다른 보증인 혹은 여러 보증인이 추천될 것이다.

　계획수립 단계에서 예상하였던 것보다 훨씬 적은 인원이 연주회를 방문하였을 때 그에 대한 통찰은 결과통제에 속한다. 밤 근무를 하였던 직원이 앙상블을 '사들였던' 행사 담당자에게서 불충분한 정보를 입수한 탓에 콘서트 진행 과정에서 조직적 문제가 나타났다면 그러한 확인은 방법통제에 속한다. 이 경우 행사 담당자들도 밤 근무에 배치되면서 다음번 공연에는 다른 방법을 시도하게 된다.

　현대 경영학은 통제를 과정이 종결되는 데 두려고 하지 않는다. 그렇게 될 경우 재차 결산과 관련한 검토가 요구되기 때문이다. 그 대신에 계획수립과 통제의 긴밀한 결합이 추구된다. "계획수립과 통제는 체계적으로 상호 결합된다…… 질적 분석을 고려한 계획수립 시스템, 통제 시스템, 정보 시스템의 통일에서 조종이라는 새로운 경영기구가 발생하였다"(Bleicher 1992: 267). 조종은 현대 문화예술경영에서도 사용될 수 있다.

　경영이 독일어의 개념 '관리한다'(기업을 관리한다)와 결부된다면 조종은 '조종한다'로 번역되어야 한다. 그러므로 조종자는 "일종의 경영학적 조타수이거나 항해사이다. 조종자는 지불정보의 도움으로 '선장들'이 '배'를 타고 불안한 사업의 '바다'에서 판매, 생산, 탐구, 구매하는 일에 도움을 준다"(Deyhle 1996). 조종의 기본이념은 예견하여 행하고 실현 단계 동안 계획과 어긋나는 편차에 작용을 가하는 데 있다. 편차는 피할 수 없다! 그렇지만 편차를 추후에 기록만 하는 것은 충분치 못하다. 편차는 오히려 일찍 알아내야 한다. 그럴 때 경영자는 직접 다른 편에 조종을 가할 수 있다. 이를 위해서는 한편으로 편차를 인식하며, 또 다른 한편으로 다른 조종을 위한 조처를 준비하는 민감한 조정기구가 필요하다.

조종은 관리하는 위치에 있건, 추종하는 위치에 있건 모든 종업원들과 관련된 경영 기능이다. 문제는 경영적 태도규범이며, 이에 따라 각자 기업에서 방향을 설정해야 하고, 이러한 의미에서 마케팅의 태도규범과 비교 가능하다. 그러므로 이미 지나간 것에 대한 통제가 단지 회계검사원의 일인 것처럼 조종을 조종자에게 전가할 수는 없다. 조종자가 갖는 과제는 기능적 경영 조종에 요구되는 도구를 준비하는 일일 뿐이다. 그런데 기업에서 이러한 조종도구를 그 누구도 사용하지 않으려는 경우 최고의 조종자라 할지라도 아무 소용이 없게 된다.

호르바트(Horváth 1996: 157)는 아그테(Agthe 1968, Sp. 352)에 의거하여 조종자의 기능을 다음과 같이 매우 객관적으로 기술한 바 있다. "조종자는 기업을 함께 조종하는 공동 파일럿이라고 볼 수 있다. 기업의 도구들을 비약시키려면 조종자는 회계 제도와 보고 제도의 형태로 경영의 도구목록을 구축하여야 한다. 나아가 조종자는 도구목록의 광고를 끊임없이 읽어 내고 경영 팀의 동료들에게 일정한 트렌드와 방향 이탈에 대해 적시에 정보를 제공하여야 한다. 따라서 조종의 과제는 우선적으로 측정도구를 구축하고 할당량 실제 편차에 관한 정보를 제공하는 데 있다."

조종이 이차적인 통제에만 관련되지 않는다는 사실을 분명히 하기 위해 피드포워드 통제에 관해서도 언급할 것이다(그림 15).

그림 15. 피드백 통제와 피드포워드 통제(Staehle 1994: 519)

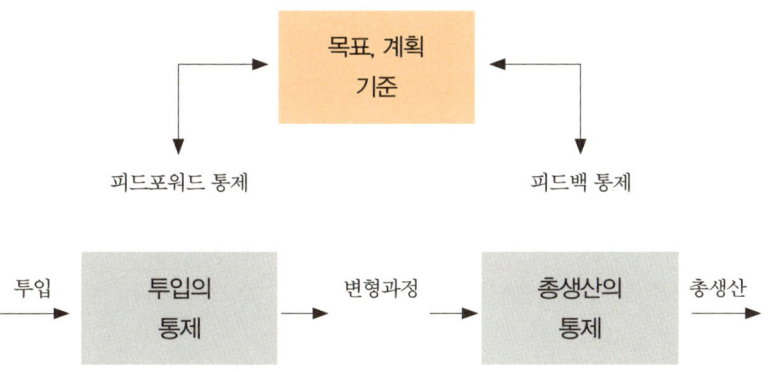

문화예술경영에서 피드포워드 통제의 예로 공급마케팅을 들 수 있다. 적절한 예술가들을 참여시키고자 할 경우 기존의 관계로도 충

분하다. 그런데 새로운 예술가와 중개자의 관계를 구축하기 위해서는 (가령 박람회나 비교 가능한 행사 방문을 위해) 보다 강화된 수단이 강구되어야 하지 않을까? 실례를 든다면 피드백 통제로 예술가 X의 콘서트에 방문객이 적었다는 사실만을 추후에 확인할 수 있다면 훨씬 더 중요한 지적은 피드포워드 통제에서 나올 수 있다. 즉 더 뛰어나고, 더 유명한 혹은 더 수요가 많은 예술가들을 참여시키기에는 기존에 사용된 공급마케팅의 도구가 충분하지 않았다는 것을 피드포워드 통제로 알게 된다.

바로 이 실례를 통해 세분화되고, 구체화된 정보체계만이 전문적 조종에 요구되는 자료를 준비할 수 있다는 사실을 알 수 있다. 결국 그와 같은 정보체계를 구축하는 것이 조종이 갖는 고유한 요구인 것이다. 이 정보체계는 적어도 다음과 같은 성과물을 제공하여야 한다(Horváth 1996: 333).

- 정보의 공급은 사업 내부와 사업 외부의 상황을 있는 그대로 드러내면서 계획수립의 문제를 명확히 해야 한다.
- 정보의 공급은 행위의 가능성과 그것의 효과에 대한 정보를 분명히 한다.
- 정보의 공급은 불연속적 환경의 변화에 빠르고 유연하게 대처해야 한다.
- 정보의 공급은 경제적이어야 한다.

또 다른 예로 자치단체 음악학교의 경우 다음과 같은 자료의 정보를 임의대로 이용할 수 있어야 한다(Schneidewind 1996).

- 외부의 회계 제도(대차대조표와 손익계산 내지 재정학에서의 예산계획과 예산산출)
- 경비의 종류, 경비예산부서, 경비산출품목에 따른 세분화된 경비산출
- 생산시설 계획수립
- 총매상고 계획수립/성과물 계획수립
- 유동자산계획

그 이외에도 수요분석 내지 수요통계 자료도 가능한 한 자유롭게 이용할 수 있어야 한다. 이러한 자료를 정확하게 투입할 경우 음악학교 경영에 있어 중요한 문제에 대한 해답을 도출할 수 있다(같은 곳 S. 14f.)

- 공급은 수요와 일치하는가?
- 주어진 생산시설이 최대한 가동되고 있는가?
- 음악학교는 경영에서 어떤 결과를 얻었고, 그것은 어떻게 이루어져 있는가?
- 재정상태는 어떠한가? 재정의 결함이 있다면 단기 혹은 장기 자

본이 필요한가?

- 인원은 어떻게 육성되는가?(인원계획과 인원발전)

- 비용과 수익금(내지 지출과 수입)은 어떻게 육성되고, 상승을 기대할 수 있는가?(어떤 영역에서? 항목별로 혹은 일률적으로?)

- 공공 보조금은 어떻게 육성되는가?(지금까지의 상태로 동결되는가? 더 긴축되리라 예상되는가? 어떤 관계가 중요한가?)

- 수요는 어떻게 전개되는가? 나의 공급은 수요에 영향을 미치는가?(그렇다면 어떻게?)

- 한정조건은 어떻게 평가될 수 있는가?(목표체계)

- 중요한 주변 조건(주민의 증가, 청소년의 참여, 소재지의 특성, 트렌드 등)은 어떻게 전개되고 있는가?

기존의 자료가 가장 중요한 정보를 제공해 준다 할지라도 다양한 경영도구와 경영기법을 사용하지 않을 수 없다. 세분화된 회계 제도와 측정시스템, 포트폴리오 분석, 강점·약점 분석, 지급능력의 경과계획이 그러한 것에 속한다.

이러한 요약된 의미에서의 조종이 문화예술경영에서는 이제 막 시작되는 단계에 있다. 물론 그와 관련한 연구와 저서도 출판되었다 (Schugk 1996, Schäfer/Vermeulen 1996, Schneidewind 1996과 Fabel 1998). 지금까지 그다지 고려되지 않았으나 문화예술경영에서도 전문적 조종이 절실히 요구된다는 사실을 간과할 수 없게 되었다. 저녁 행사를 개최하는 데 실제 비용이 얼마나 드는지 아직까지도 많은 극장이 말할 수 없다는 사실은 문제가 아닐 수 없다. 다른 행사에 얼마 정도의 광고비용이 합당하고 얼마에 공연을 매각해야 할지도 판단하기 힘들기 때문이다. 또한 음악학교에서 인원육성과 무관하게 이전의 강의 계획을 그대로 실시한다든가, 박물관에서 방문객에게 문의도 하지 않고 감독요원의 작업시간에 따라 개방시간을 계획하는 일도 받아들이기 힘들다. 이런 저런 계획수립의 결과물은 우연의 산물이거나 일면적 자료의 산물이다. 문화예술경영은 현대적 조종 의미의 포괄적이며 다면적으로 투입될 수 있는 경영정보시스템에 의해 보다 큰 효과와 능률을 얻게 될 것이다.

문화마케팅

"마케팅이란 경제구조와 사회구조에서의 한 과정이다. 이 과정을 통해 개인과 그룹은 생산물과 다른 가치물을 생산, 제공하며 서로 교환하면서 자신들의 욕구와 바람을 만족시킨다"(Kotler/Bliemel 1992: 6). 생산은 자동차와 같은 재화에 있어서만이 아니라 미용실 방문과 같은 서비스업에도 해당하는 상위개념이다.

"마케팅(경영)은 개인이나 조직의 목표를 만족시킬 의도로 교환과정을 불러일으키기 위해 아이디어, 상품, 서비스를 구상하고 가

격을 정하며 촉진, 유포하는 계획 과정이자 실행 과정이다"(같은 곳
16). 두덴 사전은 마케팅을 매우 적절하게 "판매를 후원하는 기업의
방향 설정"이라고 정의하고 있다. 이미 여기에서 마케팅이 기업의
활동(판매와 같은)일 뿐만 아니라 기업 전체가 마케팅에 목표를 두어
야 한다는 점이 드러나 있다. 이런 의미에서 마케팅은 기업경영의
한 형태이다.

마케팅 개념과 문화사업에의 적용

독일의 경우 마케팅은 경영학 중에서 상대적으로 역사가 짧은 분
야에 속한다. 1960년대 말까지 "판매 경제"라고 하였고, 생산물 판
매 문제를 우선적으로 다루었다.

1950, 1960년대 서독 시장 상황이 어떠하였는지를 알면 이는 당
연한 것으로 이해된다. 그 당시 시장은 판매자 시장이었다. 다시 말
해 공급보다 물품에 대한 수요가 훨씬 컸다. 재건, 경제 기적, 설비
의 물결, 식탐풍조, 이 모든 개념은 수요의 폭발을 의미하였다. 따라
서 당시 판매 경제는 본질적으로 물품의 분배 문제에 국한되었다.

1970년대 말 들어 이러한 상황은 바뀌었다. 전반적으로 수요는
포화상태가 되었다. 이제 생산물을 판매하려는 사람은 포화된 시장,
공급경쟁, 비판적인 구매자들과 씨름해야 했다. 공급이 수요보다 더
많았다. 이때부터 구매자 시장으로 전환하게 되었으며, 구매자가 판

매자보다 더 우위를 차지하게 되었다.

이러한 상황이 되자 독일에서도 판매 경제에 마케팅 개념이 강화되었다. 이것은 시류에 맞는 개념의 차용에만 있지 않았고, 크게 확대된 판매 정책 수단에 대한 신호이기도 했다. 마케팅은 판매 경제 그 이상이다. 특히 마케팅은 구매자에 의해 결정된 시장에서의 세분화된 방법과 기법을 포괄한다.

지난 30년 동안 마케팅을 구체화하면서 서로 다른 경향들이 나타났다. 여기에서 1970년대 확대되었고, 마케팅의 이미지를 크게 손상시켰던 마케팅 이해를 상기해 보자. 그 시기 마케팅의 목표는 생산물 구매에 대한 소비자의 저항을 없애고, 고객이 본래 원하던 것보다 더 많이 사도록 유인하며, 가능한 한 모든 수단을 동원하여 판매수량을 높이는 데 있었다.

뮐러 하게도른의 말에 따르면, "판매수량을 높이기 위한 마케팅"이란 "소비자를 기습하고, 소비자의 부족한 지식을 오용하며, 소비자에게 사회적 압박을 가할 수 있다"(Müller Hagedorn 1990: 10). 지금도 이와 같은 마케팅을 '구매 선전여행'이나 싸구려 익살에서 종종 보게 된다(에스키모인에게 '냉장고'를 혹은 부시맨에게 '전기담요'를 판다).

공격적 마케팅이 단발적이고 일회적 성공을 보장하는 데 그친다는 사실이 빈번히 입증되고 있다. 고객은 불신감을 갖게 되고, 같은 생산물을 두 번 사지 않으며, 아는 사람에게 자신의 불쾌했던 경험 등을 이야기해 준다. 이러한 마케팅은 문화사업의 진지한 고려 대상이 될 수 없다. 그런데도 공공 문화사업에 그와 같은 마케팅의 흔적이 남겨져 있다. 적지 않은 문화예술경영자들이 공격적 형태의 마케팅과 접하였기 때문에 자신들은 마케팅과 결코 관계하고 싶지 않다는 결정을 하였다. 전반적인 공공 분야와 공익 분야에서 마케팅이 거의 적용되지 않는 것은 적용 가능성이나 전용 가능성을 몰라서라기보다는 오히려 좋지 않았던 경험에 기반한 신뢰의 상실에 있으며 개인적 준비 부족 때문이기도 하다.

이와 달리 1980년대부터 새로운 마케팅 이해가 세력을 미친다. 이에 따르면 마케팅은 "만족한 고객을 통한 이익"이 목표이다 (Kotler/Bliemel 1992: 30). 목표는 더 이상 무조건적인 판매에 있지 않다. 이제 목표는 두 번째 장사에 있다. 다시 말해 첫 번째 거래에 만족한 고객이 기꺼이 다시 오게 되어야 한다는 것이다. "민간 기업에게 성공의 열쇠는 이익 추구에 있지 않고, 오히려 이익은 성공적 활동을 위한 척도이다"(같은 곳).

고객 만족으로의 마케팅의 방향 설정은 비영리 분야에서도 마케팅 적용을 고려하게 하였다(자치단체 문화사업에서 이와 관련한 토론의 구체적 실례를 Braun/Töpfer: 1989에서 참조). "기본적으로 공공 기업도 개인 영리기업과 마찬가지로 마케팅 이론과 마케팅 경영을 동일한 방법과 방식으로 적용시킬 수 있다. 공공 기업도 시장에서 뒤지지 않으려면 영리기업과 같이 시장성을 가져야 하며, 고객의 욕구를 확인하고, 적절한 생산물과 서비스를 발전시키고, 분배의 통로를 구축하고, 대중 매체와 개인적 판매에 진력하며, 마케팅 연구뿐만 아니라 판매 분석도 행해야 한다"(Kotler 1978: 239). 한스 라페가 지적하듯 문제는 "소비재화 마케팅을 검토하지 않은 채 모방하는 데" 있지 않다. "오히려 공공 기업은 그때그때의 특수한 공급임무를 고려하면서 독자적인 마케팅 구상을 발전시킬 수 있다"(Raffée 1990: 25f.).

이러한 효율성은 물론 비상업적 문화 분야에도 적용 가능하다. 여기에서 독자적 문화마케팅을 숙고해 볼 수 있다. 미술(예를 들어 그림의 형태로)이 마케팅의 법칙에 예속되는 산물이라는 생각은 오랫동안 문화사업에서 거부되었다. 마케팅의 모든 형태에 대한 이러한 거부감은 오페라 공연과 같은 문화 서비스의 경우 훨씬 더 심하였다. 오페라가 마케팅과 관련될 수 있다는 사실은 많은 연출가들과 극장장들에게 하나의 공포로 작용하였다.

그러나 이 같은 상황은 조금씩 달라졌다. 형상 예술이 미술시장에서 거래되고, 포괄적인 면에서 시장의 규칙이 다른 모든 시장의 규칙과 동일하다는 점이 지금은 예술가들에게 거의 문제되지 않는다. 연극인들 역시 연극에 적합한 좋은 예술 마케팅이 무조건 무대에 해롭지 않다는 사실을 받아들이고 있다.

공공, 공익 문화사업에서도 직시되고 있는 공급중심으로부터 수요중심으로의 변화는 새로운 사고와 방향 설정의 필요성을 요구하고 있다. 판매자 시장에서 구매자 시장으로의 발전이 여기에서도 그대로 문제되고 있는 것이다. 그런데 그 원인은 조금 다르다. 1970년대까지 자치단체의 문화작업은 오직 소수의 문화 정책가들과 문화 업무 담당자들의 문화 정책적 목표설정과 관련된 공급을 제공하는 데 우선적 목표를 두고 있었다. 즉 이용자로부터 기인하지 않고 공급자에 의해 정의된 문화 이해 내지 문화공급 이해가 중요하였다. 시민들이 어떤 문화를 소비해야 하는지 소수의 "문화매개자들"이 결정하였던 것이다(Klein 1995a).

이와 같은 공급중심의 문화작업은 이제 더 이상 관철될 수 없다. 그 대신에 공공 문화 분야에서도 수요중심이 중심적 위치로 부상하고 있다. 수요중심은 이용자의 욕구로부터 정의되며, 공공 공급자는 욕구만족의 형태로 이용자의 욕구에 반응을 보여야 한다. 공급과 수요의 이러한 근본적 방향 전환은 무엇보다도 다음과 같은 세 가지 원인에서 찾을 수 있다.

1. 철두철미하게 고객의 욕구를 중심으로 한 상업적 문화공급자들의 공급이 갈수록 중요해지고 있으며, 전통적인 공공 문화 분야에 비해 더 눈에 띄는 경쟁자로 나서고 있다. 이에 대한 가장 좋은 본보기가 뮤지컬 극장이다. 공공 극장의 방문객 수가 정체되고 있는 반면 뮤지컬 극장의 경우 수년이 넘게 방문객 수의 증가율을 기록하였다(지속되던 붐이 1990년대 말 붕괴되었던 것은 수요가 근본적으

로 달라졌다기보다는 오히려 일시적인 시장 과포화에 그 원인이 있는 듯하다).

2. 공공 자금의 부족으로 문화 분야의 공급자들은 독자적 수입(입장료, 수강료, 상품화 계획수익금)으로 재원을 조달할 수밖에 없다. 시민은 관객뿐만 아니라 문화 공급의 일부 자금 조달자가 될 수 있다. 이 같은 관객의 기능 변화는 입장료와 수강료를 넘어서 기부와 스폰서까지 기대될 때 뚜렷해진다. 시민을 문화 공급의 자금조달자로 삼으려는 사람은 관객의 바람과 욕구가 진지하게 받아들여지고 있다는 점을 보여 주는 폭넓은 고객중심과 수요중심을 통해서 그 목적을 이룰 수 있다.

3. 여기에서 고객인 시민은 전반적인 면에서 요구하는 바가 많아진다. 산업과 상업에서의 일상적 경험으로 시민은 서독의 판매자 시장이 구매자 시장에 자리를 내주었다는 사실을 알고 있다. 이 구매자 시장은 고객의 입장을 강화시키고 있다. 구매자 시장에서 구매자는 '왕'이다. 높아진 위상만큼 시민은 생산물이나 서비스에 있어서 질 높은 문화공급을 기대한다. 더구나 시민은 문화공급에서도 초과공급이 존재하므로 자의식을 갖고 이용자 중심으로 선택할 수 있다는 사실을 잘 알고 있다.

이와 관련하여 문화마케팅이 문화적 교환과정의 조정으로 등장하고 있다. 공공, 공익 문화 분야에서 마케팅 의미의 교환은 문화공급자가 시민 또는 고객의 욕구를 통해 만족스런 생산물 내지 서비스를 제공하는 데 있다.

공공, 공익 문화 분야에서 마케팅에 확신을 갖고 있는 사람은 마케팅 구상이 어떠한지, 비영리 문화사업에 마케팅을 구체적으로 어떻게 적용할 수 있을지에 대해 문제를 삼을 것이다. 이를 위해서 마케팅 경영과정(짧게 마케팅과정)을 염두에 둘 필요가 있다. 이 과정에서 개략적이나마 목표설정과 마케팅 분석의 단계 그리고 마케팅 도구의 투입 및 계획수립의 단계가 구별된다.

목표설정과 마케팅 분석

모든 계획적 행위와 마찬가지로 마케팅과정 역시 목표에 대한 정의로 시작된다. 목표가 구체적으로 정의될수록 나머지 계획도 정확하게 계획될 수 있다. 어떤 프로젝트가 실현될 수 있느냐 하는 것은 (이는 생산중심 마케팅과정의 일이다) 마케팅에서의 목표규정으로 정의되지 않는다. 그것은 다음과 같은 외부 중심의―고객 중심―목표를 통해 확인된다.

-공급은 특정한 목표그룹(가령 14에서 18세 사이의 청소년)을 획득해야 한다.

- 문화 중심지의 완전가동이 특정한 시기(예를 들어 월요일 밤)에 맞추어 개선되어야 한다.
- 특정한 부문(연극 등)에 더 많은 수락용의를 기한다.
- 새로운 개최장소(시립도서관의 새 지점 등)가 채택되어야 한다.
- 생산물을 통해 일정한 마케팅 입장과 일정한 이미지가 고정되어야 한다.

목표는 신속히 정의되어야 한다. 그래야 필요한 경우 목표갈등을 파악할 수 있다. 목표는 가능한 한 정확하고, 측정할 수 있고, 현실적이며, 시간적으로 조망 가능해야 한다. 명확한 목표만이 분석방법의 투입과 마케팅도구의 적용을 가능하게 한다.

목표가 정의되고, 무엇을 해야 할지 알게 되면 그 다음 단계에서는 목표로 도달할 상황이 분석되어야 한다. 일반적으로 이 분석 단계는 세 단계로 이루어지는데 이 세 단계는 병렬적으로 혹은 순차적으로 진행될 수 있다. 즉 잠재성 분석, 수요분석, 주변 환경 분석이 그것이다(Heinrichs/Klein 1996: 201ff). 분석 단계 부분에 대한 강조점은 경우마다 다르다.

▌잠재성 분석

잠재성 분석은 양과 질의 관점에서 독자의 입장과 가능한 생산물의 공급을 비판적으로 다루어야 한다. 시설물이나 행사의 매력은 무엇이 결정하는가? 얼마나 독특한가? 쾌적함과 독특함 이외에 방문객들에게 공급되는 것은 무엇인가? 어디에 강점과 약점이 있는가? 새로운 공급의 기회와 위험부담은 무엇인가? 계획한 바가 인원적, 공간적, 재정적, 조직적으로 해결될 수 있는가?

잠재성 분석을 실시하기 위한 경영기법으로는 표준화된 강점·약점 분석이 적합하다. 이 분석에서는 개별적 사업 분야(가령 공급영역)가 내부, 외부 전문가들에 의해 등급 −5에서 +5까지로 평가된다. 주 정부의 비교나 도시의 비교에서 특정한 지수(예를 들어 주민 1,000명당 시민대학의 강의 단위)를 인용하거나, 아니면 관객 여론 조사 결과를 강점·약점 분석에 적용하는 것과 같은 객관적 기준에 따른 평가는 무엇보다 중요하다.

▌수요분석

수요분석은 잠재적 방문객 혹은 고객의 입장에서 출판해 시설물이나 행사의 시장기회가 서로 다른 방문객 그룹의 관점에서 연구된다. 문화의 개최자, 제작자, 매개자로서 잠재성 분석은 상대적으로 쉽게 사업 내적으로 수행될 수 있는 반면 수요분석을 위해서는 다양한 사업 외적 자료가 요구된다. 수요분석은 잠재적 방문객에 대한 의도된 여론조사나 전문지식을 갖춘 시장관측 없이는 성공하지 못한다.

다음은 극장 수요분석에 관한 질의이다. 누가 극장의 방문객인가? 관객은 어떤 특징(예를 들어 나이, 교육의 정도, 성 등)으로 구분되는가? 극장에 오지 않는 주민들은 어떤 층인가?(Müller Wesemann 1991) 아니면 다음과 같은 질의를 던질 수 있을 것이다. 계획된 전시회 건물에 실제 충분한 수요 잠재성이 존재하는가? 특별한 행사 공급을 하는 여름음악 프로젝트에 관심을 보이는 자들이 충분한가? 누가 그러한 관심자이고, 어떤 지역(지방적/연방차원/국제적)에 호소력을 갖게 될까?

종종 시장 연구라고 간략하게 표현되는 수요분석은 최근 들어 공공 문화 영역에서도 마케팅 중심으로 발전되었다. 시장 연구의 이러한 방법은 매우 까다로워서 경험이 없는 연구소의 경우 전문 연구소의 조언이 요구된다.[1]

시장 연구는 "과거와 관련되고, 현재와 관련되며, 미래와도 관련"(Weis/Steinmetz 1995: 19)될 수 있다. 자신의 시장태도의 인정 혹은 거부를 알아내기 위해 과거의 고객 태도를 분석하려 할 때 시장 연구는 과거와 관련된다. 이것은 고전적 시장 분석 분야에 속한다. 현재와 연관된 시장 연구는 무엇보다도 지속적인 시장 관측에서 나타난다. 즉 고객의 태도가 기록으로 나타나므로 그에 따른 편차는 직접 행위 요구의 신호로 해석된다. 이에 반해 미래의 고객 태도를 분

---

1) 상대적으로 쉽게 이해될 수 있는 시장 연구—시장 배당의 규정에서부터 경쟁분석을 넘어 일차 기초 연구 조사까지—의 방법과 기법에 대한 개관을 카스틴(Kastin 1995)이 제공해 주고 있다.

석하려는 경우 시장 예측이 필요하다. 시장 예측은 특히 전략적인 관점에서 중요하다. 시장 분석의 종류들이 그림 16에 총괄적으로 제시되고 있다.

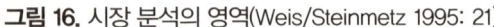

그림 16. 시장 분석의 영역(Weis/Steinmetz 1995: 21)

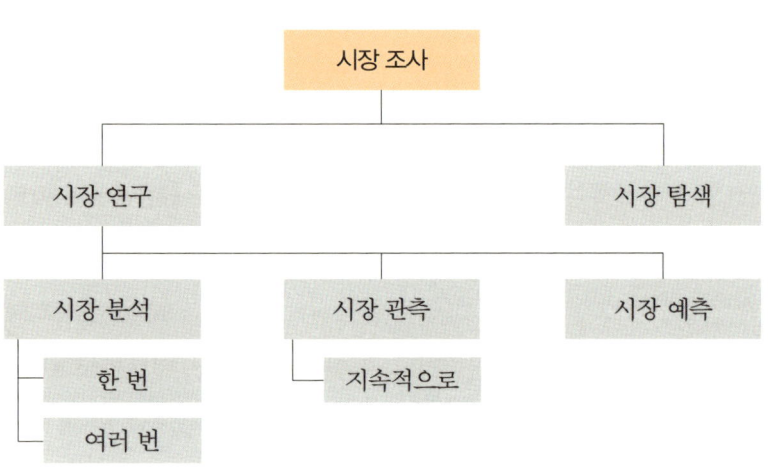

시장 연구와 달리 시장 탐색은 우연히, 이따금씩 하는 분석에 한정된다(때때로 "준비되지 않은 마케팅"이라고 표현된다. Klein 1995b: 13). 시장 연구는 체계적이고 객관적인 분석을 대체하지 못한다. 수요분석은 동일한 간격을 두고 장기간 행할 때 양질의 효과를 얻는다. 고객의 태도와 생산물이 차지하는 위치는 지속적인 변화 속에서만 읽어 낼 수 있기 때문이다.

■ 주변 환경 분석

주변 환경 분석 역시 수요분석과 밀접한 연관이 있다. 주변 환경 분석은 미래 시장의 분석과 함께 생산물 판매기회를 평가하는 데 도움을 준다.

이 평가에는 무엇보다 시설물의 시장범위 내에서 인구통계학적 한정 자료 가령 주민의 수, 주민의 구성, 경제자료와 고용자료, 관광업 등의 영향이 중요하다. 예를 들어 1인 가계가 차지하는 비율이 평균 이상인 도시의 문화공급자는 전통적 가족구조를 가진 도시와는 다른 시장을 찾게 된다. 혹은 완전 고용이 되어 있고 경제가 번성한 곳과는 달리 실업자가 높은 지역의 문화제공자는 다른 행동을 취해야 할 것이다.

여가태도, 생활양식이나 가치체계의 변화를 고찰하는 것도 주변환경 분석에 속한다. 한 설문조사에 따르면 1991년에서 1994년까지 텔레비전 오락물과 연속극에 대한 선호도가 6% 증가한 반면 동일한 기간에 정치적 시사 해설 방송에 대한 관심은 10% 감소하였다(Opaschowski 1995: 172).[2] 가치체계의 변화는 비매체 문화사업에서도 발견된다. 정치적 행사에 대한 관심은 쇠퇴하는 반면 뮤

---

2) 서독에서 14세부터 2,000명을 상대로 텔레비전 프로그램에 대해 실시한 표본 설문 조사에서 1991년 36%가 오락프로 혹은 연속극이라고 하였고, 1994년에는 그것이 42%에 이르렀다. 첫 번째 조사 시점에 정치적 시사 해설 방송은 19%, 3년 후에는 9%에 지나지 않았다(Opaschowski 1995: 172).

지컬 공연이나 민속음악에 대한 수요는 증가하고 있다. 여가태도나 가치체계에서의 변화가 아주 단기간 내에 나타날 수 있다는 사실은 1990년대 초 옛 동독에서 실시한 여론조사에서도 확인된다. 주말 여가활동에 대해 물을 경우 1990년에는 40%가 "책을 읽는다"고 하였던 반면 1992년에는 34%만 그렇다고 하였다. 반대로 서독에서도 인기가 높은 '주말여행'은 같은 시기에 20%에서 28%로 증가하였다(같은 곳 73). 이처럼 눈에 띄는 여가활동에서의 변화를 문화사업도 간과할 수 없다. 구체적으로 보면 그러한 변화는 공공 도서관의 수요에 부정적인 영향을 미치지만 주말여행과 관련한 문화공급에 대한 요구에는 긍정적 고무가 될 수 있다(가령 흥미로운 박물관의 방문). 이례적으로 단기간 내에 선호대상이 변화하는 공공, 공익 문화사업에서의 어려운 상황은 유행을 따르는 경향이 일반화됨으로써 한층 부추겨진다. 1985년 서독 총 인구 중의 35%만이 "무엇이 유행하는지" 아는 것이 중요하다고 말한 반면 1991년에는 42%로 그 수가 늘어났다(같은 곳 136). 여가활동, 개인적 생활스타일, 가치 선호대상의 변화가 점점 빠르게 진척되고, 그로 인해 문화사업에서도 유행에 더 빠르게 적응해야 하는 중압이 증대되고 있다. 그 사이에 "트렌드 경영"(Buck/Herrmann/Lubkowitz 1998)에 관해 우연하게 언급된 것은 아닐 것이다. 이는 곧 문화기관 역시 전문적 마케팅 분석 없이는 더 이상 생존하지 못한다는 사실을 말해 주고 있다. 전문적 마케팅 분석 없이는 수요가 없는 생산물을 제공하게 된다는 위험부담이 발생할 것이기 때문이다.

경쟁 상황의 분석도 주변 환경의 분석에 속한다. 시장범위에 경쟁자들이 존재하는가? 그들은 얼마나 강한가? 그들은 어떤 장점을 제공하는가? 문화사업에서 경쟁자들에 대한 분석은 그렇게 간단하지 않다. 왜냐하면 경쟁자들에 대한 자료를 임의대로 사용할 수 없기 때문이다. 그러나 가령 자치단체 음악학교의 동료들과 종업원들 팀에서 독자적 마케팅 고찰에 의거하여 그 지역 사설 음악학교에 대한 다음과 같은 측면을 가능한 한 객관적으로 파악하려 할 때 주변 환경 분석은 매우 유효할 것이다(Kotler/Bliemel에 의거하여 1992: 344).

- 알려진 정도(신문의 보도, 광고, 전단지, 학생들의 여론조사)
- 생산물의 질(자신의 공급과 경쟁자의 공급을 알고 있는 고객의 여론조사를 통한 공공 출연의 평가, 가격, 장학금 등)
- 생산물의 자유처분 가능성(프로그램 소책자의 평가나 가상의 수요를 통해)
- 기술적 실내설비(증서 등록을 통해 기술적으로 보증된 등록방법과 기록방법에 관한 정보를 거두어들이기: 공적 장면에서 행사의 기법을 알게 된다)
- 인원(인원의 능력: 이력서의 평가)

이러한 기준이나 이와 유사한 기준으로 된 평가는 엄밀한 자료

없이 이루어졌다 할지라도 경쟁 상황의 분석에 상당한 도움이 될 수 있다.

이와 같은 평가가 주어지면 자신의 공급을 경쟁자의 공급과 어떻게 차별화하고, 어떤 생산물을 확대하거나 첨가시켜야 하며, 어떤 생산물을 시장에서 취해야 하는지에 대한 문제가 제기되어야 한다. 경쟁자가 우월할 경우 경쟁이 되지 않기 때문이다.

실제로 사용할 수 있는 자료가 준비되어 있거나 평가가 매우 객관적이고 세분화되어 있다면 포트폴리오 분석은 경쟁자들에 대한 분석을 개선시킬 수 있다. 더군다나 간단한 울타리 안에서 시장 성장과 상대적 시장 배당이 상호 관련된다(Schneck 1995: 125~139). 이로부터 어떤 공급이 확장 가능하고, 특히 어디에 경쟁자들이 있을지 알 수 있다.

면밀하고 세분화된 수요분석이나 주변 환경 분석은 결코 방문객이나 비방문객들에 대한 세분화된 여론조사 없이 가능하지 않다. 이 여론조사 방법은 사회학적 문제 제기와 관련한 경험적 사회연구에서 발전되었고, 모든 시장 연구 분야에 별 문제 없이 적용 가능하다.[3]

경험적 사회연구란 사회 관련 자료, 실재 사실, 행동과 발전을 체계적이며 과학적으로 파악하고 해석하는 것을 말한다. 이는 한편으로 과학이론상 개인적 상황을 보장하는 것을 목표로 하고, 다른 한편으로는 경험으로 확인된 개별 사정으로부터 일반적 진술을 귀납적으로 유추하는 것이다. 이 방법의 장점은 다음과 같다. 즉 개별 상황의 고찰에서 일반적 진술이 도출되며, 이 진술은 분석된 개별 상황 외부에서의 비교 가능한 상황에도 유효하다. 또한 경험적 사회연구가 갖는 모든 방법 문제까지도 명확하게 한다. 즉 개별 상황의 선택은 출발 상황을 추체험할 수 있는 연관관계하에 있어야 하는데, 이것은 크기의 배치와 대상에 관계한다. 여론조사의 경우 어떠한(긍정적이든 혹은 부정적이든) 관계이든지 여론 대상자들이 주제와 관련되어야 하고, 여론 대상자들 크기(무작위 추출검사 크기) 역시 해당자 전체(기본전체)와 일정하게 관련되어야 한다. 이 관계가 추체험될 수 없거나 경험가치 외부에 있다면 그 여론조사는 상당히 의심받을 수 있다.

생각할 수 있는 여론조사 기법은 다음과 같다.

-무작위로 선택된 방문객들에게 표준화된 설문지의 도움으로 서면상의 여론조사

3) 경험적 사회연구는 특히 쾨니히(König 1967/1973)와 프리드리히(Friedrich 1973/1990)의 저서 같은 대체로 오래된 기본 학술 서적들에 의거하고 있다. 이 기본 학술 서적들은 현실적이지는 못하지만 여러 번 재발행되고 있다. 기본 학술 서적이면서 끊임없이 현실화하는 서적으로 아테스란더(Atteslander 1975/1995), 크롬레이(Kromrey 1980/1998), 슈넬과 힐, 에서(Schnell/Hill/Esser 1988/1995)가 통용된다. 수많은 새로운 저작 중에서 디크만(Diekmann 1995)을 추천할 만하다. 그의 저작은 매우 구체적이기 때문에 복잡한 여론조사를 준비하고 수행하는 데 적합하다. 문화예술경영 분야에는 방법론적 단행본이 존재하지 않지만 독일 도시협의회의 추천할 만한 연구보조가 있다. 여기에 일련의 견본 설문지도 포함되어 있다.

- 행사의 중간 휴식을 이용하여 표준화된 설문지를 통한 간단한 구두상의 여론조사
- 인터뷰 입문서에 의거한 열린 인터뷰

여론조사로 무엇을 얻게 될 것인가는 중요한 사안이다. 예를 들어 극장에 가지 않는 이유를 극장 마케팅에서 알고자 한다면 비방 문객에게 물어보아야 한다. 극장의 서비스를 어떻게 생각하고 있는지를 알고자 한다면 휴식을 이용하여 간단하게 문의하는 것이 적합하다. 이와는 달리 한 극장의 이미지를 연구하거나 모티브를 연구하기 위해서는 심리적 관점에 기초를 둔 개방적 인터뷰가 요구된다.

문화예술경영에서는 아직 경영학적 관점에 기초한 체계적 마케팅 분석이 상대적으로 드물게 사용되고 있지만 이 주제를 받아들이고 있다는 사실은 분명하게 드러나고 있다(독일 국립극장과 시 극장에 대한 마케팅 현황 조사, Mayer 1999와 비교). 그 예로 박물관 분야에는 마케팅의 측면까지도 포함하는 매우 유용한 방문객 연구가 있었다(Schäefer 1998).

▍목표규정의 수정

분석 단계의 결과는 목표규정과 비교할 수 있다. 경쟁 상황과 관련하여 시장범위 내에서 프로젝트가 수행될 수 있다고 보는가? 그

와 같은 계획으로 잠재적 고객의 관심을 이끌어 낼 수 있을까? 공급을 위한 시장은 존재하는가?

분석 단계의 결과가 목표규정을 완벽하게 증명하는 경우는 극히 드물다. 최소한 개별적 분석결과가 목표규정의 수정을 요구한다는 점을 고려해야 한다. 이러한 수정은 상당한 자기비판을 동반하면서 자신의 목표와 계획 구상에 대한 애착 없이 이루어져야 한다.

분석 단계가 종결되고 목표규정이 수정된 후에는 공급을 통해 획득하려고 하는 목표그룹이 명확하게 구분될 수 있어야 한다.

목표그룹의 구분

"모두를 위한 문화"라는 슬로건을 잘못 이해해서는 안 된다. '모두'만을 염두에 둔 사람, 즉 모든 공급과 행사를 언제나 동일한 방식(플래카드, 달력, 언론보고)으로 관객들에게 제시한 사람이 아무도 획득하지 못한 경우 놀랄 필요가 없다. 목표그룹은 너무 크고 동시에 너무 부정확하게 정의되었다는 사실이 유감스럽게도 반복되어 드러난다. 그러한 목표그룹으로는 작업하기가 어렵다. 경제적으로 대체될 수 있는 마케팅도구의 투입은 목표와 목표그룹이 현실적으로 뚜렷하게 표현되고, 분석 단계에서 검토될 때 가능하다.

목표그룹에 관해 언급할 경우 공공 문화사업에서는 보통 어린이, 청소년, 성인, 노인과 같은 주민층을 생각하게 된다. 그런데 이러한 세분화된 목표그룹은 문화사업의 마케팅에는 전혀 맞지 않다. 극장 관객만 보아도 분명히 알 수 있다. 극장 방문객들은 주로 성인이다(25에서 65세까지). 그렇지만 오페라 관객은 연극 관객과 동일하지 않다. 그런데 극장 마케팅은 두 방문객 그룹에 대해 동일한 방식을 취한다. 종종 두 행사가 같은 프로그램 팜플렛이나 같은 플래카드에서 발견되곤 한다. 모두 성인들이 관객이기 때문에 성인을 대상으로 똑같이 광고한다. 그 결과 언론작업과 홍보작업에 엄청난 소비를 하지만 성공할 확률은 매우 낮다.

이러한 이유에서 마케팅 연구는 몇 년 전부터 나이에 따른 분류 특징과는 다른 특징을 찾고 있다. 그것으로 목표그룹을 더 정확하게 정의하고 거론하기 위해서이다. 이 연구는 한편으로 사회문화적 특징(문화집단, 사회적 관련 그룹)과 다른 한편으로 개인적 요인(생활 주기, 직업, 경제적 상황)에 중점을 두고 있다(Kotler/Bliemel 1992: 245~269와 비교).

1970년대부터 사람들이 생활양식(여기에 대해 매우 객관적으로 쓴 Flaig/Meyer/Ueltzhöffer 1994 참조)이라고 표현한 특징과 요소에 어느 정도 초점이 모아지고 있다. 우리는 그것을 "활동, 관심, 입장 속에 표명된 한 인간의 생활 태도의 전형이라고 이해한다. 생활양식이야말로 주변 환경과의 상호 관계 속에 있는 '전인적 인간'을 표현해 준다. 한 인간의 생활양식은 그의 사회적 위치와 개성 그 이상을 포괄한다. 그 사람이 소속된 사회 계층을 알게 되면 그것으로부터 일련의 개연성 있는 태도방식이 도출된다. 그런데 그 경우 그 사람의 개성은 참작되지 못한다. 반면 한 사람의 개성을 알면 그로부터 두드러진 심리적 특징이 도출될 수 있지만, 그 사람의 실제 활동, 관심, 견해를 알 수는 없다. 생활양식으로 인간의 존재프로필과 행위프로필이 표현된다"(Kotler/Bliemel 1992: 259).

공공 문화 분야에서는 처음으로 KGST 평가 "박물관, 관람자 입장, 경제성"(1989)이 생활양식 분류의 도움으로 마케팅도구를 투입함으로써 목표그룹 규정을 획득하고자 하였다. 이 평가는 글루초프스키(Gluchowski 1987)의 분할을 참조하고 있는데, 그에 의하면 생활양식 환경은 9가지로 구분된다(KGST 1989: 38).

- 상승지향의, 젊은 사람들
- 탈 물질주의적 좌파 입장을 취하는 젊은 사람들
- 좌파 자유주의적, 편입된 탈 물질주의자들
- 두드러지지 않는, 수동적인 고용인들
- 의무를 중시하고, 인습에 영향을 받는 고용인들
- 개방적이고 적응능력이 있는 보통시민들
- 신분이 높은 보수주의자들
- 편입된, 나이가 많은 사람들
- 고립된 노인들

이와 같은 생활양식 환경이 위의 평가에서 아주 상세하게 기술되고, 그러한 생활환경으로의 귀속이 논증되고 있다. 두 번째 단계에서는 박물관 공급의 어떤 부분이 개별 그룹에게 어떠한 작용을 미치는지가 분석된다. 이 분석으로부터 각 박물관의 개성적 "인기 프로필"(같은 곳 46)이 밝혀질 수 있다. 가령 어떤 박물관은 생활양식 환경 3에게 더 흥미롭고, 또 다른 박물관은 오히려 그룹 4에게 더 흥미를 준다는 점이 제시될 수 있다. 이렇게 밝혀진 프로필이 더 많은 경험 분석을 통해 실제로 그러한 것으로 입증된다면 박물관의 이미지와 함께 언론작업, 홍보작업 또한 프로필에 상응하는 생활양식 그룹을 기반으로 해야 할 것이다. 모두 '성인'을 대상으로 하더라도 생활양식 환경 3에 대한 광고재료는 그룹4에 대한 것과는 전적으로 다르게 해야 한다. 마케팅에서 이러한 목표그룹 작업을 이해함으로써 언론작업과 홍보작업의 효과를 배가시킬 수 있으며 방문객 수가 동시적으로 증가하는 경우 비용 절감을 가져올 수 있다.

마케팅도구

분석 단계의 결과로부터 시장 개척을 위한 구체적 척도가 추론된다. 분석 단계가 이루어지는 동안 문화공급자가 시장에 대하여 수동적 태도를 취하였다면 이제 적극적으로 시장 일에 개입해 들어

간다. 그것을 위해 여러 가지 도구가 사용된다.

마케팅도구란 목표에 조준된 시장 개척을 위한 여러 효과적인 조처를 말한다. 서로 다른 마케팅도구가 필요에 따라 결합되기 때문에 마케팅 믹스라고도 한다. 마케팅 기술은 본질적으로 마케팅 믹스를 능란하게 결합하는 데 있다. 일반적으로 마케팅은 4가지 도구로 구별되는데, 결정도구와 행위도구가 문제되기 때문에 정치적도구라고도 한다. 결론적으로 생산물정책, 분배정책, 의사소통정책, 가격정책을 마케팅도구라 한다.

▌생산물 정책

제공되는 생산물을 선택하는 일이야말로 성공적 문화행위에 가장 중요한 일이라고 할 수 있다. 경영학과 유사하게 문화작업에서도 다음과 같은 가능성이 생산물 정책과 관련된다. 여기에서는 그것을 극장을 실례로 제시해 보고자 한다.

- 새로운 생산물의 탐색, 선택, 육성(새로운 작품의 개봉 혹은 초연, 신진 예술가들의 소개, 새로운 공연장소에서의 제1회 공연 등)
- 기존 생산물을 더 발전시킴(새로운 공연단의 공연)
- 상표의식 장려(극장 애호가가 자신의 연극에 대한 욕구를 만족시키거나 자신의 정보들을 극장 주변으로 가져오는 곳이라는 의미에서 특히 "극장"이라는 상표는 언제나 현재화되는 것임에 틀림없다)

- 중요한 공급물품의 분류(모든 극장이 언제든 모든 것을 제공할 수는 없다)

"이로써 생산물 정책 틀 내에서 중심 문제가 제기된다. 기본 위임 내지 일반적 목표설정 내에서 그때그때의 문화사업은 어떤 문화적 생산/서비스를 만들어 내고 제공하고자 하는가? 이로써 생산정책 내지 프로그램정책은 개별적으로 제공할 수 있는 서비스 내지 생산물과 관련하여 전반적 해당 결정을 포괄한다. 민간조직의 문화사업(콘서트 매개자, 도서출판, 미술거래 등)은 일반적으로 이익을 내면서 돈벌이가 되거나 최소한 경제성의 기준을 만족시키는 생산물을 만들어 내고 제공한다. 이에 반해 공공 문화사업과 공익 문화사업은 생산물의 선택과 구성을 오히려 특정한 문화정책적 목표에 둔다(예를 들어 어려운 곳을 후원하라는 기본원칙).

앞으로 공공 문화사업에서도 어느 정도 생산물 혼합이 생겨날 것이다. 다시 말해 공공 문화사업에서도 경제성의 이유 때문에 문화정책적 목적만이 중요하지 않고 '계산되는', 혹은 일정한 이윤을 내는 (음악학교에서 그룹 강의, 시민대학에서 컴퓨터 강좌, 페스티발에서 관중의 인기상품 등)생산물도 제공하게 될 것이다"(Klein 1995c: 5).

▌분배정책

분배는 모든 결정을 포괄하는데, 그 결정을 통해 생산물과 서비스가 고객에게 공급된다. 경영학에서는 생산물이 고객에게 어떻게 전달되어야 하는지의 문제가 중요한 역할을 한다. 도매상, 소매상, 외판원, 대리점, 위원, 중개인 등이 조직의 단위이거나 경영학적 분배의 극히 복잡하고 확장된 영역의 직업에 속한다.

얼핏 보기에 문화예술경영에 있어 이러한 식의 분배는 그다지 중요하지 않은 듯하다. 일반적으로 고객/소비자가 생산물/서비스를 받는 곳은 특정한 장소와 관련되기 때문이다. 이를테면 고객/소비자는 박물관, 극장, 콘서트 홀, 도서관 등으로 직접 가게 된다.

서비스와 마찬가지로 고객이 어떻게 필요한 입장권(가령 콘서트를 가기 위한)을 획득하고, 어떻게 시민대학 등의 강좌에 등록하는지의 문제도 폭넓은 의미의 분배에 속한다. 이와 관련하여 여러 문화기관의 발전을 생각해 볼 수 있다. 입장료 판매대의 개방시간을 고객중심으로 반환 청구를 하는 경우 책임자와 연락을 취할 수 있도록 하는 것 역시 그러한 일에 속한다. 문화관리실은 시민이 문화체험을 위해 줄을 서서 표를 가져가는 곳이 아닌, 시민이 욕구만족을 위해 교환 과정을 시작하는 서비스 센터로 이해되어야 한다. 즉 문화관리실은 사무실 분위기가 아니라 오히려 만남의 장소이자 의사소통의 장소가 되어야 한다는 것이다.

이용자의 관점에서 문화 제공물을 볼 때 입장권 예약 체계의 간소화가 절실히 요구된다. 궁극적으로 직접 예약하러 가지 않아도 전 독일 어느 곳에서나 입장권을 구입할 수 있고 그 구입에 대한 지불을 할 수 있어야 한다. 이를 위해 세 가지 가능성이 눈에 띈다.

　가장 단순한 방법은 신용카드 번호를 대고 전화나 팩스로 예약하는 것이다. 문화기관은 입장료를 신용카드 계좌에서 차감하고, 주문받은 입장권이 그대로 남겨지게 되리라는 위험부담에도 더 이상 노출되지 않는다. 두 번째 변형된 형태는 영상정보체계나 여행사와 관광사를 통한 예약이다. 가령 스타트와 같은 국제적 예약체계를 통한 예약방식이 그 예에 속한다. 이를 통해 호텔 숙박이나 다른 여행 서비스 예약도 가능하다. 이때 지불은 여행사를 통해 이루어지고, 그 곳으로부터 문화기간에 지불되는 금액(수수료를 빼고)이 송금된다. 개인 영상정보 연결이 아직 확고한 위치를 차지하고 있지 않으므로 개인 예약(여행사의 중간 개입 없이)에는 세 번째 변형된 형태로서 인터넷이 권장할 만하다. 문화기관이 홈페이지를 통해 적합한 예약가능성을 제공하는 한 여기에서도 간단히 그 방법을 생각할 수 있다. 지불은 신용카드 번호를 통해 이루어지므로 문화기관은 어떠한 위험에도 노출되지 않는다.

　인터넷을 통해 예약이 이루어지는 가장 최근의 발전은 많은 문화사업에서 아주 회의적으로 평가되었고, 그에 따라 별다른 주목도 받지 못하였다. 그런데 최근의 통계에 따르면 아주 다른 경향이 나타나고 있다. 뉘른베르크 소비연구협회의(GfK) 분석에 따르면 인터넷이나 온라인 서비스를 이용하는 사람들의 숫자가 1998년 40%에 육박한 8천 5백만으로 증가하였다. 그 중에서 3천 2백만은 매일

인터넷을 이용한다. 여기에서 '예약' 서비스 분야 이용자만도 대략 3백만에 이르고 있고, 특히 이용자의 수가 1년 이내에(1998) 다른 어떤 인터넷 공급(1999년 2월 25일 FAZ)보다 더 많은 67%나 증가 하였다는 사실이 주목된다. 따라서 눈에 띌 정도의 실제 이용자의 수는 적다 할지라도 전체 이용에서나 문화 분야에 중요한 공급인 '예약'에서는 놀라운 증가 추세임을 알 수 있다. 이러한 증가는 인터넷이 곧 문화 분야의 주도적 의사소통 매체가 되리라는 것을 예상케 한다.

인터넷 연결과 동시에 자동 예약을 하기 위해서는 문화기관이 그에 걸맞는 자동 티켓 시스템을 갖추는 것이 전제되어야 한다. 이는 우선 두 개의 서로 다른 시스템으로 구별되는데 기관 내에서의 처리와 네트워크 처리가 그것이다. "전통적인 기관 내 처리(Show Soft, VIBUS, Power Max 등등)로 모든 문화사업은 다양한 생산물을 판매하는 것에 집중한다. 문제는 내부의 요구에 개별적으로 반응할 수 있는 개별 문화사업의 고립 해결에 있다. 기관 내 처리의 반대는 네트워크 운영자를 통한 판매가 될 것이다(CTS, Easy-Ticket, Ticket-Soft). 입장권 판매는 서비스 수행으로 구입된다(외부출처). 재정적, 개인적 영역에 협력효과를 이용하는 동시에 거대한 네트워크 운영자에 종속되는 것을 막는 중간 처리는 '작은 네트워크'의 구축에 있다. 가령 시티 네트워크(쾰른티켓, 프랑켄티켓, 피어트 등)가" (Schneidewind/Pelz 1998: 3) 그것이다.

위에서 언급한 세 가지 변형된 형태는 전화나 팩스를 사용한 기관 내의 처리나 시티 네트워크 정도로 충분하다. 이와는 달리 온라인 주문을 하려고 할 경우 (인터넷으로 직접 혹은 여행사를 통하여) 네트워크의 처리를 포기할 수 없게 된다. 어쨌든 자동 티켓 시스템이 이용되는 한 아직까지도 예약 가능성에 제한을 받는 기관 내의 처리가 우세하다. 그런데 경향은 분명 네트워크 처리 방향으로 흘러가고 있다. 그와 결부된 온라인 가능성이 이용될 수 있기 때문이다.

▍의사소통 정책

의사소통에는 세 그룹의 조처가 있다.

- 고전적 선전조처(외부광고/플래카드 광고/현수막, 신문, 잡지에의 광고, 라디오, 텔레비전, 영화 등의 짤막한 광고)

이와 관련하여 종종 과대평가되어 온 플래카드의 영향력이 지적되어야 할 것이다. 다양한 분석에 의하면 플래카드에 의해 고무된 방문객은 모든 문화행사를 통틀어 2%에서 최대 15%에 지나지 않았다. 플래카드의 영향력은 특히 장기간에 걸친 시장 점유에 있지, 단기간에 이루어지는 구체적 행사 광고에 있지 않다.

- 판매를 추진하는 조처(스티커, 광고선물, 가격공모, 상품권, 할인, 행동주간, 연극의 날 등)
- 홍보작업(언론작업, 팜플렛, 카탈로그, 전단 등)

독일 홍보협회(DRPG)에 따르면 홍보작업은 "조직과 사회 간의 신뢰관계를 만들어 내고 유지하는 것"을 목표로 한다(Jurgen 1992: 3). "너무도 명백한 이해가 너무 재빠르게 그러한 엄숙한 목표 뒤로 사라진다는 점을 도외시하고 우리의 연관에서는 홍보작업을 특정한 생산물이나 특정한 서비스에 대한 선전과 혼동하지 않는 일이 중요하다. 또한 아무리 불가피하다 할지라도 홍보작업을 언론작업과 매체작업으로 축소해서는 안 된다. 저널리스트들이 가장 중요하기는 하지만 '신뢰를 형성하는 조처'의 유일한 대상자는 아니다. 장기간에 걸친 인간관계와 이미지 촉진이 중요하다. 이를 통해 문화기관과 발의자들은 대량으로 생산되고 유혹적으로 연출되는 형상속에서 본연 그대로의 얼굴을 유지하고 자신을 관철시킬 수 있다"(같은곳).

마케팅 전문가들은 의사소통 발전단계를 특징짓기 위해 머리글자 AIDA를 즐겨 사용한다(Kotler/Bliemel 1992: 837f.). 이 머리글자에는 다음과 같은 주요단어가 숨겨져 있다.

- 주의(Attention)

- 관심(Interest)
- 욕구(Desire)
- 행동(Action)

이에 따르면 기관의 이름과 프로필을 중심에 두면서 잠재된 고객의 주의를 환기시키는 일이 다른 무엇보다도 중요하다. 그 다음에 문화 기관의 성과물에 대한 내용적 관심이 환기될 수 있다. 다시 말해 기관이 무엇을 이루어 낼 수 있는지를 구체적으로 알린다. 주의와 관심을 일깨우는 일이 이루어지면 제공된 것 자체를 스스로 체험하려는 욕구가 수신인에게서 발생한다. 마지막 단계는 행동을 촉구하고, 이상적인 경우 입장권 구매로 표현된다(Müller Wesemann 1991: 49f.)〉 "AIDA의 체계에 따라 상표를 주목하는 데서부터 구매에 이르기까지 소비자가 모든 단계를 완벽하게 통과하도록 하는 사절은 실제로 존재하지 않는다. AIDA의 체계는 바람직한 사절의 특성을 가리킨다"(Kotler/Bliemel 1992: 841).

가격정책

네 번째 마케팅도구는 가격이다. 경영학적 관점에서 가격은 중요하고도 민감한 도구에 속한다. 판매가격은 기업의 경제성을 보장하며 이익이냐 손실이냐를 결정하지만 동시에 고객의 구매를 방해할 수도 있다.

공공 문화사업이나 공익 문화사업은 이익을 목표로 해서는 안 된다. 그렇기 때문에 자치단체의 문화예술경영에서 가격이 얼마만큼 마케팅도구가 될 수 있을지 의문시 된다. 결국 가격은 이익을 가져오는 대신 위협으로 작용한다. 세분화된 가격이 적용될 때만이 공공 문화 분야에서도 가격이 마케팅도구로 기능할 수 있다. 즉 할인(예를 들어 현금지불시의 할인, 주문예약, 성실자 할인 등)을 적용한다든가 혹은 선택적 가산금(예를 들어 초연 할증요금) 적용이 그 실례이다. 그 밖에 평일의 세분화도 생각해 볼 수 있다. 독일 철도나 모든 항공기업과 수송기업에서 그것이 실행되고 있다. 이러한 방식으로 박물관의 경우 일반적으로 방문객 수가 적은 특정한 주중에는 낮은 입장료를 적용하여 사람들의 관심을 끌 수 있다. 이를 통하여 더 나은 완전가동과 함께 부분적으로 할인된 가격에도 불구하고 수입의 증가를 가져올 수 있다.

관객지향과 관객결합

이미 언급하였듯 모든 마케팅 조처가 갖는 목적은 두 번째 '장사'를 위해 고객 및 관객을 획득하는 일이다. 고객은 욕구가 만족될 때 기꺼이 다시 오고, 새롭게 제공되는 생산물과 서비스를 요구한다. 다른 말로 표현하면 일반적인 관객지향을 넘어 관객의 결속을 얻는 일이 중요하다.

이 지점에서 다음과 같은 이의가 뒤따른다. 즉 문화사업에서의 관객지향으로 대중취향을 전면에 내세우기 위해 할당사고에 문을 열어 준다는 것이다. 텔레비전에서의 시청률처럼 관객이 차지하는 비율은 돈과 내용을 결정하고, 그러한 결정은 쉽게 소비할 수 있는 공급을 불러온다는 것이다. 동시에 내용이 풍부하고 어려운 예술은 낙오되고 말 것이라고 본다. 그런데 이러한 이의 제기는 사실 너무 피상적이고 즉각적인 데 지나지 않는다.

한편으로 소위 쉽게 소비할 수 있는 공급만으로는 극장에서의 대중물, 박물관에서의 인상주의, 도서관에서의 지멜 등 어떠한 문화기관도 지속될 수 없다는 사실이 거듭 밝혀지고 있다. 가벼운 양식을 위해서라면 이미 수많은 텔레비전 채널, 여가공원, 여행오락 주도자가 존재하고 있다. 가벼운 양식을 찾는 사람은 극장이나 박물관에 가는 수고를 들일 필요가 없다. 국립극장이나 시립극장에 3시간 동안 앉아 있는 사람은 자신이 그곳에서 무엇을 기대해야 하는지를 잘 알고 있다. 그러한 기대행위는 더 큰 범위의 관객지향으로도 변화되지 않을 것이다.

둘째 요청된 관객지향이 불가피하게 내용에만 관련될 필요는 없다. 공공 문화기관의 핵심 문제 중 하나는 서비스 담당자로서의 역할을 거의 방기하고 있다는 데 있다. 공공 문화 운영에서 서비스, 의사소통, 정보, 고객관리 등이 우선시되어야 함에도 불구하고 그러한 것이 거의 고려되지 않고 있다.

셋째 관객지향이 관객의 바람에 수동적으로만 내맡겨져야 한다는 뜻은 아니다. 현대적 마케팅의 의미에서 관객지향은 오히려 고객의 욕구를 환기하고, 인식하고, 만족시킨다는 것을 말한다. 오래된 자동차가 아직 문제가 없음에도 불구하고 새로운 자동차를 사는 이유를 한번 의문시해 보아야 한다. 그가 새 자동차를 사는 것은 고객의 입장에서 물건을 생각하는 마케팅이 그에게 새 자동차에 대한 욕구를 일깨웠기 때문이다. 고객 중심의 과정에서 그 자동차가 새로운 소유자에게로 가는 길을 찾았지만 그렇다고 반드시 나쁜 자동차일 리는 없다. 결론적으로 고객 및 관객지향의 모든 형태가 불가피하게 가치가 떨어지는 생산물을 만드는 것은 아니다!

이것을 재차 강조해 보자. 공공, 공익 문화 분야에서 관객지향의 요구가 결코 관객에게 동의를 요하면서 뒤쫓아 가야 하는 것을 뜻하지는 않는다. 수동적으로 바람을 만족시키는 것이 중요한 것은 아니다. 마케팅의 '기예'는 욕구를 인식하고 경우에 따라서는 그것을 일깨우는 데 있다. 하지만 문화정책적 목적을 포기해서는 안 되며, 시민들과 논의함으로써 더 강화시켜 나가야 한다. 이러한 방식으로 자신의 목표가 시민의 욕구가 되게 할 수 있다(경제에서의 마케팅도 이와 같이 기능한다).

고객지향 혹은 관객지향의 목표와 함께 모든 마케팅 경영과정의 목표는 언제나 고객결합에 있다. 가게나 호텔 혹은 숙식업소에 처음 방문한 고객에게 두 번째 방문을 가능케 하고자 하고, 그것을 목표로 하는 사람은 한 번에 최대한의 이익을 내려고 하는 사람과 고객에 대한 태도에 있어 완전히 다른 태도를 취할 것임에 분명하다.

이러한 점은 비상업적 문화 분야에도 동일하게 해당된다. 극장, 도서관, 박물관 혹은 시민대학 강좌에 새롭게 들어온 방문객들을 지속적인 방문객으로 만들고자 하는 목표가 있어야 한다. 어떤 기관의 서비스와 성과물에 대해 계속하여 만족한 사람만이 지속적인 고객이 된다. 이는 마케팅 분석기법과 마케팅도구의 도움으로 끊임없이 서비스와 성과물을 재고하고 현실화할 것을 요구한다.

이러한 방식으로 결합되고, 기관과 친밀해졌다고 느끼는 고객들은 훨씬 더 쉽게 기관이 추구하는 목표에 동감하게 된다. 그리고 여기에서 그룹도 만들어진다. 겉보기에 공급지향의 문화와 구별된 듯 보이는 고객지향의 마케팅은 문화기관이 관객을 획득하였을 때에야 문화정책적 목적과 높은 질적 요구를 구현할 수 있다. 문화기관을 신뢰하는 사람은 아직 밟지 않은 새로운 오솔길을 예술가, 경영자들과 함께 흔쾌히 가게 될 것이다.

대두되고 있는 상업적 자유 산업의 경쟁자들에 대해서도 고객결합은 최선의 수단이다. 경쟁자들은 어떤 극장, 어떤 박물관 혹은 어떤 음악학교에 오래전부터 결속되어 있다고 느끼는 사람을 쉽게 빼내 가지는 못할 것이다. 또한 기관에 결속되어 있다고 느끼는 사람만이 재정적 기부(입장료가 비싸든 기부이든 간에)를 통해 그 기관을 돕는 데 기꺼워할 것이다.

이를 통해 문화마케팅은 더 어려워진 시기(재정 부족, 새로운 공급
자들과의 경쟁)에도 문화사업이 성취능력이 있고 기반이 제대로 잡
힌 기업이 되게 하는 데 중요한 가능성을 제공한다. 언급한 문제를
통해 도전을 받았다고 느끼는 사람은 성공적으로 도전에 응할 적당
한 길을 문화마케팅에서 찾게 될 것이다.

문화재원

문화재원은 문화예술경영의 기능적 과제 내에서 가장 중요한 위치
를 차지한다. 광범위한 사회 영역에서 문화스폰서(Kultursponsoring),
자금조성(Fundraising), 상품화계획(Merchandising) 혹은 공사협력
(Public-Private-Partnership)과 같은 주제만큼 집중적으로 논의된
문화예술경영의 권한영역도 없을 것이다. 독일은 전형적으로 문화
공급이 주로 공공기관에 의해 규정되고 있으므로 이러한 변화가 많
은 사람들에게 아주 명확하게 각인되고 있다. 경제에 대한 의존성의
위험 혹은 경제적 목적을 위한 도구화, 겉보기에 더 이상 의무를 이
행하지 않는 국가에 관해 언급되고 있다. 그런데 보다 면밀하게 고
찰하고 적절한 전문적 지식을 갖출 경우 언급되고 있는 두려움의
대부분은 상대화된다. 그래서 이 입문서에서도 이 주제에 대한 간략

한 언급이 필요하다고 여겨진다.

현재 문화재원의 위기에 관하여 다음과 같은 측면이 문제되고 있다.

- 사회비용이 많이 드는 대중실업의 지속 및 독일 통일의 결과 여전히 높은 지불 비용으로 인해 모든 종류의 자원 서비스에 대한 공공 주도의 재원 가능성이 제한을 받고 있다.
- 지금까지 공공 문화 분야가 국가의 기부금에 상당 부분 의존하였기 때문에 총매상고와 그 밖의 수익을 목표로 한 창의성이 놀랍게도 거의 도입되지 않았다.
- 포괄적인 면에서 관객지향과 관객결합이 부족하여(285쪽 '관객지향과 관객결합' 비교) 공공 문화기관과 공익 문화기관은 폭넓은 개인적 측면의 재정수단(기부, 스폰서)을 이용하기가 거의 불가능하다.
- 개인 자금(특히 기부와 스폰서)이 문화재원에 투입되고 있기 때문에 공공, 공익, 상업적 문화사업이 처음으로 서로 간에 재원 경쟁 상태에 있다.

이렇게 변화된 상황은 문화재원을 순전히 기능적으로 숙고하게 하는 데에만 그치지 않는다. 오히려 문화적 내용, 문화정책적 목적, 기능적 재원수단 간의 연관을 인식하게 한다. 이미 언급되었던 관객지향을 충분히 고려하는 변화된 문화정책, 개인의 문화재원에 세금상의 혜택을 제공하는 것과 같은 분명하게 개선된 한정조건만이 문화재원의 위기를 극복할 수 있게 할 것이다(상세한 비교는 하인리히스 1997).

여기에서 간략하게 지적되고 있는 이러한 상황만으로도 문화재원에 관한 주제를 더 상세하게 다루어야 할 동기부여는 충분해 보인다. 문화예술경영자는 아주 특수하며 상황에 적합하게 투입될 수 있는 다양한 재원도구를 고려하여, 맞춤 재단된 재원으로 능력과 독창성을 증명해 보일 수 있다. 이 밖에도 이 입문서에서 제공하지 못하는 전제를 포함하여 여러 재원수단이 갖고 있는 가능성과 위험부담을 다각도로 고려하는 일도 요구된다. 그 사이에 이와 관련된 상당히 포괄적인 전문문헌들이 출판되었다. 이 자리에서는 여러 재원도구를 짧게 소개하는 데 목표를 두고자 한다.

먼저 사용된 개념에 대한 짧은 주석이 필요하다. 공공(부기) 분야에서는 수입에 대해서만 언급하고, 이로써 어떠한 방식으로든 지출 재원(입장료, 기부금, 회사 등)으로 사용될 수 있는 모든 자원을 뜻한다. 이에 반해 경영학에서는 수익에 관해 언급하는데, 수익은 소비(포괄적인 지출에 상응하는 것)의 총액을 조달한다. 수익 내에서는 매상고가 가장 중요하다. 매상고란 판매에 대한 반대급부, 생산물, 상품, 서비스의 (총매상고) 임대, 즉 극장이나 박물관의 입장료를 말한다. 이에 반해 스폰서에서 나온 수입은 그 밖의 수익(총매상고 이외의)으로 고려된다. 그런데 상인의 경우 유동자산이 문제될 때만(그가 하루 동안 계산대에 가지고 있는 것 또는 그의 계좌에서 단기적으로 인출할 수 있는 것) 수입과 지출에 관해 언급된다. 경영학적 전문용어가 본질적으로 더 정확하기 때문에 문화사업에서도 그것을 사용한다. 특히 상업부기의 편입으로부터 부기적 편입으로 바꾸기에 그것이 훨씬 쉽기 때문이다(그런데 이것의 역은 몇 가지 어려움을 야기한다).

기본적으로 모든 문화사업의 문화재원은 세 가지 종류의 재원으로 구별해야 한다.

- 총판매 수익금, 즉 스스로 경영을 잘하여 얻은 자금
- 개별 문화사업 기관이 임의로 사용하는 수단(공공 예산에서의 보조금 요구 혹은 가능한 한 일시적인 상업적 운영에서의 위험자본/창립자본)
- 제3의 자금(기관이 아닌 공공 단체의 기부 혹은 공공 및 상업 분야에서의 개인 기부와 스폰서)

이른바 제3의 자금은 기관의 후원자에게서 나온 것도, 기관 자체적으로 벌어들인 것도 아닌 '다른 곳에서' 유래한 것을 말한다. 정확하게 한다면 제3의 자금이라는 표현에 기대어 총매상고를 첫 번째 자금, 기관의 성과물을 제2의 자금으로 표기할 수 있다. 그러나 이

러한 표현이 일반적으로 통용되는 것은 아니다.

총매상고 수익금

이미 언급하였듯 총매상고 수익금이란 상품과 서비스 판매에서
나오는 모든 수익금을 말한다. 상업적 문화사업에 당연히 중요한
이 총매상고 수익금에 대해 공공 및 공익 문화사업도 지금까지와는
달리 더 주의를 기울여야 할 것이다. 결국 공공 문화사업이 무엇을
제공하고, 관객이 그 공급을 어떻게 받아들이냐에 따라 앞으로의
재원이 크게 좌우될 것이기 때문이다. 이를 구체적으로 표현하자면
앞으로 재원은 더욱더 생산물에 의존하게 될 것이다. 그리하여 자
신의 지출 대부분을 총매상고 수익금에서 조달하는 상인과 유사해
질 것이다.

한편으로 일차적 생산물로부터 나오는 직접적 총판매 수익금과
다른 한편으로 간접적으로만 생산물과 관련되는 (상품화 계획과 라이
센싱에서의 수입 등)총판매 수익금이 적절히 구분된다.

▌방문객과 이용객의 사용료, 사례금, 입장료

사례금과 사용료는 시민대학의 수강과 강의, 음악학교와 미술학
교의 강의, 도서관 이용, 각각의 행사 등에 징수된다(덧붙인다면 사용
료는 언제나 공공법에 해당하고, 사례금은 개인법에 해당한다. 그러나 이 차

이가 철저하게 유지되는 것은 아니다). 이에 비해 콘서트나 극장 공연, 박물관이나 화랑의 경우에는 입장료라고 한다.

콘서트와 연극공연이 객원 공연으로 제공될 때, 특히 여러 행사에 대한 혼합 산출을 기반으로 할 경우에는 종종 지출의 보증 정도가 높아질 수 있다. 이것은 개별 콘서트나 개별 강의에 입장료가 따로 정해져 있지 않고 그때그때의 비용 수준에 의거하여 행사 그룹에 동일하게 정해져 있다는 전제하에서 그러하다. 이로써 비용이 덜 들어가는 행사에서는 '돈을 벌게' 되고, 그것을 가지고 시장에서 입장료로 조달할 수 있는 것보다 훨씬 많은 비용이 드는 다른 행사를 지원할 수 있게 된다.

시민대학, 음악학교, 미술학교와 같은 기관의 그룹행사의 경우에는 강의에 대한 직접적인 인원비용을 이용자의 분담금으로 충족해야 한다는 규정이 신용을 얻고 있다(음악학교의 개별 강의에서는 그러한 것이 더 이상 실현되지 않는다). 다만 일반 행정경비에 해당하는 인원비용(학교운영, 비서, 건물관리인), 개별 강의에 대한 인원비용 및 물건비용, 운영비용은 다른 방식으로 충족하여야 할 것이다.

전체적으로 참가자, 방문객, 이용자의 독자적 성과 문제를 너무 주저하거나 지나치게 사려깊게 다루어서는 안 된다. 예를 들어 지방기초자치단체로부터 특별한 성과물을 기대하고 요구하는 사람은 그것을 위해 특별한 재정적 기여를 할 준비가 되어 있어야 한다. 그렇게 하지 않을 경우 그 성과물은 그것을 요구하지 않은 사람들의 세금으로 조달해야 하기 때문이다. 종종 강좌 참여자들의 직업적 장점과 결부되어 있는 시민대학에서의 외국어 학습이 왜 제삼자의 세금으로 조달되어야 하는지 이해되지 않을 수 있다. 문화 분야까지도 전적으로 연대공동체에 기대서는 안 될 일이다.

이와 달리 모든 문화사업에서 요금 상승과 사례금 상승을 억제하는 것은 경영학적·사회적 이유에서이다. 수입이 비용(예를 들면 인원비용)을 전혀 충족시키지 못할 정도로 사용료와 입장료의 상승이 상당한 행정비용과 결부되어 있다면 그러한 수익금은 포기할 수밖에 없다. 연간 증명서 대신에 빌린 책 한 권당 수수료를 청구하는 도서관 도서대출대를 생각해 보자. 한편 학생, 군인, 대역의무자, 사회복지수취인, 실업자, 장애자, 연금생활자와 같은 그룹에 대한 할인도 사회적 고려 대상이 되어야 한다. 그렇지만 할인을 지나치게 빠르거나 총괄적으로 도입하지 않도록 유의해야 한다. 그런 경우 일반 가격을 지불할 수 있는 많은 사람들도 그 대상에 포함될 수 있기 때문이다.

▌상품화 계획과 판매수수료

직접적인 문화 공급의 이용으로 발생하는 수익금과 함께 '부수적 산물'에 속하지만 결코 부수적 일로 다루어서는 안 될 다른 총수익금도 열거할 수 있다. 박물관이나 극장에 딸린 매장에서 얻을 수 있는 수익 특히 플래카드, 미술품 카드, 카탈로그, 팸플릿의 판매 수익금을 들 수 있다(Fath 1999).

상품화 계획과 사전허가(Licensing)도 이러한 수익금에 속한다. 즉 생산물과 유사한 판매 대상에 대한 생산물 이미지의 판매(가령 박물관 매장에서 박물관 소장품을 복사한 서표) 혹은 제삼자가 자신에게 유리하도록 다른 생산을 위해 이용해도 된다는 문화생산물 이미지 권리에 대한 생산물 이미지의 판매(예를 들어 박물관에 있는 예술 작품을 복사하여 시계 글자판에 넣은 것을 시계 회사 스와치 시계에 판매하는 것)가 그것이다(상세한 설명은 Heinrichs/Schäfer 1999). 스포츠의 경우처럼 여기에서도 주목할 만한 잠재성을 기대해 볼 수 있다. 물론 분데스리가를 모범으로 삼아 문화사업에서도 그렇게 공격적으로 판매할 수는 없을 것이다. 그러나 드레스덴의 젬퍼 오페라가 그 사이에 상품화 계획을 위한 독자적 유한 책임회사를 운영하고 있고(Engert 1999), 문화영역에서 상품화 계획생산을 위한 통신 판매업까지 있다는 사실은 이 분야에서 놀라운 발전이 시작되고 있음을 암시해 준다.

어떤 시·읍·면이 시립화랑이나 시청로비에서 미술전시회를 개최하고 거기에서 판매까지 할 경우 판매 수수료가 이러한 수익금 부류에 속한다. 비용에 따라 판매 수익금의 15%에서 30% 사이의 수수료를 예술가들로부터 거두어들인다. 이러한 맥락에서 지방 기초자치단체가 제삼자에게 행사 장소를 임대하는 경우 임대 수익금도 언급될 수 있다.

물론 좁은 의미의 목적운영(사용료, 사례금, 입장료가 이에 속한다) 이외에 자체적으로 벌어들인 수익금이 연간 총매상고 6만 마르크부터 법인세와 영업세 대상이 된다는 점에 유의해야 한다. 그와 같은 수익금을 통해 공익 기관은 공익성을 저해받기 쉬우므로 적시에 경제사업 분야의 운영상의 전환에 대해 꼼꼼히 따져 보아야 한다(143쪽 '세법' 비교).

제3의 자금

수익금 체계상 제3의 자금이 세 번째 자리에 위치한다. 그럼에도 불구하고 여기에서 제3의 자금이 선호될 경우 후원자의 자금을 통한 재원보다 이해의 서열상 그것에 더 높은 위치를 부여해야 한다는 점이 밝혀져야 할 것이다. 먼저 모든 문화기관은 독자적인 재원의 길을 찾아 나서야 한다. 다른 모든 재원 수단이 정말로 고갈되었을 때에만 후원자의 자금을 이용하고, 그래야 마땅하다.

제3의 자금은 공적 측면에서나 개인적 측면에서도 제공될 수 있다. 공공기관의 제3의 자금은 기부금과 관련된다. 기관의 후원자가 아닌 모든 공공 법인의 자금이 여기에 속한다. 예를 들어 시립기관에는 군, 주 정부, 연방, 유럽연합의 기부 그리고 공익 예술협회에는 소재지 시의 기부가 있다.

▌보조금

앞의 경우보다 더 다양하게 볼 경우 특정한 프로젝트와 프로그램을 위한 공공기관의 보조금이 존재한다. 그러한 것으로 무엇보다도 성인교육 혹은 학교 이외의 청소년 교육 분야에서 법규나 법규 규정으로 지정되어 있는 규칙적인 보조금을 들 수 있다. 또 다른 경우로 특별 결정에 따른 신청 보조금이 존재한다. 그러한 개인 보조금은 일반적으로 일회적이고 상대적으로 혁신적인 계획의 프로젝트와 결부되어 있다.

그런데 유감스럽게도 이러한 모든 기부 가능성에 대해 거론하고 있는 개관 작업은 존재하지 않는다. 특히 주 정부마다 규약이 다른 경우가 태반이므로 문화경영자는 모든 개별 경우를 세심하게 추적해야 한다. 가능한 기부에 관한 정보를 행정부처의 문화담당부서나 행정부 소속 담당자, 특히 자치단체의 최고 협회에서 얻을 수 있다. 라베출판사의 문화예술경영 안내서도 적절한 개관 작업을 포괄하고 있다.

재원의 지분에 따라 보조금은 다음과 같이 분류된다.

1. 완전 재원
계획에 대한 모든 지출을 충족시킨다. 다른 수입의 원천은 없다.
2. 부분 재원
계획에 대한 지출 일부분을 충족시킨다. 재원을 위해 다른 원천들이 동원된다. 부분 재원 내에서 다시 다음과 같이 구분된다.

- 부족분 재원 보조 가능한 지출과 독자 자금 혹은 타 자금 간의 보전이 불가능한 지출이 조달된다. 보통 보조는 보전이 불가능한 지출 내에서 최고 액수로 국한된다.

- 결손 재원 일정 정도의 금액이 조달된다. 만일의 경우 불충분한 담보는 개최자의 부담이 되고, 이윤은 개최자에게로 돌아간다.

- 지분 재원 보조 가능한 지출 중에서 일정한 비율의 몫이 조달된다. 모든 경우 재원의 결함은 개최자의 몫으로 남는다.

현재의 재정적 상황과 관련하여 최고 금액을 제한한 부족분 재원이 오늘날 상례에 속한다. 신청방법과 중단방법은 특히 유럽연합의 자금인 경우 종종 대단히 소모적이며 세심함을 요하지만 사용될 수 있는 총액에서 보았을 때 소모는 그럴 만한 가치가 있다(보조금법에서의 관리 문제에 대하여 Krämer/Schmidt 1991과 비교).

공적 측면에서의 제3의 자금과 함께 최근 개인적 측면에서의 제3의 자금이 특히 부각되고 있다. 기부금, 스폰서, 자금조성, 공사협력 및 기부금의 분배가 그에 속한다.

▌기부금

기부금은 남을 고려하는 데서 오는 패트론(특히 사회 분야) 혹은 정신적 지원(특히 문화 분야)으로 주어지는 재원이다. 원칙적으로 기부금은 기부 수취인 측의 반대급부 없이 이루어진다. 기부금의 패트론적 성격 때문에 세법상 우선시된다. 다시 말해 기부금 수취인은 세금상의 혜택과 관련이 없지만 기부자는 공공 문화기관이나 공익 문화협회에 기부한 경우 특별지출로서 자신이 내야 할 납세액에서 공제받을 수 있다.

기부금은 개별기부로서 얼마나 들어올지 예상하기가 힘들다. 그러므로 기부금은 수입의 원천으로 계산할 수가 없다. 그럼에도 불구하고 가능한 기부자들에게 특히 중요할 수 있는 프로젝트에 재원이 부족한 경우 기부는 일정한 역할을 한다(예컨대 청년 오케스트라의 동유럽 친선국가로의 콘서트 여행).

기부금 수입이 갖는 우연성을 벗어나기 위해서는 친목회나 후원협회, 체계적 자금조성 구축이 권장된다.

█ 스폰서

스폰서란 경제기업의 재원 수단과 물적 수단을 통해 사회, 스포츠, 문화 혹은 생태 분야의 기관과 인원들에 대한 지원을 말한다. 후원자의 측에서 볼 때 스폰서는 항상 마케팅이나 의사소통의 목표와 결부되어 있다. 패트론과 달리 스폰서는 받는 자들로부터 자신의 기업 목표 지원이라는 반대급부를 기대한다. 다시 말해 스폰서란 경제기업의 마케팅도구이다. 이 마케팅도구의 도움으로 기업은 매상과 기업이윤을 향상시켜야 한다. 따라서 스폰서는 특별지출에 속하는 기부처럼 세금 공제 대상이 아니며, 기업의 비용 내지 광고비용으로서 세금상의 공제대상에 속한다.

1995년 이포연구소의 조사에 따르면 기업의 예술·문화후원의 근거로 다음과 같은 요인이 꼽혔다.(Hummel 1995: 19).

이미지관리	92.4%
고객관리	54.4%
기업관리의 개인적 관심	40.8%
종업원들의 동기부여, 작업장소의 조형화	26.9%
(복수 응답이 가능하였다)	

이 조사결과에 따르면 이미지 측면이 후원자를 이해하는 데 있어 중심 요소라는 것을 알 수 있다. 즉 후원자는 문화기관이나 문화공급의 긍정적 이미지를 자신의 기업과 독자적 생산물에 옮겨 놓아 이미지 전환이 발생하도록 하는 데 관심이 있다. 여기에서 1998년 독일 전역에 걸쳐 몇 달 동안 부정적 머릿기사를 장식하였던 바덴바덴 축제 공연 극장이 엄청난 노력에도 불구하고 다음 프로그램 작업을 위한 후원자들을 전혀 찾지 못하였다는 점이 쉽게 설명될 수 있다. 기업은 그곳에서 기업이나 기업 생산물에 전환시킬 긍정적 이미지를 찾을 수 없었던 것이다.

같은 조사에 따르면(같은 곳 29) 기업 외부에서 행해지는 후원은 다음과 같은 예술 분야와 문화 분야에 중점을 둔다.

음악	63.2%
고향관리와 풍속관리	60.2%
형상예술	50.1%
기념비관리	38.8%
공연예술	28.3%
문학	21.8%
영화/사진	10.3%

(복수 응답이 가능하였다)

문화스폰서는 협력관계의 재원도구이다. 즉 후원자는 이타주의자가 아니며, 문화주최자는 자선을 받는 빈민이 아니다. 오히려 문화주최자는 후원자의 양질의 생산물에 가능한 한 많은 이미지 전환을 '판다'. 이에 대해 후원자는 반대급부로서 대가를 지불하는 것이다. 후원자에게 생산물의 이미지가 흥미롭지 않아 (가령 독점적 유행의상의 생산자는 비재래식의 문화센터의 이미지에는 관심이 없다) 이미지 전환이 가능하지 않다면 스폰서는 이루어질 수 없다. 따라서 스폰서를 찾는 사람은 먼저 자신의 기관 혹은 자신의 생산물이 어떤 이미지를 제공하는지, 즉 기업과 예정된 스폰서의 생산물에 교점이 존재하는지에 대한 문제를 먼저 해결하여야 한다.

이러한 점에서 스폰서에는 항상 면밀한 분석과 전문적 행위전략이 결부되어야 한다. 가능한 후원자라는 생각만으로 접근하는 사람, 다시 말해 스폰서에게서 어떤 것을 '가져오려고'만 하는 사람은 시도 자체에서 좌초하고 만다. 스폰서를 찾고자 하는 사람은 구걸하는 자가 아닌, 교환관계를 구축하는 사업파트너인 것이다.[4]

▌자금조성

자금조성에서도 교환관계의 성격이 중요하다. 마케팅 목표에 대한 체계적인 기부 모금을 자금조성이라고 한다. 그러한 기부는 이타적 동기에서 이루어지지 않고, 기부금을 모으는 기관이 기부자의 관심사이기도 한 과제를 대변하고 있다는 점을 잠재적 기부자들에게 납득시킴으로써 이루어진다.

무엇보다 중요한 일은 잠재적 기부자 주변 환경에서 자신의 기관과 작업의 필요성을 설득하면서 분명히 하는 일이다. 이를 위해서는 "극장이 존재해야 한다"라는 견본을 따른 선전슬로건보다는 더 포괄적인 논거상의 노력이 요구된다! 경쟁자를 시장에서 추방하려

---

4) 문화스폰서에 대해서는 그 사이에 주목할 만한 저서들이 출간되었다. 그루서(Grüsser 1992), 베커(Becker 1994 미술후원), 부룬과 메링거(Bruhn/Mehlinger 1994/1995)(특히 계약법 측면에 대하여). 콜렌베르크(Kohlenberg 1994 음악후원), 볼프-산나디(Wolf-Csanády 1994 미술후원), 브라운, 갈루스, 쉐이트(Braun/Gallus/Scheytt 1996 자치단체의 관점에서), 페링(Fehring 1998) 및 루스리프식 모음집으로서 브로케스(Brockes 1995ff.) 등의 저서가 가장 흥미롭다.

하기보다는 후원자의 의식에 긍정적으로 자리매김한다는 의미에서 시장에서의 포지셔닝을 한다("이 박물관은 훌륭하고, 귀중한 작업을 하고 있다!"). 이러한 목표는 마케팅의 목표와 그다지 구별되지 않는다. 여기에서도 이미지, 명망, 수용이 중요하기 때문이다.

그럼에도 불구하고 자금조성과 스폰서 사이에는 두 가지 중요한 차이가 있다. 스폰서는 기업에, 자금조성은 개인에 관심을 둔다. 더 정확히 말하면 기업 또한 자금조성의 틀 내에서 기부를 할 수 있으나 기업의 이해보다는 기업 임원진 개별의 개인적 동기가 더 중요하다. 그래서 기업은 그 금액을 기업 지출로서가 아닌 특별 지출로서 세법상의 공제를 받게 된다.

두 번째로 반대급부의 측면은 달리 평가될 수 있다. 기업에는 스폰서를 통해 촉진된 반대급부를 알 수 있고(세법상의 이유만으로도), 예를 들어 그 반대급부가 광고의 관점하에 분명하게 표현되어 있는 (스포츠에서 트리코 광고 비교) 것이 중요한 반면 자금조성에서는 오히려 개인적인 면, 비공적인 면에서 반대급부가 행해진다(예를 들어 특정 행사에 후원자를 우선적으로 출입시킴). 이러한 점에서 자금조성은 스폰서와 달리 패트론적 성격을 갖는다고 할 수 있다.

현재 미국에서는 스폰서보다 자금조성이 더 중요해지고 있다. 자금조성이 장기간의 투자를 가능케 하고, 기업의 경제적 변동에도 덜 의존하기 때문이다. 이렇게 미국에서 자금조성이 스폰서보다 중요한 위치를 점하게 됨으로써 자금조성은 이제 자금조달의 상위개념이 되었다. 자금조성은 체계적으로 기부를 모으는 것을 포함하고, 스폰서는 공공 기부의 조달도 포함한다. 개인과 주는 자로서의 기업 내지 이상적 동인과 기업의 마케팅 목표에의 방향설정과 관련하여 자금조성은 체계적 기부모금으로 이해된다.

자금조성은 단기간에 구축되지 않고 상당히 장기간의 전문적 계획과 준비를 요구한다. 이와 함께 특수한 경우 스폰서에 전적으로 적합한 자금조성과 단기간의 자금조달을 위한 자금조성이 구분되지만, 자금조성은 전략적인 관점에서 볼 때 더 흥미로운 전망을 제공해 준다.[5]

▍공사협력

P-P-P란 공공 후원자와 개인 후원자 간의 모든 공동작업 형태를 말한다. 문화재원에서는 이른바 재원의 협동자금이라고 하는데, 이 협동자금에는 공공기관의 자금도 민간자금도 첨가되어 그것으로 공동의 프로젝트가 독자적으로 후원될 수 있다(Sievers 1998). 가령 노르트라인베스트팔렌에는 지도력을 발휘하고 있는 경제기업들과 루스지역 도시가 공동으로 협회로 운영하고 자금을 조달하는 "이니셔티브 모임 루르"가 있다. 이곳으로부터 루르지역 박물관과

---

5) 자금조성에 대해서도 최근 여러 저작물이 출간되었다. 그 중 몇 가지만 선별하면 다음과 같다. Schneider(1996), Crole(1997), Lissek-Schütz(1997), Luthe(1997), Burens(1998), Haibach(1998), Scheibe-Jäger(1998).

에센 지역 전시회나 콘서트 등과 같은 큰 프로젝트에 자금지원이 된다(Börstinghaus 1992).

Public-Private-Partnership을 짧게 줄인 PPP의 장점은 스폰서의 경우처럼 재원 협력관계뿐만 아니라 두 측에 동일하게 해당되는 책임 협력관계가 중요하다는 데 있다. 한편 이를 통하여 참여한 지방 기초자치단체는 활동에 제한을 받게 된다. 이것은 권력의 문제일 뿐만 아니라 지방의회의 활동 권한에도 개입하는 일이다.

▌재단에서의 분배금

재단이란 공익을 목적으로 자산 가치를 항구적으로 결합하는 것을 말한다(156쪽 '법 형태와 운영 형태' 비교). 스폰서가 자신의 자산을 사용하는 데 있어서 상대적으로 자유로운 반면 재단은 언제나 기부자의 의지를 통해 규정된 목적과 결부되어 있다. 그러므로 문화예술 경영자로서 문화적 공급의 재원을 위해 재단의 자금을 얻으려고 생각하는 사람은 재단의 목적이 문화공급 후원을 허용하는지를 먼저 검토해야 한다.

이러한 검토를 통해 프로젝트 재단과 후원재단이 뚜렷하게 구분될 수 있다(특정한 기관의 운영형태에 지나지 않는 후원자 재단 혹은 단체 재단은 여기에서 간과된다). 프로젝트 재단(혹은 실제적 재단)은 주제상 기부자에 의해 규정된, 대체로 재단 자체에 의해 수행되는 특정한 프로젝트에만 자금을 지원한다(재단의 특성에 대한 상세한 설명은 Strachwitz

1994 참조). 가장 유명한 독일의 프로젝트 재단으로는 상대적으로 폭넓은 주제 분야를 취급하지만 제삼자에게는 후원하지 않는 베르텔만 재단이 있다. 이와 반대로 독자적 프로젝트를 수행하지는 않으나 제삼자의 계획만을 지원하는 경우도 있다(폴크스바겐 재단).

따라서 문화예술경영자로서 재단의 자금을 사용하려고 하는 사람은 직접 후원재단에 문의하든지, 아니면 공동으로 수행할 수 있는 프로젝트로서 프로젝트 재단에 중요하다 여겨지는 계획을 미리 제시해야 한다. 그러나 재단의 자금을 신청하기 위해서는 상당한 면밀성과 시간적 소비가 요구된다. 경우에 따라선 기부자의 의지가 협소하게 규정되어 있고, 기부자의 의지가 유지되고 있는지에 대한 국가적 감시 때문에 모든 지원서는 아주 면밀한 검토를 거치게 된다. 그러나 검토가 긍정적으로 끝나고 후원이 이루어지면 실제 공동작업은 일반적으로 아량 있고 비관료적으로 진행된다.

후원자의 독자 지분

적자가 계속되는 경우 문화사업 후원자는 결국 독자 자금을 준비해야 한다. 이러한 규정은 근본적으로 상업 분야에도 해당되며, 문화사업에서도 창립자산으로 새로운 프로젝트를 진행하거나 일시적 재정난을 극복하기 위해 독자적인 자금을 사용하게 한다. 다른 곳에서 경제적 수익을 낼 수 있는 자산으로 적자가 생기는 분야를 계속 진행할 상업적 문화사업은 어디에도 없다.

그런데 공공 분야에서의 상황은 아주 다르다. 공공 분야에는 세금, 공과금, 대부금으로 자원조달이 되는 상당히 광범위한 정도의 자금이 일부 준비되어 있다. 그런데 그 밖의 수입 항목의 경우 가령 지방 기초자치단체의 문화행정부가 포괄적인 면에서 주도권을 갖고 있고, 독자적 판단과 개인적 성향에 따라 자신의 파트너 내지 재원의 길을 찾아낼 수 있는 반면 시·읍·면의 경우 독자 지분을 준비하는 일은 회계사나 재정위원회에게만 맡겨져 있다. 그런데 이들은 지출의 불가피성을 납득하였을 때, 즉 목표설정과 구상에 동감하면서 지출이 눈에 띄게 모자란다는 것을 실제적으로 계산해 내고, 다른 수입의 가능성이 모두 고갈된 상태에서야 독자 지분을 응낙한다.

후원자의 독자 지분은 흔히 보조금으로 잘못 표현된다. 국민경제적 의미에서 보조금이란 일시적으로 곤경에 빠진 기업이 경제적으로 소멸되는 것을 막기 위해 비국가적 경제 분야에 지원하는 국가의 기여금을 말한다. 일반적으로 이러한 목적은 산업의 기초구조를 유지하거나 일터를 보장하려는 것과 결부되어 있다(석탄기여금이나 북독일 조선 산업에 대한 보조금 비교). 그런데 공공 문화사업에 대한 지불은 이러한 의미의 보조금이 아니다. 여기에서는 경제적으로 몰락하지도 않고, 그렇다고 일자리를 창출하려는 목적도 아닌 국가와 시 사업에 대한 기여금이 문제되기 때문이다. 오히려 국가와 시의 문화사업은 문화 정책적 목적을 따르는 기관이며, 이 기관에 국가 및 시는 후원자로서 목표 달성에 요구되는 자금을 조달할 의무를 갖는다. 이를 보조금이라 일컫는 것은 공공기관의 문화 정책적 의무를 경박하게 보이게 할 것이다.

이로써 가장 중요한 재원의 도구가 언급되었다. 물론 변형된 형태(예를 들어 자금조성을 운영하는 대신에 후원협회 혹은 감독기관을 설립하는 것)도 많고 일정한 자금의 결합을 목표로 한 재원구상(예를 들어 메칭펀드)도 존재한다. 개략적 내용을 다루는 이 자리에서는 그에 대한 해당 전문문헌을 제시하는데 그치기로 한다(Strachwitz/Toepler 1993, Heinrichs 1997).

프로젝트 경영

프로젝트 경영이란 프로젝트의 계획수립, 조정, 통제를 말한다. 프로젝트는 다음과 같은 특징이 있다.

- 일회적(비순환적) 의도
- 시작지점과 종료지점이 정해짐. 시간적 기한 역시 정해짐
- 분명한 목표설정, 과제설정과 책임
- 제한된 재정적·인적 자원

- 내용과 과제가 복잡함
- 필요로 하는 인적 능력의 관점에서 분야간 협동
- 비교적 혁신적

문화 분야 프로젝트의 전형적 실례는 전시회이다. 일정한 간격을 두고 지속적으로 가동되는 시민대학의 영어강좌와는 달리 전시회에서는 일회적 계획이 중요하다. 프로젝트는 시작지점과 종료지점이 분명하게 정해져 있고, 목표설정과 과제설정(가령 특정한 주제의 소장품을 공개하는 것)은 특정한 박물관 전문위원의 책임과 마찬가지로 명확하다. 일반적으로 전시회에 사용되는 자원은 제한되어 있다. 그럼에도 불구하고 그 과제는 상대적으로 복잡하다. 보험 문제, 경우에 따라 관세 문제와 같은 소장품을 전문적으로 선발하는 문제를 포함하기 때문이다. 동시에 각 분과간의 협동적 능력을 필요로 한다. 무엇보다도 각각의 전시회는 비교적 혁신적이어야 한다. 전시회는 가능한 한 그때그때의 주제와 소장품을 파악하고 다른 전시회와 구별되어야 하기 때문이다.

이에 비해 이미 언급한 영어 강좌에는 일회적 과정뿐만 아니라 복잡함이나 상호협동성이 결핍되어 있다. 개별 시간이 아주 이상적으로 이루어질 수 있을지라도 전반적으로 볼 때 의도가 특별히 혁신적이지는 않다. 복잡성이나 상호협동성도 존재하지 않는다.

프로젝트의 특징을 총괄해 본다면 프로젝트 경영은 결국 세 가지 요소에 중점을 둔다. 즉 시간적 요소(본질적으로 프로젝트 기간으로 규정됨), 재정적 요소(우선적으로 제한된 프로젝트 비용으로 규정됨), 그리고 질의 요소와 기능의 요소, 다시 말해 혁신과 효과의 측면이 중요하다. 이를 일컬어 "프로젝트 경영의 불가사의한 삼각형"이라고 한다(Schelle 1996: 15) (그림17). 이로써 문화예술경영에서도 무엇 때문에 프로젝트 경영이 그토록 중요한지 쉽게 통찰할 수 있게 된다.

그림 17. 프로젝트 경영의 불가사의한 삼각형(Schelle 1996: 15)

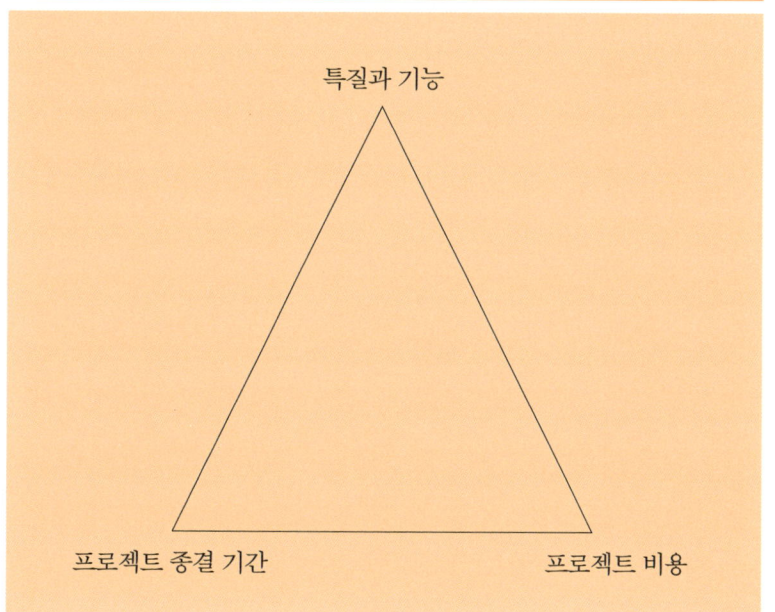

특질과 기능

프로젝트 종결 기간   프로젝트 비용

프로젝트의 구성과 구조 부여

프로젝트 경영은 기업운영에 관한 구상이다. 다시 말해 프로젝트 경영은 보수주의와 관련이 없는 적극적 조정도구라는 뜻이다. 프로젝트 경영에는 다음과 같은 목표가 있어야 한다.

- 선취권을 분명히 하고,
- 협력과 분과별 능력을 이용하며,
- 구성원들에게 동기부여를 촉진하고,
- 의도하는 것의 성공과 질을 위해 공동 책임을 유발시킨다.

프로젝트 경영의 관점에서 볼 때 처음부터 프로젝트를 위해 제공(대규모 미술전시회, 시 축제, 도서와 카탈로그 출판, 건축과 수리의 조처 등)하는, 즉 관리 구상이 의도하는 바에 투입하는 것만 중요한 것은 아니다. 이와 함께 진행되고 있는 사업으로부터 가능한 한 분별력 있게 프로젝트를 '분리하는' 일도 중요하다. 그러할 때만이 진행되고 있는 사업도 프로젝트 경영의 장점을 이용할 수 있게 된다.

프로젝트 경영에서는 일련의 기법과 보조 작업이 사용되는데 설문 카탈로그를 통해 이러한 것의 이용가능성을 쉽게 확인할 수 있다(도표 12).

도표 12. 프로젝트 경영의 과제와 도구

설문 카탈로그	프로젝트 경영의 척도
프로젝트에 무엇이 달성되어야 하는가?	목표규정
주요과제와 부분과제는 어떻게 구분될 수 있는가?	작업상자
과제와 작업상자는 구조적으로 상호 어떻게 배치될 수 있는가?	프로젝트 구조계획
참여자들은 프로젝트에 어떻게 결합되는가?	팀 구성: 구축조직
어떤 과제가 어떤 순서로, 언제 완성될 수 있는가?	경과조직
비용은 얼마나 필요하고, 그 비용을 프로젝트에 어떻게 배분할 것인가?	비용계획
사용 가능한 재원은 무엇인가?	재정계획
질과 효과성을 염두에 둘 때 프로젝트의 성공은 어떻게 보장될 수 있는가?	프로젝트 통제

목표규정

모든 프로젝트 경영은 프로젝트의 목표를 규정하면서 시작된다. 다시 말해 프로젝트를 통해 어떤 성과가 달성되어야 하는지 명백하게 기술되어야 한다. 다른 경영과정과 마찬가지로 프로젝트 경영도 목표가 중요하다. 특히 한정된 자금은 특정한 목표와 결과를 염두에 두고 제공되기 때문에 목표가 특히 중요하다. 가령 도서관에서 일반적으로 주민을 위해 정보를 제공하고 교양 잠재성을 이끌어 내는 목적만을 추구한다면 "시립 도서관에서의 독일, 폴란드 작가들의 만남" 프로젝트는 시민들의 참여하에 독일 작가들과 폴란드 작가들을 구체적으로 시립 도서관에서 만나게 하는 데 목표를 둔다.

▌작업상자

목표규정 다음 단계로 작업상자의 구분이 뒤따른다. 명확하게 정의할 수 있는 프로젝트의 부분 과제가 작업상자에 해당하며, 이에 대해서는 더 이상 항목을 세분하는 것이 중요하지 않다. 순전히 기능적 기일(예를 들어 원고의 인도기일)과는 달리 작업상자는 "작업의 의미에서 진정한 과제"(Madauss 1994: 199)를 말한다. 작업상자에는 개인의 작업뿐만 아니라 그룹의 작업도 포괄될 수 있으나 작업상자의 모든 참여자에게 요구되는 전문능력은 포괄적인 면에서 동일하다. 몇 가지 예외(예를 들어 작업상자 비용조종)를 제외하고 모든 작업상자는 언제나 특정한 프로젝트 단계에 귀속된다. 제삼자에게 주어지는(외부 출처) 과제는 언제나 작업상자로 시행 가능하다.

예를 들어 어떤 박물관에서 예술전시를 조직화하려는 경우 (Krempel/Grüsser 1995) 대략 다음과 같은 작업상자로 분류할 수 있다(표현상의 이유로 작업상자의 수는 상대적으로 소수로 제한되지만 프로젝트 경영의 실제에 있어서는 대개 더 많은 작업상자를 예상해야 한다).

- 박물관 전문위원들의 전시회 구상과 고객 유치(선택, 정리, 차용

협약)

- 전시회 건축과 디자인
- 박물관 전문위원들의 방문 수송
- 전시회 구축
- PR 작업(플래카드, 개막식 초대)
- 행정적 과제(보험, 출납일, 감독)
- 카탈로그
- 전시회 개막
- 방문객 보호(관리, 박물관 교육 등)
- 전시회 철수
- 박물관 전문위원들의 귀환 수송
- 재정계획과 재정관리

예술 전시회의 규모에 따라 특정한 작업상자가 총괄되거나 (예를 들어 구상과 전시회의 개막) 더 세분화되기도 한다(가령 더 창조적 홍보작업의 과제와 순수한 언론작업을 구별하는 것). 나아가 목록 작성의 경우 카탈로그를 만들어 내는 일은 (텍스트에서 인쇄와 판매까지) 외부 출처 내에서 알선업체나 프리랜서 종업원들에게 맡기는 것으로 한다. 그래서 프로젝트 경영 내에서 카탈로그는 작업상자로서만 출판된다. 카탈로그가 독자적인 기관에서 만들어진다면 텍스트의 문서, 복사의 선택, 레이아웃, 문장, 인쇄 등을 구분해야 한다.

작업상자를 구분하는 데 결정적인 것은 시간적 측면보다는 전문적인 동질성이다. 그럼에도 불구하고 가능한 한 작업상자에서 도출되어야 하는 경과계획의 관점에서 경과가 세분될 필요가 있다. 그 경과가 뚜렷하게 분리된 시간 단계로 이루어져 있을 경우에 그러하다(예를 들어 전문위원들의 왕복 수송).

무엇 때문에 작업상자가 만들어지는지 요약하면 다음과 같다.

- 해결할 수 있는 모든 과제에 대한 조망을 얻기 위하여(이때 점검목록과는 달리 문제는 개별적 작업 단계가 아니라, 객관적이며 전문적으로 밀접하게 연관되어 있는 작업 단계들의 상자임)
- 양적, 질적인 관점에서 인원요구의 토대를 유지하기 위하여
- 경비계산부서의 세분화를 통해(어떤 경비가 어디에서 발생하는가?) 프로젝트의 경비계획을 쉽게 하기 위하여
- 개별 작업상자의 세분화된 시간요구를 평가함으로써 믿을 만한 경과계획에 도달하기 위하여

▌프로젝트 구조계획

작업상자에서의 작업과정이 세분화된 이후 다음 단계에서는 찾아낸 작업상자들이 조정된다. 프로젝트 경영에서 이러한 조정은 바로 프로젝트 구조계획이다.

프로젝트 구조계획은 작업상자들의 부분과제와 주요과제 그룹으

로 통합하고, 그것으로 "어떤 프로젝트에서 무엇이 행해져야 하는 지"를 확정한다(Schelle 1996: 64). 이때 중요한 것은 위계질서의 구조도 시간적 순서도 아니며, 개별 과제와 작업과정에서 발생하는 의미 있는 연관만이 중요하다. 이에 따라 프로젝트 구조계획은 연관을 기록하고 객관적(시간적이 아닌) 의존성도 밝힌다. 작업상자에서 분류된 미술전시회 프로젝트 실례에서 그 사실이 분명해질 수 있을 것이다. 그러한 프로젝트 구조계획은 그림 18에 제시된 바와 같다(Heinrichs 1998a: 12).

그림 18. 미술전시회의 프로젝트 구조계획

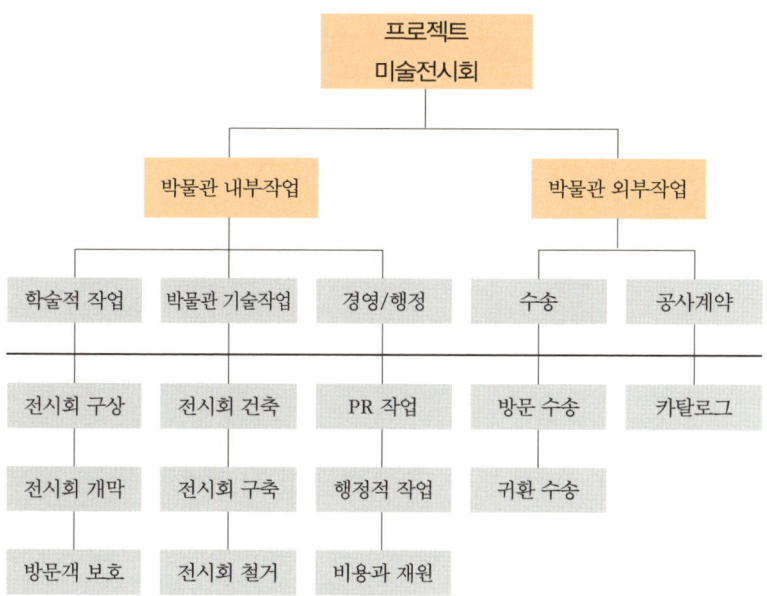

분류선 아래에서는 이미 잘 알려진 작업상자가 재발견되며, 분류선 위에서는 작업상자의 부분과제로의 구조적 배열이 추론된다(표현상의 이유 때문에 작업상자의 수가 제한되었다는 사실이 재차 강조된다. 프로젝트 경영의 실제에서는 오히려 더 많은 작업상자를 전제로 한다).

이 프로젝트 구조계획의 장점은 거기에서 선택된 해결책이 논의되고 대안을 가지고 비교될 때 지속적으로 나타난다는 것이다. 이러한 방식으로 전시회의 개막이나 방문객의 보호 같은 것도 경영의 과제로 볼 수 있다. 왜냐하면 경영의 과제가 박물관 마케팅과 다를 바 없기 때문이다. 다른 한편 카탈로그의 제작은 그것이 작업 계약상 외부 사람이나 중개자에게 넘겨지지 않는 한 학문적 성과가 될 것이다. 전시회 건축을 기관의 독자적 힘에 의하지 않고 작업 계약을 통해 외부에 줄 수도 있다. 다시 한 번 강조한다면 실재하고 있는 자산 문제보다는 오히려 구상의 문제가 결정적이다. 방문객 관리를 박물관 교육 과제로 볼 경우 그것은 '내용'에 가깝다. 다시 말해 연구하는 종업원들의 일에 속하게 된다. 그런데 그것을 마케팅의 과제로 이해한다면 경영의 성과에 속한다.

이 논의에서 프로젝트 구조계획은 내용적·경영적 목표와 연관하여 이상적인 형태로 입증되고 있다. 프로젝트의 목표와 경과 구상이 명확하게 제시될 때 프로젝트 성공에 가장 큰 장애물이 제거된다. 경영 일반과 마찬가지로 여기에서도 대부분의 프로젝트는 계획 단계와 구조부여 단계 동안 불분명하고 모순된 생각 속에서 좌초될 수 있기 때문이다. 이때 발생하는 잘못은 이후 대체로 수정하기가 어렵고 제한적으로만 수정 가능하다.

완벽한 형태의 프로젝트 구조계획은 구조 부여에 기여할 뿐만 아니라 프로젝트 팀을 개관하고, 비용 계획수립과 재정 계획수립, 경과 계획수립을 위한 토대를 만들어 낸다.

프로젝트 조정

프로젝트 구조계획에서 작업상자와 작업상자의 연결이 구분된 후 요구되는 능력에 적합한 프로젝트 팀이 준비되고 프로젝트 관리자가 임명될 수 있다.

▌프로젝트 팀과 프로젝트 관리자

"프로젝트 팀은 과제에 적합한 능력을 지녀야 한다. 또한 프로젝트 팀은 폭이 넓고, 현실적이며, 적용 가능한 전문지식을 가진 종업원들로 이루어져야 한다. 각자 뛰어난 팀 능력과 투입준비가 완료되어 있어야 한다"(Neumann/Bredemeier 1996: 22). 한편 팀 능력에 대해 루퍼트 레이(1989/1991: 14)는 다음과 같이 지적하고 있다.

"사람에 대해 적대적이지 않고 사람들과 함께 문제를 풀려고 하는 사람은 팀 능력이 있는 것이다. 함께 최선의 해결책을 찾고, 어떤 종업원도 다른 종업원에 반대하여 싸우지 않는 그룹은 팀 능력이 있다. 중요한 것은 승리가 아니라 획득하는 데 있다!"

　실제 작업에 있어 프로젝트 종업원들은 진행되고 있는 일에서 분리되기도 하고 일시적으로 프로젝트에 배치되거나 혹은 원고계약에 의해 추가로 배치되기도 한다. 정규 종업원이 필요한 경우 우선적으로 프로젝트 팀에 자발적으로 참여하고자 하는 종업원에게 기회를 제공한다. 그러한 경우 당연히 동기부여와 관심이 더 크기 때문이다. 선발된 종업원이 원하지 않거나 그 종업원의 상관이 프로젝트에 결정권을 갖고 있는 경우 출발상황은 훨씬 더 어렵게 된다. 이 두 경우 조심스러운 설득작업이 이루어져야 한다.

　프로젝트를 위해 종업원이 추가로 채용되기도 한다. 추가로 배치되는 종업원은 기업에서 중요한 직책을 갖고 있지 않거나 유사한 프로젝트에서 이미 경험을 축적하였던 특별한 능력의 소유자이다. 여기에서도 조심스럽게 팀 능력의 문제가 검토될 수 있다. 팀 능력의 문제는 경험 있는 프로젝트 종업원인 경우 별 문제가 되지 않는다. 그들은 원고계약에 따라 정규 프리랜서 종업원 형태로 프로젝트를 바꾸면서 활동하기 때문이다. 문제는 지금까지 정규 일자리를 찾지 못하였기 때문에 프로젝트 활동을 하려고 하는 프리랜서 종업원들에게 있다. 그들은 대체로 무경험자이고, 프로젝트가 끝나는 것을 모든 사회적 갈등과 결부된 해고인 양 받아들인다. 그럼에도 불구하고 현재와 같은 노동시장 상황에서는 프로젝트 작업을 통해 문화사업에서 실천적 경험을 축적할 수 있는 기회가 대체로 그러한 젊은 종업원들에게 제공되어야 할 것이다.

능력 있고, 동기부여가 되어 있는 프로젝트 팀을 찾고 나면 프로
젝트 관리자의 문제가 제기된다. 다음과 같은 과제가 프로젝트 관리
자의 몫이다.

- 프로젝트 목표설정에 대한 설명과 프로젝트 정의를 완성하는
  데 있어서 협력
- 프로젝트 구조계획을 세우고, 참여하는 부분에 해당하는 과제
  를 위임
- 프로젝트와 관련하여 요구되는 구축조직과 경과조직에 형태를
  부여
- 프로젝트 기간에 관한 계획수립과 대책 강구
- 프로젝트 팀 회의의 소집과 관리
- 프로젝트 진척의 대책 강구
- 프로젝트에서 발생하는 계획 이탈에 대한 빠른 인식과 적합한
  대책 도입
- 프로젝트 계획 변화의 검토, 조정, 필요한 경우 보충
- 프로젝트와 관련한 정보흐름에 대한 보안
- 전반적 프로젝트 예산의 틀 내에서 자금의 반환
- 프로젝트 비용전개에 관한 계획과 대책 강구
- 내부와 외부에서 프로젝트를 대표

이러한 목록을 보아서도 프로젝트 관리자의 질이 중요하다는 점을 알 수 있다. 프로젝트 관리자는 전문적 능력을 입증할 수 있어야 하고, 경험 있는 관리 인격을 갖추어야 한다. 그러므로 프로젝트 경영에서 프로젝트 종업원으로서 한 번도 경험을 축적하지 않은 자를 프로젝트 관리자로 두어서는 안 된다.

▮ 경과계획

프로젝트는 본질적으로 시간적 구성요인으로 결정된다. 다시 말해 프로젝트는 프로젝트 종결 기간을 늘 염두에 둔다. 프로젝트가 끝나게 될 때 시간적으로 미룰 수 없는 전시회를 개막한다든가, 초연 혹은 건물의 시운전과 같은 사건이 드물지 않게 진행된다. 그러므로 경영에서 일반적으로 경과계획이라고 하는 시간계획에 특별한 의미가 부여된다.

문화 분야의 프로젝트 경영에는 각목도표, 이정표계획, 선형계획법, 이렇게 본질적인 세 가지 경과기법이 고려된다. 각목도표는 가장 단순한 기법으로, 프로젝트 과정의 틀 안에서 시간적 블록의 작업상자의 표현에만 한정된다. 이정표계획은 각목도표에서 구축되지만 프로젝트 과정에 결정적 기한은 분리되어 고정된다(이른바 이정표). 선형계획법은 비용이 너무 많이 드는 기법이기 때문에 최소한 30개의 작업상자가 되었을 때에야 사용된다. 선형계획법은 각목도표와 이정표계획이 성취해 내는 모든 정보를 제공하지만 그것을 넘어서 개별 작업상자간의 시간적 의존성까지도 보여 주고 (특정한 작업상자를 시작하기 위해 이전에 해결해야 할 것) 분기점이 되는 길도 알 수 있게 한다. 분기점이 되는 길이란 불가피하게 종결기한을 미루지 않고 시간적 작업규정을 넘기지 않아야 하는 과정의 연속을 말한다.

비용계획 수립과 재원계획 수립

프로젝트 경영에서 비용계획 수립 또한 작업상자를 갖고 있는 프로젝트 구조계획에서 시작된다. 가능한 한 현실적인 비용계획을 수립하기 위해서는 모든 작업상자에서 예상되는 비용을 분리하여 산출한다. 예를 들어 인원비용이 기존의 계약이나 생산물 공급의 물적 비용에서 귀결되는 한, 인원비용은 계산되어 계획에 포함된다. 이러한 자료가 사용되지 않는다면 경험가치에 기반을 두고 있는 일정한 평가에서 도움을 받을 수 있다.

비용계획 수립을 작업상자에 둘 경우 특히 목록작성의 완벽함이 보장된다. 이때 본래의 비용계획 수립은 거의 오차를 범하지 않는다. 물론 실제 비용항목은 그때그때의 프로젝트에 크게 의존하기 때문에 모든 개별 경우에 해당하는 규정을 만드는 것은 거의 불가능하다. 그럼에도 불구하고 모든 작업상자에서는 최소한 다음과 같은 비용의 종류가 밝혀져야 한다.

█ 인원비용

- 정규 프로젝트 구성원들에 대한 비용(인원 부대비용 포함)
- 다른 구성원들에 대한 비용(공사계약)
- 예술적 성과물에 대한 비용(사례금, 예술가 사회분담금 등)

█ 그 밖의 비용

- 공간 비용(임대비용, 수도비용, 에너지비용 등)
- 자재비(소모품, 기구임대, 자동차비용 등)
- 사무실비(사무실자재, 전화, 우편료, 복사비용과 인쇄비용 등)
- 외부에서 한 계산
- 여행비(구성원들과 손님들)
- 홍보와 광고 비용(그래픽, 조판, 인쇄, 홍보작업 등)
- 분담금, 저작권에 의한 공과금(인세, 라이센스, 게마[GEMA] 등)
- 프로젝트 조건부 투자를 위한 감가상각
- 그 밖의 현물비용(보험, 접대비, 법적 비용과 상담비용 등)

이러한 형태나 이와 유사한 형태로 모든 작업상자 비용을 개별적으로 파악하거나 상세하게 평가할 수 있다. 이 작업과 연관하여 서로 다른 작업상자의 비용카드가 첨가되고 경우에 따라 발생하는 공동비용 배당(프로젝트 관리자의 인원비용과 현물비용)이 합산된다. 이로써 전체 프로젝트에 매우 현실적인 비용계획이 수립된다.

비용계획 수립 다음의 일이 재정계획 수립이다. 일반적으로 수익을 정확하게 각각의 작업상자에 귀속할 수 없다. 예를 들어 공공기관의 기부나 민간 스폰서는 특정한 작업상자와 관련이 없고 전체 프로젝트와 관련되기 때문이다. 그러므로 모든 작업상자마다 개별적 수익계획 수립은 거의 의미가 없다. 그렇지만 전체 프로젝트를 위한 수익의 계획 수립과 계산은 비용계획 수립에 맞추어 세워야 한다.

근본적으로 모든 수익이 프로젝트 재원으로 고려된다 할지라도 개별 재원수단은 프로젝트 중심이고, 또 다른 재원수단은 기관 중심으로 이용된다. 결국 구체적인 공급과는 무관하게 기관의 재원에 도움을 주는 것이다. 예를 들어 자금조성 기간은 늘 장기적으로 잡고, 일시적 프로젝트보다는 문화기관의 고객결합에 목표를 둔다. 한편 스폰서는 언제나 기부자의 의사소통의 목표와 결합되어 있다. 이와 관련하여 공공기관의 항구적 후원보다는 프로젝트 내에서 시간적으로 제한된 행위가 훨씬 더 적합하다. 특수한 경우를 제외하고 가장 중요한 재원 수단은 도표 13에서처럼 배열할 수 있다(Heinrichs 1997: 215).

이러한 대조에서 알 수 있듯이 프로젝트 재원에는 무엇보다도 일시적 성격의 재원이 적합하며, 그 재원은 공공기관의 후원만으로 마련할 수 없다. 공공기관(예를 들어 유럽연합, 연방, 주정부)의 수많은 제3의 자금의 경우 문화사업의 공동출자는 현격하게 제외되고 있다.

도표 13. 공공기관의 재원과 프로젝트 재원

공공기관의 재원	프로젝트 재원
총매상고	총매상고
지속적 공급에서	프로젝트 공급에서
광고수입에서	광고수입에서
상품화 계획 등에서	상품화 계획 등에서
기업과 가까운 구조 수입	
임대에서	
자본이자에서	
단체협회의 회원 회비에서	
후원협회의 회원 회비와 기부에서	
기업과 가까운 기부금 수익에서	
개인의 제3의 자금	개인의 제3의 자금
	기업과 무관한 기부금에서 나온 보조금
자금조성	(후원금)
	스폰서
공공기관의 제3의 자금	공공기관의 제3의 자금
기관의 기부	프로젝트 후원
협력관계의 재원	협력관계의 재원
매칭 자금(Matching Funds)	공사 협력
일반적 보전자금에서 나오는 부족분 재원	일반적 보전자금에서 나오는 부족분 재원

그러한 재원은 구분된 프로젝트에만 관련된다. 따라서 프로젝트 재원은 생각 없이 착수해서는 안 되며, 적합한 재원 수단을 잘 고려해야 한다.

프로젝트 경영의 단계

지금까지의 프로젝트 경영이 상당히 체계적이며 '내적' 논리적 연관에 의해 표현된 반면 실제 이용될 때에는 오히려 경과 중심적이다. 이에 따라 구상단계, 정의단계, 실현단계, 복습단계가 구분된다. 이 네 단계가 프로젝트 경영과 관련하여 발생하는 과제로 프로젝트 관리자의 관점에서 다시 한 번 다음과 같이 총괄된다.

1. 구상단계
- 이념구상/목표설정
- 대안 추구/예측/평가
- 대략적 비용 견적과 재원 견적
- 인적자원과 현물자원의 예비 검사, 조직계획 수립과 시간계획 수립
- 시장평가
- 실행가능성 연구
- 구상단계에 대한 결산보고(공공 분야에 있어 경우에 따라 정치적 동의를 구하거나 예산을 신고하기)

2. 정의단계
- 실제에 대한 계획 수립

- 작업상자 정의/프로젝트 구조 계획

- (상세한) 기간계획 수립/경과계획 수립

- 구축조직화

- 프로젝트 팀의 선발과 임명

- 공급시장의 탐색

- 판매시장의 정의(시장분석/목표그룹)

- 마케팅도구의 계획 수립

- 비용계산/비용계획 수립

- 재원수단/재원계획

3. 실현단계
- 위임의 공고와 위탁

- 계획된 작업상자 수행

- 기간감독

- 비용감독

- 유연성의 보장

- 인원관리

- 정보/의사소통

- 문제해결과 갈등해결

- 완성/인도

- 홍보 조처를 포함한 마케팅도구 투입

4. 복습단계

- 해체/폐기/복귀

- 문서 작성(출판서류)

- 활용

- 공제/결산/사용증명서

- 결과 통제(목적은 이루어졌는가?)

- 가설 통제(올바른 전제에서 출발되었는가?)

- 방법 통제/태도 통제(경영, 프로젝트 지도자, 프로젝트 팀은 일치하
  였는가?)

- 결과 보고

이와 같은 단계의 분류로부터 프로젝트 관리자의 능력이 중요
하다는 것을 알 수 있다. 물적 능력과 팀 능력 이외에 구상단계는 창
의성 능력과 혁신 능력을 요구한다. 특히 계획수립 능력이 한층 요
구되는 정의단계에서는 일이 훨씬 객관적으로 진행된다. 실현단계
는 일반적으로 갈등의 단계이다. 다시 말해 이 단계에서 프로젝트
관리자의 관리 능력과 갈등해결 능력이 입증되어야 한다. 끝으로 복
습단계에서는 확실한 행정 능력과 일반 경영 능력이 요구된다.

문화예술경영을 위한 전문적 프로젝트 경영의 장점을 보면 다음
과 같다.

- 구성원들의 능력이 수미일관되게 투입된다. 이를 통해 그들의 동기부여를 한층 높일 수 있다.
- 구성원들의 팀 정신과 책임준비성을 촉진할 방도로 위계 질서의 관리구조가 발생한다.
- 계획과 관련하여 외부 전문세력이 구성원 참모진에 편입된다.
- 프로젝트 경영을 통해 시간적 구성요소가 마음대로 조정된다.
- 지속적 과정의 나열에 비해 개관 가능한 계획 비용은 쉽게 계산과 조정이 가능하다.
- 프로젝트에는 '재단된' 재원 도구가 있으며, 이 도구는 공공기관의 재원에는 결코 이용되지 않는다.
- 프로젝트 경영은 더 나은 질적 성과물을 가져온다.

단계별 목록 작성과 앞서 열거한 장점은 문화 분야에서의 프로젝트 경영이 고도로 복잡한 체계라는 사실을 보여 준다. 이러한 체계는 효과성과 질에 대한 보장이 절실히 제기되는 시기에 경영에 대한 조정과 관리의 흥미로운 가능성을 보여 주고 있다. 그렇지만 프로젝트 경영은 세밀한 경영인식과 확실한 경험 없이는 성취하기 어렵다.

문화를 위한 경영

Management Für die Kultur

문 화예술경영자라는 직업에 대해 《프랑크푸르크 알게마이네 차이퉁》이 잘츠부르크 축제 관리자 게라트 모르티어에게 묻자 그는 다음과 같이 답했다.

"문화예술경영자를 문화를 경영하는 것이 아니라, 문화를 위해 경영하는 사람으로 이해할 경우 저는 문화예술경영자라는 직업명칭에 대해 어떠한 이의도 제기하지 않습니다"(《FAZ-Magazin》1991년 8월 2일).

사실 예술 활동과 문화예술경영 간의 결정적 차이가 바로 여기에 있다. 경영자는 산업경영에서든 문화사업에서든 스스로 생산에 참여지지 않고 생산을 가능케 하는 포괄적인 면에서 중립적 조정행위를 떠맡는다. 경영자는 예술가가 아니다. 그는 기획자, 조직자, 매개자, 판매자, 통제자, 재정경영자, 조정관 등이다. 문화 자체를 만드는 것이 아니라, 그 속에 복무하는 기능 속에서 문화를 가능케 한다. 물론 이때 경영자는 예술을 해석하는 기능과도 관계하며 내용(방법뿐만 아니라)에 대한 결정에도 참여한다. 그러나 그럼에도 불구하고 경영기능은 ─ 예술가가 그것을 감지한다할지라도 ─ 예술적 기능과 분명하게 구별된다.

경영의 조정 기능과 문화적 내용 간의 구분이 문화예술 경영에 문화 특유의 인식을 요구한다는 사실을 간과해서는 안 된다. 경영적 측면은 수공업자의 도구로 이해된다. 그런데 제화공의 도구만으로 신발을 만들 수는 없다. 물론 도구를 다룰 수 있어야 하지만 해당 수공업의 특수한 재료에 대한 안목이 무엇보다도 요구된다. 제화공이 도축업자의 도구를 잘 다루지 못하는 것처럼 임의 분야의 산업경영이 문화의 독특한 경영에 적용되기는 힘들다.

잠깐 수공업자의 경우를 생각해 보자. 수공업자에게는 기술적·수공업자적 능력과 함께 미리 정해져 있는 재료에서 자신이 생각하는 것을 만들어 내는 능력 또한 필요하다. 즉 수공업자는 자신의 수공업적 역량의 산물이 어떻게 될 것인지에 대해 연관을 가지고 있어야 한다. 이와 마찬가지로 문화예술경영자 역시 전시회, 연극공연, 콘서트 혹은 도서의 형태로 자신의 조정행위의 결과가 어떻게 될 것인지에 대한 표상을 가지고 있어야 한다. 또한 그것에 대한 표상을 가지려고 노력해야 한다!

마무리할 때 기간을 엄수하거나, 비용을 정확히 계산하거나, 성공적 재원에만 투자하는 식의 제한된 문화예술경영은 문화를 가능케 하려는 경영의 요구에 적합하지 않다. 문화예술경영을 행하는 사람은 예술과 문화에 기여해야 한다. 그런데 그러한 기여는 예술가로서가 아니라 수용적이며 성찰적인 측면에서 예술과 문화의 내용과 고투할 때 가장 신빙성 있게 나타난다.

구체적으로 말하면 문화예술경영에는 그와 관련된 여러 분야의 지식이 요구된다. 거기에는 예술에 관한 역사적 학문, 즉 예술학, 음악학, 문학, 연극학이 (가장 중요한 것만 일컫는다면) 해당된다. 그 이외에도 문화인류학, 문화사회학, 문화학 등과 같이 개별 분야와 관련된 연관 분야들도 포함된다.

문화인류학은 인간에게 내재된 문화적 가능성을 탐구한다(Marschall 1990). 예컨대 언어와 비언어적 표현 형태(그림, 조각, 춤 등)와 같은 문화기법, 인종학자들이 연구하는 (영어권 나라들에서는 '문화인류학'이라고 한다) 광범위한 의식과 제례 행위, 문화와 주변환경 간의 상호작용이 문화인류학에 속한다. 이와 달리 문화사회학은 종으로서 인간에게 내재되어 있는 가능성보다 문화적 현상형태의 구체화를 사회적 연관 속에서 파악한다. 문화란 "생활형태와 표현 이해에 대한 인정과 관철, 스스로 주제를 삼는 것과 양식화를 둘러싼 상징적 투쟁의 영역을 구조화하는 것이다"(Berking/Faber 1989:

7). 이렇게 이해할 경우, 문화란 언제나 직접적인 사회의 실현에서만 생각할 수 있다. 문화와 사회 간의 지속적 연관을 분명하게 하지 않고는 문화에 관한 많은 현상형태는 이해되기 힘들다(Tenbruck 1989). 결국 문화학이란 (사실 문화학들이라고 하는 것이 더 정확하다) 문화를 학문적으로 다루는 모든 분야(문화인류학과 문학사회학을 포함하여)에 대한 상위개념이다. 또한 사회·정치·경제적 측면과 같은 예술과 다른 문화적 현상형태 간의 공통성과 관련을 제시하는 혼합분야를 뜻하기도 한다. 이러한 문화학은 문화이론(Lipp의 1부 1994, Hansen 1995), 문화철학(Geyer 1994), 문화사(Gombrich 1991) 등으로 표현된다.

경계구분의 문제를 더 상세하게 다룰 필요 없이(그 문제는 금방 실효성이 없는 것으로 입증된다) 문화예술경영의 실제 작업에서 표현되는 문화, 그 문화에 근간이 되는 문화 스펙트럼이 얼마나 다양한지 다시 한 번 강조하고 싶다. 문화예술경영을 성공적으로 행하기 위해 여기에서 언급한 분야에서 제외된 전문능력까지 입증할 필요까지는 없다. 여하튼 문화예술경영자는 우리의 문화와 문화사업을 지탱하고 있는 까다로운 구조에 대해 잘 알고 있어야 하며, 존중심도 가져야 할 것이다. 그러한 존중심이 없다면 (존중심은 언제나 앎에서 나온다) 문화예술경영은 예술과 문화의 요구와 목적에 적합할 수 없는 기능적이며, 표피적 행위가 되고 말 것이다.

참고
문헌

Abele, H. und H. Bauer, *Die Bundestheater in der österreichischen Wirtschaft*, Wien 1984.

Adams, J. S., "Toward an understanding of inequity", In: JASP 1963, S. 422-436.

Agthe, k., "Controller", In, Grochla, E. (Hrsg.), *Handwörterbuch der Organisation*, Stuttgart 1969, Spalten 351-362.

Alderfer, C, P., Existence, Relatedness, and Growth, New York 1972.

Altrogge, G., Netzplantechnik, München 1996.

Argyris, Ch., *Personality and organization*, New York 1957.

Atteslander, P., *Methoden der empirischen Sozialforschung*, Berlin und New York 1975, 8. Aufl. 1995.

Austen, St. und H. Cornel, "Vorwort kultur-Markt Europa", In: Internationale Culturelle Stichting/Kulturpolitische Gesellschaft 1989: 10-14.

Baer, U. und M. Fuchs, "Arbeitsformen der Soziokultur", In, Sievers/Wagner 1992: 147-169.

Baeumler, A., "Ästhetik", In: Handbuch der Philosophie, Abteilung I , Beitrag C, München und Berlin 1934. Nachdruck, Darmstadt 1972.

Bamberg, G. und A. G. Coenenberg, *Betriebswirtschaftliche Entscheidungslehre. WiSo Kurzlehrbucher. Betriebswirtschaftslehre*, München 9. Aufl. 1996.

Barthes, R., Sur Racine, Paris 1963.

Bea, F. X. und J. Haas. *Strategisches Management*, Stuttgart 2. Aufl. 1997.

Becker, B. M., *Unternehmen zwischen Sponsoring und Mäzenatentum. Motive, Chancen und Grenzen unternehmerischen Kunstengagements*, Frankfurt am

Main und New York 1994.

Berking, H. und R. Faber (Hrsg.), *Kultursoziologie-Symptom des Zeitgeistes?*, Würzburg 1989.

Berthel, J., *Betriebswirtschaftliche Informationssysteme*, Stuttgart 1975.

Bestmann, U., *Kompendium der Betriebswirtschaftslehre*, München, Wien 6. Aufl. 1992.

Biedenkopf, K. H., "Europa: Kultur und Politik", In: Internationale Culturelle Stichting/Kulturpolitische Gesellschaft 1989: 15-24.

Bischof, P. D., *Die wirtschaftliche Bedeutung der Züricher Kulturinstitute*, Zürich(Bankhaus Bär) 1984.

Bischoff, F., *Kunstrecht von A-Z, Beck-Rechtsberater im dtv*, München 1990.

Bleicher, K., *Das Konzept integriertes Management*, Frankfurt am Main und New York 2. Aufl. 1992.

Bonner Archiv für Kulturpolitikm Kulturstatistik 3, hrsg. *vom Zentrum für Kulturforschung*, Boon 1991.

Börstionhaus, W., "Es gibt kein Patentrezept: Ein Überblick über Ansätze und Kooperationsformen privater Kulturförderung auf der kommunalen Ebene", In: Ebert, R., F. Gnad und K. R. Kunzmann (Hrsg.), Partnerschaft en für die Kultur: Chancen und Gefahren für die Stadt. Neue Formen der Zusammenarbeit zwischen Staat und Wirtschaft bei kulturellen Projekten, Dortmund 1992: 50-69.

Braun, G. E. und A. Töpfer (Hrsg.), *Marketing im kommunalen Bereich. Der Bürger als "Kunde" seiner Gemeinde*, Stuttgart 1989.

Braun, G. E.; Gallus, Th, und O, Scheytt, *Kultur-Sponsoring für die kommunale Kulturarbeit. Grundlagen, Praxisbeispiele, Handlungsempfehlungen für Kulturmanagement und-verwaltung*, Köln 1996.

Brockes, H.-W. (Hrsg.), *Leitfaden Sponsoring & Event-Marketing für Unternehmen,*

Sponsoring-Nehmer und Agenturen, Stuttgart (Loseblattsammlung) 1995ff.

Brugger, P., *Öffentliche Ausgaben für Bildung, Wissenchaft und Kultur* 1992 bis 1995. In: Wirtschaft und Statistik, Heft 3, 1998, S. 250.

Bruhn, M., *Sponsoring. Unternehmen als Mäzene und Sponsoren*, Frankfurt am Main 1987, Aufl. 1991.

Bruhn, M. und R. *Mehlinger, Rechtliche Gestaltung des Sponsorings, 2 Bände*, München 1994 und 1995.

Buck, A.: Ch. Herrmann und D. Lubkowitz, *Handbuch Trendmanagement. Innovation und Ästhetik als Grundlage unternehmerischer Erfolge*, Frankfurt am Main 1998.

Burens, P.-C., *Der Spendenknigge. Erfolgreiches Fundraising für Kultur, Sport, Wissenschaft, Umwelt und Soziales*, München 1998.

Crole. B., *Erfolgreiches Fundraising mit Direct-Mail. Strategien, die Geld bringen!*, Bonn 1997.

Deutscher Städtetag (Hrsg.), *Fünf Jahrzehnte kommunaler Kulturpolitik. DST-Beiträge zur Bildungs-und Kulturpolitik.* Heft 20, Köln 1994.

Deutscher Stadtetag (Hrsg.), *Methodik von Befragungen im Kulturbereich. Eine Arbeitshilfe. DST-Beiträge zur Statistik und Stadtforschung*, Reiche H, Heft 40, Köln 1994.

Deyhle, A., *Controllerpraxis. Führung durch Ziele, Planung, Controlling. 2 Bände*, Gauting bei München 11. Aufl. 1996.

Diekmann, A., *Empirische Sozialforschung. Grundlagen, Methoden, Anwendungen*, Reinbek 1995.

Eco, U., *Opera aperta*, Mailand 1962 (dt: Das offene kunstwerk, Frankfurt am Main 1973, 5. Aufl. 1990).

Engert, W. St., "*Die Kulturmarke. Entwicklung und Positionierung am* Beispiel der Marke 'Die Semperoper'", In: Heinrichs/Schäfer 1999: 83-93.

Ermert, K. (Hrsg.), *Soziale Kulturarbeit und Kulturelle Sozialarbeit, Konzepte, Selbstverständnis und Praxis (Loccumer Protokolle 5/1984)*, Rehberg-Loccum 2. Aufl/ 1986.

Fabel, M., *Kulturpolitisches Controlling. Ziele, Instrumente und Prozesse der Theaterförderung in Berlin*, Berlin 1998.

Fath, M., "Zur Problematik der Museumsshops, dargestellt am Beispiel der Kunsthalle Mannheim", In: Heinrichs/Schäfer 1999: 63-74.

Fehring, K. M., *Kultursponsoring. Bindeglied zwischen Kunst und Wirtschaft. Cultura*, Band 3, Freiburg im Breisgau 1998.

Flaig, B. B., Th. Meyer und J. Ueltzhöffer, *Alltagsästhetik und politische Kultur. Zur ästhetischen Dimension politischer Bildung und politischer Kommunikation*, Bonn 2. Aufl. 1994.

Flesch, C., "Perspektiven einer Künftigen Kulturpolitik in Europa", In: Kulturpolitische Mitteilungen. Zeitschrift der Kulturpolitischen Gesellschaft, Nr.56 I /1992:13-15.

Fohrbeck, K., *Renaissance der Mäzene? Interessenvielfalt in der privaten Kulturförderung*, (hrsg. vom Bundesminister des Innern), Köln 1988.

Fohrbeck, K. und A. J. Wiesand, *Der Autorenreport. Mit einem Vorwort von Rudolf Augstein*, Reinbek 1972.

Fohrbeck, K. und A. J. Wiesand, *Von der Industriegesellschaft zur Kulturgesellschaft? Kulturpolitische Entwicklungen in der Bundesrepublik Deutschland. Perspektiven und Orientierungen. Schriftenreihe des Bundeskanzleramtes*. Band 9, München 1989.

Frahm, E., H. Magel und K. Schüttler (Hrsg.), *Kultur-ein Entwicklungsfaktor für den ländlichen Raum. Anregungen, Tips und Beispiele aus der Praxis*, München 1994.

Frank, R., *Kultur auf dem Prüfstand. Ein Streifzug durch 40 Jahre kommunaler*

Kulturpolitik. Beiträge zur Kommunalwissenschaft 34. München 1990.

Franke, R. und M. P. Zerre, *Planungstechniken. Instrumente für zukunftsorientierte Unternehmensführung.* Frankfurt am Main 3. Aufl. 1992.

Friedrich, W. J., *Vereine und Gesellschaften. Beck-Rechtsberater im dtv.* München 7, Aufl. 1994.

Friedrichs, J., *Methoden empirischer Sozialforschung*, Opladen 1973, 14. Aufl. 1990.

Fuchs, A. und H.-W. Schnieders (Hrsg.), *Soziale Kulturarbeit, Berichte und Analysen*, Weinheim und Basel 1982.

Fuchs, M. (Hrsg.), *Zur Theorie des Kulturmanagements. Ein Blick über Grenzen*, Remschied 1993.

Funke, U., *Vom Stadtmarketing zur Stadtkonzeption. Neue Schriften des deutschen Städtetages*, Heft 68, Köln 1994.

Gabler Wirtschaftslexikon, Wiesbaden 13. Aufl. 1993.

Gau, D., *Kultur als Politik. Eine Analyse der Entscheidungspramissen und des Entscheidungsverhaltens in der kommunalen Kulturpolitik. Beiträge zur Kommunalwissenschaft*, Band 32, München 1990.

Gaubinger, Bernd, *Die wirtschaftliche Bedeutung der Salzburger Festspiele. Eine Studie über Besucherstruktur und Umwegrentabilität*, Salzburg 1998.

Gausemeier, J., A. Fink und O. Schlake, *Szenario-Management. Planen und Führen mit Szenarien*, München 2. Aufl. 1996.

Geißler, Birgit, *Staatliche Kulturfördenrung nach Grundgesetz und Recht der EG*, Berlin 1996.

Gern, A., *Deutsches Kommunalrecht*, Baden-Baden 1994.

Geyer, C.-F., *Einführung in die Philosophie der Kultur*, Darmstadt 1994.

Glaser, H., "Das Unbehagen an der Kulturpolitik", In: Schwencke, O, K. H. Revermann und A. Spielhoff (Hrsg.): Plädoyers für eine neue Kulturpolitik,

München 1974: 47-56.

Glaser, H., *Kleine Kulturgeschichte der Bundesrepublik Deutschland 1945-1989 (Lizenzausgabe für die Bundeszentrale für politische Bildung)*, Bonn 2. Aufl. 1991.

Gluchowski, P., "Lebenstile und Wandel der Wählerschaft in der Bundesrepublik Deutschland", In: Beilage zum "Parlament": Aus Politik und Zeitgeschichte, Heft 12, 1987: 18 ff.

Göschel, A., *Die Ungleichzeitigkeit in der Kultur. Wandel des Kulturbegriffs in vier Generationen, Schriften des Deutschen Instituts für Urbanistik*, Band 84, Stuttgart 1991.

Gombrich, E. H., *Die Krise der Kulturgeschichte. Gedanken zum Wertproblem in den Geisteswissenschaften*, München 1991.

Grabow, B., D. Henckel und B. Hollbach-Gröming, *Weiche Standortfaktoren*, Köln 1995.

Graumann, C. F., *Einführung in die Psychologie. Bd. 1:Motivation*, Frankfurt am Main 3. Aufl. 1974.

Grochla, E. (Hrsg.), Management. Aufgaben und Instrumente, Düsseldorf und Wien 1974.

Grüßer, B., *Kultursponsoring-Ideen und Beispiele aus der Praxis*, Hannover 1992.

Gulick, L. H., "Notes on the Theory of Organizations", In: Gulick, L. H. und L. F Urwick (Hrsg.), "Papers on the Science of Administration", New York 1937, 3-31; in der Übersetzung von Alexia Pietzner (Bemerkungen zur Organisationstheorie) abgedruckt in: Siedentopf, H. (Hrsg.): Verwaltungswissenschaft. Wege der Forschung, Band XLI, Darmstadt 1976: 153-194.

Haeberle, P., *Kulturpolitik in der Stadt-ein Verfassungsauftrag*, Heidelberg 1979.

Häu Bermann, H. und W. Siebel: Neue Urbaniät, Frankfurt am Main 1987.

Haibach, M., *Handbuch Fundraising. Speden, Sponsoring, Stiftungen in der Praxis*, Frankfurt am Main und New York 1998.

Hamm-Brücher, H., *Kulturbeziehungen weltweit. Ein Werkstattbericht zur Auswärtigen Kulturpolitik*, München und Wien 1980.

Handbuch KulturManagement, hrsg. von Dr. Josef Raabe Verlags-GmbH(Loseblattsammlung), Stuttgrat 1992 ff.

Hansen, K. P., *Kultur und Kulturwissenschaft. Eine Einführung*, Tübingen und Basel 1995.

Hauser, A., *Sozialgeschichte der Kunst und Literatur*, München 1953.

Heinrichs, W., *Kommunale Kulturarbeit im ländlichen Raum. Ein Handbuch für dir Praxis*, Stuttgart 1988.

Heinrichs, W., "Privatisierung öffentlicher Kulturbetriebe aus kulturpolitischer Sicht", In: Heinze 1995: 296-308.

Heinrichs, W., "Strategisches Kulturmanagement. Frühzeitig Potentiale für den Erfolg von morgen schaffen", In: Handbuch Kulturmanagement 1996: C 1.2.

Heinrichs, W., *Kulturpolitik und Kulturfinanzierung. Strategien und Modelle für eine politische Neuorientierung der Kulturfinanzierung*, München 1997.

Heinrichs, W., "Planung, Steuerung und Kontrolle von Projekten. Projektmanagement im Kulturbetrieb", In: Handbuch KulturManagement 1998a: B 4.6.

Heinrichs, W., "Ablaufplanung im Projektmanagement. Balkendiagramm, Meilensteinplanung und Netzplantechnik", In: Handbuch KulturManagement 1998b: B 4.7.

Heinrichs, W., *Kommunales Kulturmanagement. Rahmenbedingungen, Praxisfelder, Managementmethoden*, Baden-Baden 1999.

Heinrichs, W. und A. Klein., *Kulturpolitik Studienbrief der FernUniverstiät*

Hagen im Studienangebot "Kulturwissenschaftliche Weiterbildung", Hagen 1994.

Heinrichs, W. und A. Klein., *Kulturmanagement von A-Z. Wegweiser für Kultur- und Medienberufe. Beck-Wirtschaftsberater im dtv*, München 1996.

Heinrichs, W. und A. Klein (Hrsg.), *Deutsches Jahrbuch für Kulturmanagement 1997*, Band 1, Baden-Baden 1998.

Heinrichs, W. und A. Klein (Hrsg.), *Deutsches Jahrbuch für Kulturmanagement 1998*, Band 2, Baden-Baden 1999.

Heinrichs, W. und H. Schäfer (Hrsg.), *Merchandising und Licensing in Kulturbetrieben. Ein Handbuch für Fach-und Führungskräfte. Raabe Reihe Kultur*, Band 3, Stuttgart 1999.

Heinrichs, W., A. Klein und P. Hellmig, "Kultur und Stadtmarketing in Mittelstädten", In: Heinrichs/Klein 1999;113-140.

Heinrichsmeyer, W., W. Britz und Th. Rau, *Kultur als Wirtschaftsfaktor. Dargestellt am Beispiel der Bonner* Oper, Bonn 1989.

Heinze, Th. (Hrsg.), *Kultur und Wirtschaft. Perspektiven gemeinsamer Innovation*, Opalden 1995.

Hensmann, J., *Investitionen der öffentlichen Hand in die Kunsthalle in Emden unter dem Aspekt der regionalen und lokalen Nutzenstiftung*, Hamburg 1988.

Herzberg, F. u. a., *The Motivation to Work*, New York 1959.

Hoffmann, H., *Kultur für alle. Perspektiven und Modelle*, Frankfurt am Main 1979.

Hoffmann, H., *Kultur als Lebensform. Aufsätze zur Kulturpolitik*, Frankfurt am Main 1990.

Horkheimer, M. und Th. W. Adorno, "Kulturindustrie. Aufklärung als Massenbetrug", In: Dies.: Dialektik der Aufklärung, Frankfurt am Main

1971: 108-150.

Horváth, P., *Controlling*, München 6. Aufl. 1996.

Hugger, P., "Alltagskultur und Kulturpolitik", In: Lipp 1989: 153-173

Hummel, M., "Kunst und Kultur ökonomisch betrachtet. Zur volkswirtschaftlichen Bedeutung von Kunst und Kultur", In: Der Bürger im Staat, Heft 4(Kulturpolitik), 1988: 245-253

Hummel, M., "Neuere Entwicklungen bei der Finanzierung von Kunst und Kultur durch Unternehmen", In: ifo-Schnelldienst 4-5/1992: 8-24

Hummel, M., *Kulturfinanzierung durch Unternehmen in Zeiten verschärfter ökonomischer Sachzwänge. ifo-Studien zu Kultur und Wirtschaft 16*, München 1995.

Hummel, M., und M. Berger, *Die volkswirtschaftliche Bedeutung von Kunst und Kultur. Gutachten im Auftrag des Bundesministers des Innern. Schriftenreihe des Ifo-Instituts für Wirtschaftsforschung*, Nr. 122, Berlin und München 1988.

Hummel, M., und K.-H. Brodbeck, *Längerfristige Wechselwirkungen zwischen kultureller und wirtschaftlicher Entwicklung. Schriftenreihe des Ifo-Instituts für Wirtschaftsforschung*, Nr. 128, Berlin und München 1991.

Hummel, M., und C. Waldkircher, *Wirtschaftliche Entwicklungstrends von Kunst und Kultur. Gutachten im Auftrag des Bundesministers des Innern. Schriftenreihe des Ifo-Instituts für Wirtschaftsforschung*, Nr. 132, Berlin und München 1992.

Huntington, S. P., *Kampf der Kulturen. Die Neugestaltung der Weltpolitik im 21. Jahrhundert*, München und Wien 1996.

Institut für Demoskopie Allensbach (Hrsg.), *Kulturelles Interesse und Kulturpolitik, Eine Repräsentativumfrage über die kulturelle Partizipation, den Kulturbegriff der deutschen Bevölkerung und die Bewertung der Kulturpolitik,*

Allensbach 1991.

Internationale Culturelle Stichting/Kulturpolitische Gesellschaft (Hrsg.), *Kulturmarkt Europa. Jahrbuch für europäische Kulturpolitik*, Köln 1989.

Jürgens, E., "Projekt Öffentlichkeitsarbeit. Mit Öffentlichkeitsarbeit Bürger und Politiker für Kultur gewinnen", In: Handbuch KulturManagement 1992: D 4.3.

Kahle, E., *Betriebliche Entscheidungen. Lehrbuch zur Einfuhrung in die betriebswirtschaftliche Entscheidungstheorie*, München 5. Aufl. 1998.

Kastin, K. S., *Marktforschung mit einfachen Mitteln. Daten und Informationen beschaffen, auswerten und interpretieren. Beck-Wirtschaftsberater im dtv*, München 1995.

KGSt(Kommunale Gemeinschaftsstelle für Verwaltungsvereinfachung) (Hrsg.), *Die Museen. Besucherorientierung und Wirtschaftlichkeit*, Köln 1989.

Klein, A., "'Kultur für alle-für wen und wozu?' Neuere kultursoziologische Befunde", In: Heinze 1995a: 183-200.

Klein, A., 'Teufelszeug' oder 'Wunderdroge'. Grundfragen des Marketings und ihre Übertragbarkeit auf den Kulturmarkt", In: Handbuch KulturManagement 1995b: D 1.3.

Klein, A., "Marketinginstrumente. Planung und Einsatz", In: Handbuch KulturManagement 1995c: D 5.2.

Knieb, M., *Kreatives Arbeiten. Methoden und Übungen zur Kreativitätssteigerung. Beck-Wirtschaftsberater im dtv*. München 1995.

Koch, G. (Hrsg.), *Kultursozialarbeit. Eine Blume ohne Vase? Wissen & Praxis*, Bd. 25, Frankfurt am Main 1989.

König, R. (Hrsg.) *Handbuch der empirischen Sozialforschung*, Stuttgart 1967, 3. Aufl. 1973.

Köstlin, Th., *Die Kulturhoheit des Bundes. Eine Untersuchung zum Kompetenz-*

und Organisationsrecht des Grundgesetzes unter Berücksichtigung der Staatspraxis in der Bundesrepublik Deutschland, Berlin und München 1989.

Kohlenberg, M., *Musiksponsoring. Grundlagen-Strategien- Beispiele,* Wiesbaden 1994.

Koontz, H. und C. O'Donnell, *Principles of Management: An Analysis of Managerial Funktions,* New York 1955.

Korndörfer, W., *Unternehmensführungslehre. Lehrbuch der Unternehmensführung,* Wiesbaden 2. Aufl. 1979.

Kotler, Ph., *Marketing für Nonprofit-Organisationen,* Stuttgart 1978.

Kotler, Ph. und F. Bliemel, *Marketing-Management. Analyse, Planung, Umsetzung und Steuerung,* Stuttgart 7. Aufl. 1992.

Krämer, E. und J. Schmidt, *Zuwendungsrecht - Zuwendungspraxis. Kommentar,* Heidelberg (Loseblattsammlung) 1991 ff.

Kramer, D., *Handlungsfeld Kultur. Zwanzig Jahre Nachdenken über Kulturpolitik. Edition Umbruch,* Band 8, Essen 1996.

Krempel, U. und B. GrüBer, "Vorbereitung und Durchführung von Wechselausstellungen im Museum", In: Steinle, C., H. Bruch und D. Lawa (Hrsg.): Projektmanagement. Instrument moderner Dienstleistung, Frankfurt am Main 1995: 317-325.

Kromrey, H., *Empirische Sozialforschung,* Opladen 1980, 8. Aufl. 1998.

Küster, B., *Die verfassungsrechtliche Problematik der gesamtstaatlichen Kunst- und Kulturpflege in der Bundesrepublik Deutschland,* Frankfurt am Main 1990.

Kuhn, D. u.a., *Cotta und das 19. Jahrhundert. Aus der literarischen Arbeit eines Verlages. Marbacher Kataloge* (Hrsg. von Bernhard Zeller) Nr.35, Stuttgart 1980.

Kyrer, A., Der *wirtschaftliche Nutzen von Festspielen, Fachmessen und Flughäfen am Beispiel der Region Salzburg*, Regensburg 1987.

Landeszentrale für politische Bildung Baden-Württemberg (Hrsg.), *Kulturpolitik*, Stuttgart 1989.

Lay, R., *Kommunikation Für Manager*, Düsseldorf, Wien und New York 1989, Taschenbuchausgabe Düsseldorf und Wien 1991.

Lipp, W. (Hrsg.), *Kulturpolitik. Standorte, Innensichten, Entwürfe. Schriften zur Kultursoziologie*, Bd. 11, Berlin 1989.

Lipp, W., *Drama Kultur. Teil 1: Abhandlungen zur Kulturtheorie, Band 2: Urkulturen-Institutionen heute - Kulturpolitik*, Berlin 1994.

Lissek-Schütz, E., "Die Kunst des Werbens um Gunst und Geld. Fundraising als Marketingstrategie auch für Kulturinstitutionen", In: Handbuch KulturManagement 1997: E 4.2.

Locke, E. A., "Toward a theory of task motivation and incentives", In: OBHP 3/1968, S. 157-189.

Lüder, K. und W. Küpper, *Unternehmerische Standortplanung und regionale Wirtschaftsförderung*, Göttingen 1983.

Luthe, D., *Fundraising als beziehungsorientiertes Marketing. Entwicklungsaufgaben für Nonprofit-Organisationen*, Augsburg 1997.

Mäckler, A., *Was ist Kunst...? 1080 Zitate geben 1080 Antworten*, Köln 1987.

Madauss, B. J., *Handbuch Projektmanagement. Mit Handlungsanleitungen für Industriebetriebe, Unternehmensberater und Behörden*, Stuttgart 5. Aufl. 1994.

Malik, F., *Strategie des Managements komplexer Systeme*, Bern und Stuttgart 1984.

Marschall, W., *Klassiker der Kulturanthropologie. Von Montaigne bis Margaret Mead*, München 1990.

Maslow, A. H., *Motivation and Personality*, New York 1954.

Mayer, K. E., "Zum Stand des Marketings in deutschen Staats- und Stadttheatern", In: Heinrichs/Klein 1999: 141-160.

Mentzel, W. und H. Wittelsberger, *Kleines Wirtschafts- Wörterbuch*, Freiburg/ Brsg. 1977.

Mosbach, G. und A. Göschel (Hrsg.), *Kommunale Kulturpolitik in Dokumenten. Berichte, Projekte, Konzepte*, Berlin 1991.

Müller-Hagedorn, L., *Einführung in das Marketing*, Darmstadt 1990.

Müller-Wesemann, B., *Marketing im Theater*, Hamburg 1991.

Neumann, R. und K. Bredemeier, *Projektmanagement von A-Z. Ein Handbuch für Praktiker*, Frankfurt am Main und New York 1996.

Nicolai, Friedrich, *Briefe über den itzigen Zustand der schönen Wissenschaften in Deutschland*(1755), zitiert nach: Ellinger, Georg (Hrsg.): Berliner Neudrucke. Dritte Serie, Zweiter Band. 18. Brief: Von den Mitteln, die schönen Wissenschaften in Deutschland zu befördern, Berlin 1894: 142-149.

Nordhausen, W., "Das Künstlersozialversicherungsgesetz. Abgabepflicht für Städte, Landkreise und Gemeinden", In: Handbuch KulturManagement 1995, H 7.2.

Opaschowski, H. W., *Freizeitökonomie: Marketing von Erlebniswelten. Freizeit- und Tourismusstudien*, Band 5, Opladen 2. Aufl. 1995.

Palm, W., *Öffentliche Kunstförderung zwischen Kunstfreiheitsgarantie und Kulturstaat*, Berlin und München 1998.

Pankoke, E., "Kultur als Arbeit. Aktuelle Herausforderungen aktiver Kulturpolitik", In: ders. (Hrsg.): Kultur als Arbeit. Kulturinitiativen in der Beschäftigungskrise, Essen 2. Aufl. 1989: 9-37.

Pappermann, E., "Rahmenbedingungen kommunaler Kulturarbeit", In:

Pappermann, E.;P. M. Mombaur und J.-Th. Blank (Hrsg.): Kulturarbeit in der kommunalen Praxis, Köln 1. Auflage 1984: 3-11.

Pappermann, E. und P. M. Mombaur (Hrsg.), *Kulturarbeit in der kommunalen Praxis*, Köln 2. Auflage 1991.

Pareyson, L., *Estetica-Teoria della formativit*, Turin 1954 (2. Aufl. Bologna 1960).

Perrow, Ch., *Organizational analysis: A sociological view*, London 1970.

Picht, R., "Kulturpolitik als Modernisierungsstrategie. Vor Überlegungen zur Überprüfungen eines Konzeptes", In: Kulturpolitische Mitteilungen. Zeitschrift der Kulturpolitischen Gesellschaft, Nr. 58 Ⅲ/1992: 29-32.

Pommerehne, W. W. und B. S. Frey, *Musen und Märkte. Ansatze einer Ökonomik der Kunst*, München 1993.

Porter, L. W. und E.E. Lawler Ⅲ, *Managerial Attitudes and Performance*, Homewood/Illinois 1968.

The Port Authority of New York and New Jersey, *The Arts as an Industry. Their Economic Impakt to the New York/New Jersey Metropolitian Region*, New York 1983.

van Puffelen, F.u.a., *More than one Billion Guilders. The Economic Signifiance of the Professional Arts in Amsterdam*, Amsterdam 1986.

Raffée, H., "Marketing als Führungskonzeption für öffentlich-rechtliche Rundfunkanstalten", In: Eichhorn, P. und H. Raffée (Hrsg.): Management und Marketing von Rundfunkanstalten. Schriften zur öffentlichen Verwaltung und öffentlichen Wirtschaft, Band 119, Baden-Baden 1990: 24-34

Rauhe, H. und Ch. Demmer (Hrsg.), *Kulturmanagement*, Berlin 1993.

Reichard, Ch., *Betriebswirtschaftslehre der öffentlichen Verwaltung*, Berlin 2. Aufl. 1987.

Ress, G., "Europäischer Binnenmarkt und Kulturpolitik", In: Musikforum Heft 73, Dezember 1900: 4-13.

Ress, G., *Kultur und europäischer Binnenmarkt. Welche Auswirkungen hat der EWG-Vertrag jetzt und nach Verwirklichung des Europäischen Binnenmarktes auf die Kulturpolitik der Bundesrepublik Deutschland insbesondere im Bereich der Kulturförderung? Schriftenreihe des Bundesministeriums des Innern*, Bd. 22, Stuttgart 1991.

Rettich, H. (Red.), *Kunstkonzeption des Landes Baden-Württemberg*, Stuttgart 1990.

Richards, M. D. und P. S. Greenlaw, *Management decision making*, Homewood/Illinois 1966.

Rippl, G., "Wünsche des Kunden von morgen erfüllen. Zum Mailorder und Kataloggeschäft", In: Heinrichs/Schäfer 1999: 175-184.

Röbke, Th. (Hrsg.), *Zwanzig Jahre Neue Kulturpolitik. Erklärungen und Dokumente 1972-1992, Edition Umbruch. Texte zur Kulturpolitik*, Band 1, Essen 1993.

Rudolph, A., *Prognoseverfahren in der Praxis. Wirtschaftswissenschaftliche Beiträge*, Band 165, Heidelberg 1998.

de Saussure, F., *Cours de linguistique générale. Hrsg. von Ch. Bally und A. Sechehaye, Lausanne, Paris 1916 (dt. Grundfragen der allgemeinen Sprachwissenschaft*, Berlin, Leipzig 1931, Berlin 1967).

Schäfer, H., "Museen und ihre Besucher", In: Heinrichs/Klein 1998: 29-53.

Schäfer, K. und P. Vermeulen, *Das Theater als Betrieb. Controllingmodell am Beispiel des Nationaltheaters Mannheim*, Unna 1996.

Scheibe-Jaeger, A., *Finanzierungshandbuch für Nonprofit-Organisationen*, Bonn 2. Aufl. 1998.

Schelle, H., *Projekte zum Erfolg führen. Beck-Wirtschaftsberater im dtv*, München

1996.

Scheytt, O., "Kulturpolitik in der Stadt - 10 Jahre Diskussion eines Verfassungsauftrages", In: Verwaltungsrundschau, Heft 12/1989: 394-398.

Scheytt, O, "Kultur und Wirtschaft in der stadt-Modelle für eine Kooperation", In: Eildienst Städtetag NW, Heft 5/1990: 118-122.

Schierenbeck, H., *Grundzüge der Betriebswirtschaftslehre*, München, Wien 9. Aufl. 1987.

Schneck, O., *Management-Techniken. Techniken zur Planung, Strategiebildung und Organisation*, Frankfurt am Main und New York 1995.

Schneider, W., *Die Akquisition von Spenden als Herausforderung für das Marketing. Schriften zum Marketing*, Band 41, Berlin 1996.

Schneidewind, P., "Kosten sind nicht gleich Kosten. Controlling am Beispiel einer Musikschule", In: Handbuch KulturManagement 1996: F 5.2.

Schneidewind, P und J. Pelz, "Das Ticket auf dem Weg zum Kunden! Entscheidunshilfen zur Auswahl eines Ticketsystemes", In: Handbuch KulturManagement 1998: K8. 8

Schnell, R., P. B. Hill und E. Esser, *Methoden der empirischen Sozialforschung*, München und Wien 1988, 5. Aufl. 1995.

Schugk, M., *Betriebswirtschaftliches Management öffentlicher Theater und Kulturorchester*, Wiesbaden 1996.

Schulze, Gerhard, *Die Erlebnisgesellschaft. Kultursoziologie der Gegenwart*, Frankfurt am Main und New York 1992.

Schulze, Gernot, *Meine Rechte als Urheber. Urheber-und Verlagsrecht. Beck-Rechtsberater im dtv*, München 2. Aufl, 1994.

Schwarze, J., *Netzplantechnik. Eine Einführung in das Projektmanagement. NWB-Studienbücher Wirtschaftswissenschaften*, Herne/Berlin 6. Aufl. 1990.

Schwencke, O., "Kontinuität und Innovation. Zum Dilemma deutscher

Kulturpolitik seit 1945 und zu ihrer gegenwärtigen Krise", In: Schwencke, O.; K. H. Revermann und A. Spielhoff (Hrsg.): Plädoyers für eine neue Kulturpolitik, München 1974: 11-43.

Schwencke, O., *Der Stadt Bestes suchen Kulturpolitik im Spektrum der Gesellschaftspolitik. Arbeiten zur deutschen und europäischen Kulturpolitik aus 25 Jahren (1971-1996) nebst einem aktuellen Essay. Reihe Dokumentationen,* Band 50, Essen 1997.

Seifart, W. und A. von Camphausen (Hrsg.), *Handbuch des Stiftungsrechts,* München 2. Aufl. 1998.

Sievers, N. (Hrsg.), *Neue Wege in der Kulturpartnerschaft. Materialien,* Heft 3, Bonn 1998.

Sievers, N. und B. Wagner (Hrsg.), *Bestandsaufnahme Soziokultur. Beiträge-Analysen-Konzepte. Dokumentation des gleichnamigen Forschungsprojekts der Kulturpolitischen Gesellschaft e. V. Schriftenreihe des Bundesministeriums des Innern,* Bd. 23, Stuttgart 1992.

Silkenbeumer, Rainer (Hrsg.), *Kulturarbeit-Die Innenpolitik von morgen,* Hannover 1980.

Staatsministerium Baden-Württemberg (Hrsg.), *Regierungserklärung von Ministerpräsident Lothar Späth zur Kunstkonzeption vor dem Landtag Baden-Württemberg am 13. Dezember 1989,* Stuttgart 1990.

Städtische Kulturpolitik. *Neue Schriften des Deutschen Städtetags,* Heft 26 Köln 1971.

Staehle, W. H., *Management. Eine verhaltenswissenschaftliche Perspektive,* München 7. Aufl. 1994.

Statistisches Bundesamt (Hrsg.), *Im Blickpunkt: Kultur in Deutschland. Zahlen und Fakten,* Stuttgart 1994.

Statistisches Bundesamt (Hrsg.), *Datenreport 1994. Zahlen und Fakten über die*

Bundesrepublik Deutschland. Schriftenreihe der Bundeszentrale für politische Bildung, Band 325, Bonn 1994.

Statistisches Bundesamt (Hrsg.), *Finanzen und Steuern. Fachserie 14, Reihe 3.4: Rechnungsergebnisse der öffentlichen Haushalte für Bildung, Wissenschaft und Kultur*, Stuttgart 1996.

Steinbacher, F., *Kultur-Begriff, Theorie, Funktion*, Stuttgart 1976.

Steiner, U., *Kulturauftrag im staatlichen Gemeinwesen. VVDStRL. Veröffentlichungen der Vereinigung der Deutschen Staatsrechtslehrer*, Heft 42, Berlin 1984: 8-41.

Steinmann, H. und G. Schreyögg, *Management. Grundlagen der Unernehmensführung. Konzepte, Funktionen und Praxisfälle*, Wiesbaden 2. Aufl. 1991.

Strachwitz, R. Graf, *Stiftungen-nutzen, Führen und errichten: ein Handbuch*, Frankfurt am Main und New York 1994.

Strachwitz, R. Graf und St. Toepler (Hrsg.), *Kulturförderung. Mehr als Sponsoring*, Wiebaden 1993.

Taylor, F. W., Shop Management, New York 1903: dt.: Die Betriebsleitung, insbesondere der Werkstätten, Berlin 1909.

Taumann, W. und F. Behrens, *Wirtschaftliche Auswirkungen von Kulturangeboten in Bremen*, Bremen 1986.

Tenbruck, F. H., *Die kulturellen Grundlagen der Gesellschaft. Der Fall der Moderne*, Opladen 1989.

Ulrich, H. und W. Krieg, St. *Galler Management-Modell*, Bern und Stuttgart 3. Aufl. 1974.

Ulrich, H. und G. Probst, *Anleitung zum ganzheitlichen Denken und Handeln. Ein Brevier Für Führungskräfte*, Bern und Stuttgart 1988.

Ulrich, P. und E. Fluri, *Management. Eine konzentrierte Einführung*, Bern und

Stuttgart 6. Aufl. 1992.

UNESCO, *Recommendation Concerning the International Standardization of Statistics on the Public Financing of Cultural Activities*, Belgrd 1980.

Vroom, V. H., *Work and Motivation*, New York 1964.

Wagner, B., "Vom Aschenputtel zum Hätschelkind? Tendenzen kommunaler Kulturpolitik", In: Agentur für Recherche und Texte-A.R.T. 1988: 68-94.

Weber, J., *Entmündigung der Künstler. Geschichte und Funktionsweise der bürgerlichen Kunsteinrichtungen*, München 2. Aufl. 1981.

Wechsler, W., *Delphi-Methode*, München 1978.

Weilepp, M., "Kunst und Kultur als Standortfaktor? Standortfaktoren und ihre Bedeutung für Industrie- und Dienstleistungsunternehmen", In: der Bürger im Staat, Heft 4 (Kulturpolitik), 1988: 254-258 sowie in: Landeszentrale für politische Bildung Baden-Wurttemberg 1988: 48-61.

Weiner, B., *Theorien der Motivation*, Stuttgart 1976.

von Weizsäcker, Richard, *Die politische Kraft der Kultur*, Reinbek 1987.

Wild, J., *Grundlagen der Unternehmensplanung*, Reinbek bei Hamburg 4. Aufl. 1982.

Wirtschaftsministerium NRW (Hrsg.), *Erster Kulturwirtschaftsbericht NRW. Dynamik der Kulturwirtschaft*, Bonn 1993.

Wirtschaftsministerium NRW (Hrsg.), *Zweiter Kulturwirtschaftsbericht NRW. Kultur-und Medienwirtschaft in den Regionen Nordrhein-Westfalens*, Bonn 1995.

Wirtschaftsministerium NRW (Hrsg.), *Dritter Kulturwirtschaftsbericht NRW. Kultureller Arbeitsmarkt und Verflechtungen*, Düsseldorf 1998.

Wöhe, G., *Einführung in die Allgemeine Betriebswirtschaftslehre*, München 18. Aufl. 1993.

Wolf-Csanády, E., *Kunstsponsoring und Kulturförderung durch Unternehmen in*

Deutschland und Österreich und ihr kulturpolitischer Kontext, Frankfurt am Main 1994.

Wüstenrot Stiftung (Hrsg.), *Kultur-und Stadtentwicklung. Kulturelle Potentiale als Image-und Standortfaktoren in Mittelstädten. Forschungsprojekt im Auftrag der Wüstenrot Stiftung, erarbeitet von W. Heinrichs u. a.*, Ludwigsburg 1999.

Zimbardo, Ph. G., *Psychologie, bearbeitet und herausgegeben von S. Hoppe-Graff und B. Keller*, Berlin, Heidelberg, New York 5. Aufl. 1992.